高等院校创新创业教育系列教材

创新与专利

主　编　◎　刘江海　　王玉容　　方　浩　　张冬梅
副主编　◎　陈　敏　　张祥平　　方　洁　　刘　颖
　　　　　　周劭娴　　郭熠琦　　王延艺　　吴良超

华中科技大学出版社
http://press.hust.edu.cn
中国·武汉

内 容 简 介

全书围绕"如何做出创新""怎样做出发明""分析行业创新机遇""如何写专利文件"等几个方面展开内容,对发明创造进行了具体阐述,以指导相关爱好者进行发明创造。全书分为六章,内容包括当代大学生创新调查研究、创新思维概论、创新思维技法、创新思维案例分析、创新中国、专利基础知识与专利申请。

本书可作为大学生创新创业教育的通用教材,也可作为共青团"第二课堂"的辅导用书,同时还可供研究生,以及企业研发人员从事发明创造、申请专利时学习和参考。

图书在版编目(CIP)数据

创新与专利/刘江海等主编. —武汉:华中科技大学出版社,2020.7(2024.1重印)
ISBN 978-7-5680-5285-6

Ⅰ.①创… Ⅱ.①刘… Ⅲ.①大学生-创造教育-研究 Ⅳ.①G640

中国版本图书馆 CIP 数据核字(2019)第 226078 号

创新与专利 刘江海 王玉容 方 浩 张冬梅 主编
Chuangxin yu Zhuanli

策划编辑:张 毅	
责任编辑:赵巧玲	
封面设计:孢 子	
责任校对:李 弋	
责任监印:朱 玢	
出版发行:华中科技大学出版社(中国•武汉)	电话:(027)81321913
武汉市东湖新技术开发区华工科技园	邮编:430223
录 排:华中科技大学惠友文印中心	
印 刷:武汉市首壹印务有限公司	
开 本:787 mm×1092 mm 1/16	
印 张:12.75	
字 数:310 千字	
版 次:2024 年 1 月第 1 版第 5 次印刷	
定 价:38.00 元	

本书若有印装质量问题,请向出版社营销中心调换
全国免费服务热线:400-6679-118 竭诚为您服务
版权所有 侵权必究

前　言

李克强总理在《2015年国务院政府工作报告》明确提出,要将"大众创业、万众创新"打造成为推动当前中国经济继续前行的"双引擎"之一。中共中央、国务院于2016年5月印发的《国家创新驱动发展战略纲要》明确提出了我国迈向创新型国家的"三步走"战略目标。李克强总理在《2017年国务院政府工作报告》中提出:持续推进大众创业、万众创新。"双创"是以创业创新带动就业的有效方式,是推动新旧动能转换和经济结构升级的重要力量,是促进机会公平和社会纵向流动的现实渠道,要不断引向深入。新建一批"双创"示范基地,鼓励大企业和科研院所、高校设立专业化众创空间,加强对创新型中小微企业的支持,打造面向大众的"双创"全程服务体系,使各类主体各展其长、线上线下良性互动,使小企业铺天盖地、大企业顶天立地,市场活力和社会创造力竞相迸发。

教育部要求高校全面推进创新创业教育和自主创业工作,开发开设创新创业教育专门课程,纳入学分管理。创新精神、创业意识和创新创业能力是衡量高校人才培养质量的重要指标,对学生的发展等起到了重要作用。

本书是在编者总结近十年来教学实践和经验积累的基础上整理而成的,旨在对当代大学生进行创新教育,强化创新精神,唤醒发明意识,培养创新创造的能力,深度分析我国部分行业创新创造的机遇,最后还介绍了一些专利的基础知识。

本书由刘江海、王玉容、方浩、张冬梅担任主编,负责组织编写和统稿、定稿工作;由陈敏、张祥平、方洁、刘颖、周劭娴、郭熠琦、王延艺、吴良超担任副主编,负责编写。

本书在编写过程中,编者参阅了大量教材及相关文献,并引用了一些论述和案例,在此表示衷心感谢。由于编者水平有限,加上时间仓促,书中难免存在疏漏和不足之处,在此诚挚希望得到各位专家和各界专业人士的批评与指正。

编　者

目　　录

第一章　当代大学生创新调查研究 /1
　　第一节　高校对大学生创新教育培养的意义 /1
　　第二节　当代大学生创新方面的调查研究 /2
　　第三节　创新型人才培养模式 /9

第二章　创新思维概论 /18
　　第一节　创新思维解读 /18
　　第二节　创新思维的形式 /22
　　第三节　创新思维的基本原理 /45
　　第四节　创新思维的基本过程 /52
　　第五节　创新思维形成必须遵循的基本原则 /53
　　第六节　阻碍创新思维的基本因素 /55
　　第七节　怎样进行创新思维 /63

第三章　创新思维技法 /68
　　第一节　自由思考型技法 /68
　　第二节　逻辑推理型技法 /79
　　第三节　系统分析型技法 /90

第四章　创新思维案例分析 /95
　　第一节　创新思维与技法之联想思维创新案例 /95
　　第二节　创新思维与技法之灵感思维创新案例 /98
　　第三节　创新思维与技法之想象思维创新 /101
　　第四节　综合案例分析 /105

第五章　创新中国 /113
　　第一节　中国人工智能产业 /113
　　第二节　科技、传媒和电信行业 /132
　　第三节　金融科技 /144
　　第四节　汽车电子行业 /152

第六章　专利基础知识与专利申请 /161
　　第一节　专利基础知识 /161
　　第二节　专利申请前的准备 /164
　　第三节　专利申请流程 /178
　　第四节　专利申请文件的撰写 /184

参考文献 /199

第一章 当代大学生创新调查研究

创新是一个民族进步的灵魂,是国家兴旺发达的不朽动力,也是个人在学习工作和事业上永久的活力源泉。所以创新能力对于现代大学生的学习和成长来说有着十分重要的意义。纵观古今,能够在科学等领域取得巨大成就的人都有一个共同的优秀品德,那就是能够摒除当时落后的观点,善于创造,标新立异,发现前人的错误并改正,解决前人没有解决的问题。站在巨人的肩膀上思考问题,学习前人思维的精华,加以发酵利用提出独特的观点和创造出新的成果。现代大学生想要有所作为,要在不断学习前人知识的基础上,培养和形成属于自己的创造性的思维。这样才能在现代社会拥有不一样的成功的人生。

第一节 高校对大学生创新教育培养的意义

我国高等教育正逐步走向"大众创业、万众创新",这既是社会发展的潮流趋势,也是国家的政策导向。当代大学生是中国最具活力的群体,如果失去了创新的精神和能力,那么整个民族将失去发展的动力。正如梁启超先生在《少年中国说》中所说,"少年智则国智,少年富则国富;少年强则国强,少年独立则国独立;少年自由则国自由,少年进步则国进步"。高校作为培养社会主义建设者的摇篮,除了需要对大学生提供创业指导之外,更需要注重对大学生进行创业精神的培养。

一、个人创新能力的培养及价值体系

在现代信息社会之中,对信息的良好掌握,对于激发个人的创新能力有着重要的意义。创新能力的培养对自身综合能力的提高也起着非常重要的作用。创新能力就是发明和发现与众不同的东西。创新能力是创新意识、创新技能和创新情感的培养和形成过程。创新能力的形成和发展离不开学会获取、识别、储存、分析、利用等处理信息的一系列方法。

开展创新活动,要突破旧的思维方式的束缚,另辟蹊径。创新思维的形成和发展需要信息的不断刺激。信息的日积月累、触类旁通,有助于迸发出智慧的火花,点燃创新的火种。这既是创新活动的开始,也是创新思维的形成过程。要能够在学习和实践中按照发现问题、分析问题、解决问题、总结经验的辩证思维过程对各种创新思维方法加以综合运用,从而在理论与实践的结合中使自身的创新思维能力不断得到增强。

二、创新能力对个人的重要性

创新能力是 21 世纪知识性时代对人才的基本要求之一,因此创新能力可改变一个人的修养、思想以及命运。创新能力也是一个现代优秀人才的基本素质之一。科技创新往往与良好的专业基础、实验技能密不可分,所以,有良好的专业理论、知识水平作为保证,同时善于学习和具有良好的学习习惯都会为科技创新的成功带来机遇。

创新活动又能成为激发我们成才的动力。市场经济急需创新型人才,因为创新型人才能成为国家机构及企事业单位的工作骨干,在应对千变万化的市场经济活动时,能得到更多

的就业机会。很多用人单位非常重视学生的创新能力。也正是社会的这种需求大大调动了学生创新、创业的热情，使成才的欲望日益强烈，创新的热情也因此高涨。创新要求团队合作，因此，参与创新也可以树立我们良好的合作意识、集体意识、团队精神和社会责任感，可以培养我们正确的人生观、价值观和世界观。所以创新能力对个人的发展至关重要，可以提高个人对社会的适应能力和个人的谋生能力，增强个人的信心，使个人拥有更长远的发展。

三、创新能力对企业的重要性

没有创新就缺乏竞争力，没有创新也就没有价值的提升。无论是获取哪一种形式的创新，都需要认真的工作态度、务实的工作作风。企业应用创新的知识和新技术、新工艺，采用新的生产方式和经营管理模式，提高产品质量，开发生产新的产品，提出新的服务，使产品占据市场并实现市场价值。世界上大的跨国企业每年的研发投入都很大，我国华为、海尔、联想等公司也加大了研发投入。技术上的创新在产品的生产方法和工艺的提高过程中起着举足轻重的作用。在企业的竞争中，成本和产品的差异化一直都是核心因素，技术的创新可以减少产品的成本，同样，一种新的生产方式也会为企业的产品差异提供帮助，如果企业能够充分利用其创新的能力，就一定能在市场中击败对手，占据优势地位。创新还可促进企业组织形式的改善和管理效率的提高，从而使企业不断提高效率，不断适应经济发展的要求。

管理上的创新可以提高企业的经济效益、开拓市场，降低交易成本，从而形成企业独特的品牌优势。企业可以根据有效的经济原则，组建有效的研究和开发组织，按要素、贡献分配报酬，激励研究与开发的有效增长。

四、创新能力对国家的重要性

中国共产党第十七次全国代表大会报告指出，"要坚持走中国特色自主创新道路"，并把这一条上升到国家基本战略地位，充分说明，自主创新在发展中国特色社会主义事业中的重要作用。

要实现全面小康的奋斗目标，核心就是要把自主创新能力作为发展科学技术的战略基点，推动科学技术的跨越式发展；自主创新能力是调整产业结构，转变经济增长方式的中心环节，要建立资源节约型、环境友好型社会，推动国民经济又好又快发展；自主创新作为国家战略，应贯彻到现代化建设各个方面，激发全民族创新精神，培养高水平创新人才，形成有利于自主创新的体制。创新能力是为实现把我国建设成为"富强、民主、文明、和谐"的社会主义现代化国家的基础。

第二节　当代大学生创新方面的调查研究

一、问卷的基本情况

（1）创新素质问卷主要涉及大学生的创新意识、创新思维、创新知识、创新能力四个方向。

（2）问卷调查的对象是武汉非重点大学的在校生，调查时间为2018年，采取随机发放问卷的方式，回收问卷273份，其中有效问卷234份。考虑到研究对象处于自我保护和对自已积极评价等方面的原因,对问卷结果造成了一定的主观偏差,在回收问卷后笔者对问卷做了剔除部分主观性太强的问题等处理。

问卷调查结果如下:

第1题 你的性别是( )? [单选题]

选项	小计	比例
男	113	48.29%
女	121	51.71%
本题有效填写人次	234	

第2题 你觉得对于大学生来说哪些素质比较重要? [多选题]

选项	小计	比例
思想品德	183	78.21%
学习成绩	122	52.14%
实践能力	188	80.34%
创新能力	159	67.95%
本题有效填写人次	234	

第3题 你觉得当前我国高校的大学生创新能力如何? [单选题]

选项	小计	比例
好	30	12.82%
较好	99	42.31%
低	56	23.93%
较低	49	20.94%
本题有效填写人次	234	

第4题 你的记忆力如何? [单选题]

选项	小计	比例
好	31	13.25%
较好	133	56.84%
差	50	21.37%
较差	20	8.55%
本题有效填写人次	234	

第5题 你认为自己对所学的专业知识掌握得如何? [单选题]

选项	小计	比例
很好	15	6.41%
较好	126	53.85%
不好	83	35.47%

续表

选项	小计	比例
很不好	10	4.27%
本题有效填写人次	234	

第6题 你认为你以后会从事与专业相关的工作吗？ [多选题]

选项	小计	比例
会	60	25.64%
可能会	160	68.38%
一定不会	18	7.69%
还没考虑过	19	8.12%
本题有效填写人次	234	

第7题 在做一件事时，你（　　）。 [单选题]

选项	小计	比例
能长时间集中注意力	70	29.91%
能短时间集中注意力	135	57.69%
注意力不集中	21	8.97%
很难集中注意力	8	3.42%
本题有效填写人次	234	

第8题 你能在学习和生活中主动发现问题吗？ [单选题]

选项	小计	比例
经常会	64	27.35%
不会	18	7.69%
有时	122	52.14%
偶尔	30	12.82%
本题有效填写人次	234	

第9题 你会尝试着去吸收新的知识和想法吗？ [单选题]

选项	小计	比例
总是	42	17.95%
经常	88	37.61%
有时	91	38.89%
偶尔	13	5.56%
本题有效填写人次	234	

第10题 平常你会不会有意识地观察周围的事物和环境？ ［单选题］

选项	小计	比例
总是	55	23.50%
经常	98	41.88%
有时	71	30.34%
偶尔	10	4.27%
本题有效填写人次	234	

第11题 你能够顺利地认知、理解自己遇到的新事物吗？ ［单选题］

选项	小计	比例
总是	31	13.25%
经常	97	41.45%
有时	89	38.03%
偶尔	17	7.26%
本题有效填写人次	234	

第12题 在遇到问题时，你更倾向于（　　）。 ［单选题］

选项	小计	比例
自己独立思考	115	49.15%
寻求他人帮助	66	28.21%
搁置不管	14	5.98%
网上搜索	39	16.67%
本题有效填写人次	234	

第13题 你独立思考问题时（　　）。 ［单选题］

选项	小计	比例
总是会得到不错的结果	175	74.79%
无结果	59	25.21%
本题有效填写人次	234	

第14题 你会凭直觉去判断一些问题的答案吗？ ［单选题］

选项	小计	比例
总是	30	12.82%
经常	71	30.34%
有时	98	41.88%
偶尔	35	14.96%
本题有效填写人次	234	

第15题　你善于举一反三吗？　[单选题]

选项	小计	比例
善于	55	23.50%
不善于	49	20.94%
说不准	130	55.56%
本题有效填写人次	234	

第16题　你想问题爱钻牛角尖吗？　[单选题]

选项	小计	比例
是	72	30.77%
不是	71	30.34%
说不准	91	38.89%
本题有效填写人次	234	

第17题　你理解并赞同坏的事物被人说成好的事物吗？　[单选题]

选项	小计	比例
完全理解和赞同	23	9.83%
不赞同也不理解	95	40.60%
不理解但赞同	21	8.97%
理解但不赞同	95	40.60%
本题有效填写人次	234	

第18题　你对问题或事物的归纳总结能力如何？　[单选题]

选项	小计	比例
很强	22	9.40%
较强	117	50%
一般	95	40.60%
本题有效填写人次	234	

第19题　你的想象力如何？　[单选题]

选项	小计	比例
丰富	74	31.62%
较丰富	142	60.68%
很差	18	7.69%
本题有效填写人次	234	

第20题　你是否重视相关学科知识的迁移？　[单选题]

选项	小计	比例
非常重视	59	25.21%
不太重视	139	59.40%
一点也不重视	14	5.98%
没考虑过	22	9.40%
本题有效填写人次	234	

第21题　你对创新能力的看法？　[多选题]

选项	小计	比例
研究生是发明创造的主体	65	27.78%
大学生应当具备创新能力	202	86.32%
认同大学生发明创造的意义	136	58.12%
本题有效填写人次	234	

第22题　你认为创新能力该如何培养？　[多选题]

选项	小计	比例
经常思考人生	155	66.24%
查阅专业期刊	163	69.66%
从事发明创造	144	61.54%
尝试撰写论文	85	36.32%
本题有效填写人次	234	

二、问卷调查结果

1. 你能在学习和生活中主动发现问题吗

调查发现,有27.35%的学生在学习和生活中经常主动发现问题,超过50%的学生有时会主动发现问题。

2. 你会尝试着去吸收新的知识和想法吗

调查发现,37.61%的大学生经常尝试吸收新的知识和想法,17.95%的大学生总是尝试吸收新的知识和想法(见图1-1)。

以上1和2两个创新意识方面的问题得到的结果显示2018年大学生创新意识有所提升,大部分学生面对未知的问题、未知的领域有勇于尝试的想法,善于发现并提出问题。创新意识是创新素质的基础,只有具备创新意识,才能进一步培养创新思维和创新能力。

3. 你能够顺利地认知、理解自己遇到的新事物吗

调查发现,有41.45%的学生能经常顺利地认知、理解新事物,有38.03%的学生有时能做到。

4. 你想问题爱钻牛角尖吗

调查发现,有30.77%的学生想问题的时候爱钻牛角尖。

以上 3 和 4 两个创新思维方面的问题得到的结果显示虽然具有较好的创新意识,但是在真正面对具体问题的时候,大量的学生思维能力达不到要求,经常体现为思维跟不上变化,思维僵化,没有灵活应变思维的能力。创新思维是整个创新活动智力结构的关键,是创新素质的核心,它可以使学生顺利解决新的问题。

5. 你认为自己对所学的专业知识掌握得如何

调查发现,有 35.47% 的学生认为自己对所学的专业知识掌握得不好,仅有 6.41% 的学生认为自己对所学的专业知识掌握得很好(见图 1-2)。

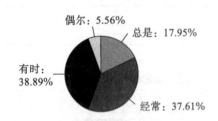

图 1-1　尝试吸收新的知识和想法

图 1-2　对所学专业知识的掌握

6. 你是否重视相关学科知识的迁移

调查发现只有 25.21% 的学生非常重视相关学科知识的迁移,59.40% 的学生对相关学科知识的迁移不太重视。

以上 5 和 6 两个创新知识方面的问题得到的结果显示大部分学生在基本的专业知识的学习上是不够的,创新知识十分匮乏。创新知识代表着具有扎实的基础知识并可以及时汲取最新知识的能力。

7. 你认为创新能力该如何培养

调查发现,只有 36.32% 的学生认为应该尝试撰写论文,高达 66.24% 的学生经常思考人生(见图 1-3)。当前大学生没有认识到撰写论文的意义。

8. 你觉得当前我国高校的大学生创新能力如何

调查发现,认为当前大学生中创新能力好的学生只有 12.82%,分别有 23.93% 和 20.94% 的学生认为当前大学生的创新能力低和较低(见图 1-4)。

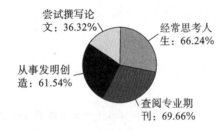

图 1-3　对创新能力的培养

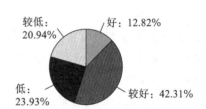

图 1-4　对大学生创新能力的评价

以上 7 和 8 两个关于创新能力方面的问题得到的结果显示,2018 年普通大学在校生的平均创新能力依然偏低。创新能力偏低体现在很少进行创新活动上,比如撰写专业相关的论文,研究相关专业的最新知识等。创新能力是把创新意识与思维转化为有价值、前所未有的精神产品或物质产品的实践能力。当前大学生没有行动能力也无法实现创新。

第三节 创新型人才培养模式

何谓创新型人才?世界各国是如何理解创新型人才的?

一、国内教育界对创新人才内涵的理解

虽然各国在高等教育改革中都非常重视培养创新型人才,但各国对创新人才的理解并不一致。

我国从20世纪80年代中期开始倡导培养创新型人才和创造型人才以来,有关创新型人才培养的学术论文不胜枚举。但对什么是创新(创造)型人才,大家的观点并不一致。具有代表性的观点是:

(1)所谓创造型人才,是指富于独创性,具有创造能力,能够提出、解决问题,开创事业新局面,对社会物质文明和精神文明建设做出创造性贡献的人。这种人才,一般是基础理论坚实、科学知识丰富、治学方法严谨,勇于探索未知领域;同时,具有为真理献身的精神和良好的科学道德。他们是人类优秀文化遗产的继承者,是最新科学成果的创造者和传播者,是未来科学家的培育者。

(2)创造型人才的主要素质是:有大无畏的进取精神和开拓精神;有较强的永不满足的求知欲和永无止境的创造欲望;有强烈的竞争意识和较强的创造才能;同时还应具备独立完整的个性品质和高尚的情感等。

(3)创新型人才是指具有创造精神和创造能力的人,它是相对于不思创造、缺乏创造能力的比较保守的人而言的,这个概念与理论型、应用型、技艺型等人才类型的划分不是并列的。实际上,不论是哪种类型的人才,皆须具有创造性。

由以上内容看出,我国教育界主要是从创造性、创新意识、创新精神、创新能力等角度阐释创新型人才或创造型人才的。这似乎给人一种错觉,只要专门培养人的创造性、创新意识、创新精神、创新能力等素质,创新型人才的培养便可大功告成。虽然也有个别专家的定义、解释涉及了基础理论知识、个性品质和情感等因素,但并没有形成主流。

二、创新型人才内涵的国际定义

国外对创新型人才的理解比我国要宽泛一些,强调人的个性全面发展的同时突出创新意识、创新能力的培养。这从国外有关大学教育培养目标的阐释中可以清晰地看出来。应该注意的是,世界主要发达国家对人才的创新意识、创新精神、创新思维、创新能力的重视已有很长的历史,只不过近年来更加突出而已。

在英国,培养绅士型的领袖和学者是大学教育的培养目标。什么是绅士型的领袖和学者?按照英国19世纪教育家纽曼的话来说,就是"学会思考、推理、比较、辨别和分析,情趣高雅,判断力强,视野开阔的人"。牛津大学前校长克林·卢卡斯要求大学培养的人才"要有很高的技术,非常宽的知识基础,有很强的个人责任感、革新能力和灵活性。个人能够不断地获取新的技术以适应其需要"。

德国大学的人才培养深受柏林洪堡大学理念的影响。至20世纪,德国教育家雅斯贝尔斯提出大学应该培养"全人"的理念,追求"全人"前提下的创新。

美国大学教育有着自由教育的传统。早在20世纪初叶,弗莱克斯纳就提出大学教育应

培养社会的精英。至 20 世纪中叶,美国教育家赫钦斯批评美国大学教育在人才培养上的专业化和非智力化倾向,强调教育的目的在于培养完人,使人成为作为人的人、自由的人,而不是片面发展的工具。大学教育的目的就是要发展人的理性,养成智性美德,实现最高的智慧(睿智)及最高的善,从而培养出"完人"。美国有许多大学都在追求培养创新型人才。哈佛大学是培养创新型人才最成功的大学之一。该校以追求真理为办学宗旨,在人才培养上以培养全面发展的人、有教养的人为目标,强调培养的人才应该是在情感、智力方面全面发展的人,应该是受过广泛而深刻教育的人,是独立思考能力、分析能力、批评能力和解决问题的能力高度发展的人才。麻省理工学院也很重视创新人才的培养,该校规定:"麻省理工学院的本科教育扎根于广泛的学科领域,结合这些学科的力量来形成对价值和社会目标的看法。除了广泛的自由学习的机会之外,还鼓励学生获得某一领域的基本知识和继续学习的兴趣,并成为创造性的智力探索者,能够独立追求学问";"麻省理工学院致力于给学生打下牢固的科学、技术和人文知识基础,培养创造性地发现问题和解决问题的能力。"

联合国教科文组织的有关 21 世纪教育发展的报告也要求培养创新型的人才,但在教育目的的阐述上仍坚持全人或完人的培养目标。

三、建立全面、科学的创新型人才新理念

国内外对创新型人才的理解有一些共同点,即都强调创新人才必须具有创造性、创新意识、创新精神、创新能力等素质,但是又有很大的差异,主要表现在以下几个方面。

其一,我国明确提出了创新人才(创新型人才)、创造型人才的概念,而国外只有创造性思维、创造型人格等外延较窄的概念。

其二,我国对创新型人才的理解大多局限于"创新"上,对人才的知识结构、能力结构、个性品质的全面关注不够;国外则强调在全面发展的基础上培养创造性、创新意识、创新精神、创新能力等素质,强调个性的自由发展。

其三,我国对创新型人才的理解差异很大,有的受领导人讲话或政府文件的影响较大,有的受西方心理学的影响较大,表现出很强的实用性,缺乏支持其概念的理论基础。国外对创新型人才的理解,多是把当代社会对创新的需要融入全面发展的人才培养理念之中的产物。

我国在创新人才理念上的局限性,容易导致对创新人才的误解和实践上的偏颇。如有的把创新人才与理论型人才、应用型人才、技艺型人才对立起来;有的认为培养创新人才就是要使学生具有动手能力,而把创新能力与学习理论知识对立起来;有的认为培养创新人才就是为学生开设几门"创造学""创造方法"课程,而把所谓的创新素质与人的全面发展特别是个性发展对立起来。掌握了所谓的创造知识、创造方法的人未必就能成为真正的创新人才。

在对创新人才的理解上,我们应该坚持以下几点基本认识。

1. 创新人才是与常规人才相对应的一种人才类型

所谓创新人才,就是具有创新意识、创新精神、创新能力并能够取得创新成果的人才。而所谓常规人才则是常规思维占主导地位,创新意识、创新精神、创新能力不强,习惯于按照常规的方法处理问题的人才。创新型人才与通常所说的理论型人才、应用型人才、技艺型人才是相互联系的,它们是按照不同的划分标准而产生的不同分类。无论是理论型人才、应用型人才还是技艺型人才,都需要有创造性,都需要成为创新型人才。

2. 创新人才的基础是人的全面发展

创新意识、创新精神、创新思维和创新能力并不是凭空产生的，也不是完全独立发展的，它们与人才的其他素质有着密切的联系。从这个意义上来讲，创新人才首先是全面发展的人才，是在全面发展的基础上创新意识、创新精神、创新思维和创新能力高度发展的人才。

3. 个性的自由发展是创新人才成长与发展的前提

日本临时教育审议会关于教育改革的第一次审议报告指出："创造性与个性有着密切的联系。"大学要培养具有创造性的创新人才，就必须首先使他们成为一个作为人的人、真正自由的人、具有个体独立性的人，而不是成为作为工具的人、模式化的人、被套以种种条条框框的人。虽然不能说个性自由发展了，人就有创造性，就能成为创新人才，但没有个性的自由发展，创新人才就不可能诞生。从这个意义上来讲，创新人才就是个性自由、独立发展的人。

4. 不同时期，创新和创新人才的概念不同

无论是创新还是创新人才都是历史的概念，在不同的历史时期，人们对创新和创新人才的理解都会有一些异同。当代社会的创新人才，是立足于现实而又面向未来的创新人才，应该具备以下几个方面的素质：博、专结合的充分的知识准备；以创新能力为特征的高度发达的智力和能力；以创新精神和创新意识为中心的自由发展的个性；积极的人生价值取向和崇高的献身精神；强健的体魄。

四、培育创新精神、构建创新文化

2006年9月，由有关部门组织100名科技等领域知名专家举办了高级专家理论研究班。研究班通过现场教学、专题讲座、小组讨论等多种形式展开教学，并就如何培养造就创新型人才、提高自主创新能力进行座谈。（以下资料为此次研究班会议内容，专家所任职务也为当时的资料）

贺福初：细胞生物学、遗传学家，1962年出生。中国科学院院士，发展中国家科学院院士。现任军事医学科学院副院长、研究员；复旦大学生物医学研究院院长、教授。主要研究领域为基因组学和蛋白质组学。曾获国家自然科学奖二等奖2项、国家科技进步奖二等奖2项、何梁何利基金科学与技术进步奖、军队专业技术重大贡献奖。

通过文化创新，使创新型科技人才有用武之地而无后顾之忧；有苦练"内功"的动力而无应付"内耗"的压力；有专心谋事的成就感而无分心谋人的疲惫。

目前，我国科技队伍已发展到相当大的规模，可是创新型科技人才明显匮乏，这与我国社会文化同创新型科技人才成长要求不适应密切相关。培养大批具有创新精神的优秀人才是一项社会系统工程，苗圃是学校教育，土壤是社会文化。因此，我们要贯彻自主创新战略，必须把造就宏大的创新型科技人才队伍作为国家的长线系统工程，从创新文化抓起。

要紧紧围绕建设创新型国家、培养创新型人才构建创新文化。文化是孕育人之灵性的胞衣。要不断催生创新型科技人才，必须拥有相适宜的文化氛围。

要为创新型科技人才营造适宜成长的文化环境，我们必须在全社会大力弘扬中华民族自尊、自强的优秀文化，摒除不良文化心态。具体来说，就是要使社会群体的文化心理实现四个转变。

一是倡导由"重物轻人"的思想向"人才为本"的思想转变。认清创新型人才投资回报率大大高于物质资本投资回报率的规律，大力强化创新型科技人才资源是我国未来经济社会快速、持续、健康发展最主要的动力和最重要的资源的观念，形成有利于创新型科技人才成长的社会共识。

二是倡导由急功近利的思想向尊重规律的思想转变。要努力使各级领导养成科学思维,尊重科研规律,认清科学研究需要长时间的积累,科研成果需要十年一剑的磨砺。力戒急于求成的浮躁情绪,支持科技人才的不懈探索。

三是倡导由权威至上思想向自由争鸣思想转变。防止和克服权威和行政垄断、干扰科研的现象,鼓励科技人才特别是青年科技人才敢于标新立异、勇于挑战第一、大胆质疑权威、执着追求真理,使他们不因"经典"的存在而压抑创新的激情,不以一时成败而迟滞探索的步伐。努力形成允许失败、宽容人才、百家争鸣、共谋创新的生动局面,真正让科技人才拥有舒展自由的心灵空间。

四是倡导由单独竞争的思想向合作竞争的思想的转变。要注意克服只讲竞争不讲协作的狭隘的科研观念,认清现代科技只有大协作才能出大成果的道理,努力促进跨学科、跨专业人才的交流与合作,在积极的合作竞争中,激发崭新创新的火花,摘取重大创新成果。

通过这些富有成效的创新文化建设,真正使创新型科技人才有用武之地而无后顾之忧,有苦练"内功"的动力而无应付"内耗"的压力,有专心谋事的成就感而无分心谋人的疲惫。通过教育改革和文化革新,确保科研苗子在素质教育中成长、在自由争鸣中成长、在竞争协作中成长、在潜心探索中成长,为创新型国家建设培养造就大批创新型拔尖科技人才。

多吉:地质学专家,1952年出生。中国工程院院士。西藏自治区地质矿产勘查开发局党委副书记、局长、总工程师。从事地热、矿产、水文、工程、环境地质勘查及科研工作。获地矿部(现为自然资源部)和国家科技进步奖二等奖。第十七届中央候补委员。先后获全国杰出专业技术人才、全国"五一劳动奖章"和全国劳动模范等荣誉。

体制创新应该为技术进步搭建良好的平台,为自主创新提供有效的保障。要建设中国特色的国家创新体系,围绕提高自主创新能力,加快建立以企业为主体,产学研紧密结合的技术创新体系。

体制的创新应该为技术进步和自主创新搭建制度平台,并成为提高自主创新能力的有效保障。因此,作为国家战略的"提高自主创新能力"不只是科学和技术界的事,为了把自主创新战略落到实处,首先要对国家的相关政策进行整合,即对国家的科技、教育、投资、进出口、政府采购以及区域发展政策等各方面进行协调,实现企业、政府的共赢。

进一步推进企业体制转型和制度创新,打好企业自主创新能力的基础。企业的发展是否有稳定和可持续性,直接决定着企业的创新投资动力和创新的体制建设。

强化产权保护制度,切实保护自主创新收益和创新动力。如果说在经济发展的一定时期由于缺乏自主创新能力,技术模仿、产品仿冒是必经的阶段的话,那么,长此以往,将产生抑制或打击自主创新能力,形成以仿冒为生存的"法宝"。一种新技术或新的产品一旦推出,引发竞相模仿的结果是,谁也没有动力去搞创新。在一个随意仿冒的环境中所有生产企业的最佳决策必定是仿造而不会是投资搞创新。

建立起科技自主创新战略和政策制定与其论证、评价和监督的制衡关系。对国家科技自主创新战略和政策,对其可行性战略布局等应当由专家论证甚至听证,国家的科技预算及执行情况,要由全国人民代表大会进行批准和监督,还要接受新闻舆论、公民的质询和监督,各类科技自主创新政策出台前,对其可行性、效果、风险、协调性等要通过专家论证。

国家尽快建立由政府、立法机构、企业、专业学术和技术协会、技术中介、专家、新闻媒体、公民等组成的国家技术创新组织体系。要建设中国特色的国家创新体系,关键要围绕提高自主创新能力,加快建立以企业为主体,产学研紧密结合的技术创新体系。

麻生明:有机化学家,中国科学院院士,1965 年出生。现任中国科学院上海有机化学研究所金属有机化学国家重点实验室学术委员会主任、研究员。主要从事联烯及其类似物化学方面的研究。曾获国家自然科学奖二等奖、中国科学院自然科学奖一等奖、上海市科技进步奖一等奖等多项奖励。

科学研究应从不同层面展开,对世界科技热点领域应当"跟踪",还要倡导引领型科技工作;对国民经济发展的科研,应强调成果集成与产业化、急需技术引进和消化吸收。

科技创新对我国的长远发展非常重要,我国的科学研究,应从不同层面展开。在目前甚至相当长的时间内,我们通过对世界科技热点领域的"跟踪"研究,不仅要学会许多现代科学研究的方法,同时还可以培养一批年轻人才,为创新型国家的建设提供人才基础。但仅有这些还是远远不够的。我们应提倡引领型科研工作的开展,鼓励科学家站在科学前沿,选择科研领域,开展自主创新型研究,在学术界建立一批由我国科学家首创的领域,在这方面引领世界科学的发展。

针对国民经济发展的科研,应强调两个方面的内容:①我国自主创新型基础研究的成果集成与产业化;②我国国民经济发展急需技术的引进和消化吸收。前者应强调我国各个方面科研工作者的上下游合作,后者应强调引进技术的消化和吸收,并在这一基础上强调创新,形成新一代具有自主知识产权的关键技术,服务于我国国民经济的可持续发展。

科研体制的改革和完善将是自主创新成败的关键。应对现行科研拨款体制和科研管理体制以及以大学、科研院所、产业部门的科研部门进行详尽研究,理顺我国的科研体制,为建设创新型国家提供体制保证。重点是:①科研经费的增加和合理调拨及使用;②科研成本的探讨;③科研人员的激励和宽松环境的建立;④多元科研文化的建立;⑤科研职称制度应尽快与国际接轨等。

要建立良好、健康的科研氛围。当前国际及国内学术界学术造假现象给科研工作者和我国科技发展都会造成一定负面的影响。以韩国首尔大学生命科学家黄禹锡为教训,我们应加强科研道德教育,建立体制处理学术造假,营造健康科研环境。

卢柯:材料科学专家,中国科学院院士,发展中国家科学院院士,德国科学院院士,1965年出生。现任沈阳材料科学国家(联合)实验室主任。曾获国际亚稳及纳米材料年会金质奖章、中国科学院自然科学奖一等奖。

我国过于看重论文数量等定量指标,忽略国内外同行的客观评价的现象,客观上助长了我国学术界学风浮躁,甚至出现虚假现象。建议加大对学术不端行为的处罚力度,有关单位必须制定相关法律法规,学术界必须建立监督机制。

改革开放 40 多年来,我国经济社会快速发展有目共睹,但是,我国在工业及社会发展许多领域缺乏核心竞争力的现状也日渐明显。我国的基础研究成果远远不能满足我国经济社会快速发展的需求。进一步加强我国的基础研究已刻不容缓。

正确理解基础研究的内涵,提高对基础研究作用的认识。基础研究既包括对学科领域中的共性基础性科学问题和技术问题的研究,也包括对学科前沿领域的探索研究,其目的是揭示自然界的内在规律。无数事例证明,许多重大的技术创新都源于基础研究的成果,原创性基础研究成果是重大技术创新的根基。没有高水平的基础研究就难以产生重大的技术创新。同时,开展基础研究是高水平科研人才培养的重要途径,其作用是其他方式无法替代的。

改革现行的科技奖励及评价体制,净化学术环境,使其更有利于原创性成果的出现。对于绝大多数科学家来说,目前的科技奖励及评价体制仍是他们科研活动的重要导向(只有少数科学家能够摆脱这种导向)。一个合理完善的科技奖励及评价体制对我国科研的健康发展起着至关重要的作用。基础研究成果不等于论文,发表论文的多少不能代表基础研究水平的高低。目前的基础研究评价标准过于看重论文数量等定量指标,忽略国内外同行的客观评价的现象,客观上助长了学风的浮躁与追求短期效益,甚至出现虚假现象。

建议进一步改革现行的科技奖励及评价体制,特别在基础研究评价方面要加大引入国外高水平同行科学家参与评估的力度,淡化科研成果的定量指标考核。这既对我们自身提出了更高的要求,也让国际同行更多地了解我们的科研工作,更有利于原创性成果的出现。

目前科技界受功利思想的影响,学术不端行为有日益滋长之势,剽窃、造假、一稿多投(或将一篇论文稍做修改后多次发表)的现象屡见不鲜。这些行为不但搅乱了正常的科研秩序,也严重地影响了我国在国际学术界的声誉。缺乏严厉的处罚措施助长了这些不端行为的发生。建议加大对学术不端行为的处罚力度,有关部门必须制定相关法律法规,学术界必须建立监督机制,加大力度净化学术环境。

张杰:光物理和等离子体物理学家,1958年出生。中国科学院院士。曾任中国科学院副院长,中科院物理研究所研究员。1989年1月至1999年1月长期在国外(德国、英国)从事X射线激光和强场物理的研究工作,是该领域国际知名专家。曾获中国青年科学家奖、香港求是科技基金会求是杰出青年科学家奖、中国物理学会饶毓泰物理奖、中国光学学会王大珩光学奖、海外华人物理学会亚洲成就奖等奖励。

有些地方现在倾向于出大钱从国外引进名气大的拔尖人才,期望科研可以一步登天。实际上,科学人才还是要一步一步培养、产生。个别人才可以引进,但研究所的整个体系是引进不了的。

世界的发展,离不开科技的发展。一个国家、一个民族在发展进程中能不能掌握更多的知识、技术,决定了在未来竞争中能不能取得主动地位,决定了国家、民族的振兴发展是不是有希望。我国的发展令世界瞩目,并且带动了世界的发展,但我们也付出了沉重的代价——生态环境恶化,而且还出现了东西部发展、城乡发展的不平衡、贫富差距增大等新的问题。

在2005年召开的十六届五中全会和2006年召开的全国科学技术大会上,党中央明确提出要用15年的时间,提升我国的自主创新能力,基本建成创新型国家的目标。这不仅是对科技界的号召,也是历史性任务,还是党中央为了实现建设和谐社会可持续发展,落实科学发展观,面对国际国内新挑战而做出的全局性、战略性的决策。增强自主创新能力的关键在于培养创新型科技人才。中国科学院一直非常重视知识、重视人才,现在面临着新的情况。过去的8年中,我们顺利完成了人才的新老交替,现在主持工作的同志和科研骨干基本都是"文化大革命"以后出生的,研究员中有70%左右都是47岁以下的同志。从科学统计上来看,诺贝尔奖获得者的创新顶峰年龄是35岁到37岁,在技术创新、数学创新等方面,有些年龄还要低。这是一个统计规律,也是一个客观规律。

人才从哪里来?现在有的地方比较倾向于出大钱从国外引进拔尖、名声大的人才,期望科研可以一步登天,是不是这样?实际上,科学人才的成长还是要从本土上一步一步地产生。个别人才可以引进,但研究所的整个体系是引进不了的。尤其是我国还处在发展的初级阶段,人均GDP才1700美元,要把工作重点更多地放在吸引有爱国心、水平比较高的华裔学者上,重点吸引有潜力、素质好的青年学者,从博士后阶段做起,甚至从博士生阶段就重点培养,5~10年可以将其培养成为骨干人才和国际上有影响的人才。

美国、欧洲的做法也是这样,多数也是吸引有发展潜力、可以培养的优秀年轻人才。培养优秀创新型人才的最好方法是放手让人才在承担科研项目中得到锻炼。科学院现在有不少重大项目,为培养人才创造了平台,为人才创造平台应该成为我们的工作重点。当然把那些世界顶尖级人才短时间请进来的做法也是人才工作的重要组成。

张亚平:分子进化生物学和保护遗传学家,1965年出生,中国科学院院士。现任中国科学院昆明动物研究所所长、研究员。曾获国际生物多样性领导奖、国家自然科学奖二等奖、何梁何利基金科学与技术进步奖、国家自然科学一等奖、云南自然科学奖一等奖、第三届中国青年科学家奖等奖励。

西部地区在资源、经费等方面处于劣势,但我们立足资源特色、面向世界科技前沿,在较短时间内集结起一个科技创新团队,并进行高水平科研创新活动。

面对剧烈的人才竞争和东西部经济与社会发展客观存在的较大差距,如何在西部地区加快创新科技人才的吸引和培养,是我们面临的挑战。国家知识创新工程的实施,给中国科学院,也给我所的快速发展带来了契机。通过几年的努力,昆明动物研究所的整体研究水平已进入国内一流研究所的行列,并凝聚了冲刺国际同类著名研究所的实力。

我所地处西部和边疆地区,在资源、经费、人才等方面都存在着很大的困难。但立足资源特色,面向世界科技前沿,在发展中高举科学的大旗是我们努力的目标。而这也正是集聚人才,并激发科技人才进行高水平科研创新活动,增强自主创新能力的首要目标。

作为一个西部的研究所,在剧烈的国内和国际竞争中要想立足,必须形成具有特色的研究方向,因此,在凝练科技目标时,我们始终立足于西南地区丰富的生物多样性资源;同时,将资源优势与国际学科发展的前沿和生物产业的技术创新有机地结合起来,形成了"进化遗传与进化发育""生物多样性资源利用与保护生物学"和"重大疾病机理与灵长类动物模型"三个研究方向。

一批优秀的青年研究人才正是因为看到了研究所的方向——瞄准国际研究的热点,同时开展有国际竞争力的研究课题有不可替代性,才欣然加盟。

通过几年的努力,围绕学科群的集成与资源整合,我们凝聚了一批优秀的青年研究人才,实现了研究所的学科更替和人才代际转移,打造了一个新型的研究所,做出了一批创新性的研究成果。近几年来,所内研究人员平均每年在SCI刊物发表论文80余篇,其中在《自然》《科学》期刊发表2篇以上,平均影响因子达到3.4;获国际生物多样性领导奖等重要国际奖项。中国科学院细胞与分子进化重点实验室在2006年国家评估中进入A类行列。

在知识创新工程中,我所在创新人才凝聚与培养中取得了一些进步,但西部地区在凝聚与培养创新科技人才中面临不小的困难和挑战。因此,在国家的西部大开发计划中还需要进一步考虑东西部科技资源和科技人才收入的适当平衡。

邓子新:微生物学家,中国科学院院士,1957年出生。国际工业微生物遗传学国际委员会主席。现任上海交通大学生命科学技术学院院长,武汉大学药学院院长、武汉生物技术发展研究院院长。曾获农业部(现农业农材部)科技进步奖一等奖、上海市科技进步奖一等奖、美国洛氏基金会生物技术生涯奖等奖励。

创新型人才不可避免地受到科学氛围和社会环境的巨大影响,甚至还有可能被其左右。因此,营造良好的科学氛围和社会环境,是促进创新型人才成长的关键。

创新引领未来,人才引领创新已经成为全社会的基本共识,人才在增强创新实力,建设创新型国家这个伟大目标中的核心地位恐怕已没人怀疑。可是,每个科研人员都生活在一定的科学氛围和社会环境中,这个环境的好坏直接关系到人才是否得以发现和重用,好项目能否获得支持。因此,它会时刻左右着研究人员的研究方向和视线,也对培养创新型人才起着难以估量的作用和影响。

比如项目的立项、评审程序的公正性,人才或成果的评估体系的合理性,实验室、重点学科、硕士和博士点的申报、论证、验收、评估等的形式及频率,科技奖励的申报和评审涉及的成果鉴定、成果排名的困惑等,都可能成为科技活动的一些导向性因素。

另一方面,除了人物奖外,以科研项目为定位的各层次科技奖励申报和评定,也可能削弱了科研人员的合作氛围、弱化人才的团队意识,甚至扼杀了跨单位、跨平台、跨部门之间的科技协作。

……

那么,我们如何营造一个利于创新型人才健康成长的氛围和环境呢?我认为,应该在以下几个方面对现有的体系加以优化。

(1) 建立更加科学完善的科技评估指标体系,形成特定评估所依据的若干科学共识。

(2) 在项目评审中,项目申报应设置一定的门槛,以限制申报项目总数的无限膨胀。同时应强化函审环节的作用、效果和质量,增加或稳定单个项目的同组函审专家数量,函审投票全部结束后,电脑体系应能明确反馈给每位函审专家所评审项目与根据总投票选定的若干个最优项目的"吻合率",同时告知本组评审专家的平均"吻合率",并视为评审专家的"信誉档案"的一部分加以累计,进行动态管理。这种档案的建立与反馈将有助于逐渐提高函审的质量,既增加相对集中性及准确性,也有利于逐步发掘高素质的项目评审队伍。

(3) 在加强科学道德与学风建设,着力提高函审质量的基础上,推行更多的项目评审、评估或验收以函审形式进行,减少现场评估及答辩的频率。在条件成熟时,逐步推行评审费的发放与评审质量相挂钩,或改变评审费的发放为一定时期内对优秀评审员的物质奖励。逐步减少或取消"吻合率"很差的专家的评审资格。

(4) 对非第一作者或非第一单位的论文也给予统计认定或承认,如为 SCI 论文可用作者或单位的排序数为公约数获得影响因子的折扣值以作为对单位和个人(包括研究生)进行评估时的参考。

(5) 鼓励由社会力量或由政府投资及社会力量委托各学会来设立和主持学科或人物奖的颁发,逐步以人物奖替代项目奖。

思 考 题

1. 什么是创新?影响创新的内外因素有哪些?
2. 创新能力体现在哪几个方面?
3. 创新的方法有哪些?
4. 对大学生的创新能力,你有何评价?
5. 如何培养大学生的创新意识?
6. 你对大学校园内的创新活动有兴趣吗?为什么?
7. 假设有一个池塘,里面有无穷多的水。现有 2 个空水壶,容积分别为 5 升和 6 升。问题:如何只用这 2 个水壶从池塘里取得 3 升的水。
8. 3 个小伙子同时爱上了同一个姑娘,为了决定他们谁能娶这个姑娘,他们决定用手枪进行一次决斗。小李的命中率是 30%,小黄比小李的命中率高些,命中率是 50%,最出色的枪手是小林,他从不失误,命中率是 100%。由于这个显而易见的事实,为公平起见,他们决定按这样的顺序:小李先开枪,小黄第二开枪,小林最后开枪。然后这样循环,直到他们只剩下一个人。那么这 3 个人中谁活下来的机会最大呢?他们都应该采取什么样的策略?

9. 一间囚房里关押着 2 个犯人。每天监狱都会为这间囚房提供一罐汤,让这 2 个犯人自己来分。起初,这 2 个人经常会发生争执,因为他们总是有人认为对方的汤比自己的多。后来他们找到了一个两全其美的办法:一个人分汤,让另一个人先选。于是争端就这么解决了。可是,现在这间囚房里又加进来一个新犯人,现在是 3 个人来分汤。必须寻找一个新的方法来维持他们之间的和平。该怎么办呢?

10. 一个球、一把长度大约是球直径 2/3 的长度的直尺,你怎样测出球的半径?

11. 取 5 个一元人民币硬币。要求两两相接触,应该怎么摆?

12. 现在共有 100 匹马跟 100 块石头,马分 3 种:大型马、中型马跟小型马。其中一匹大型马一次可以驮 3 块石头,一匹中型马一次可以驮 2 块石头,而小型马 2 匹一次可以驮 1 块石头。问需要多少匹大型马、多少匹中型马跟多少匹小型马驮完 100 块石头?(问题的关键是刚好用完这 100 匹马)

13. 一个人花 8 块钱买了一只鸡,9 块钱卖掉了,然后他觉得不划算,花 10 块钱又买回来了,11 块卖给另外一个人。问他赚了多少钱?

第二章　创新思维概论

创新是人类特有的认识能力和实践能力,是人类主观能动性的高级表现形式,是推动民族进步和社会发展的不竭动力(见图 2-1)。

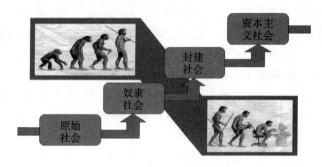

图 2-1　创新与社会发展

第一节　创新思维解读

一、创新解读

(一)创新的词源学意义

中文"创新"一词,出现较早,据目前所见资料,最早见于《魏书》。词意与现代不同,主要是指制度方面的改革、变革、革新和改造,并不包括科学技术的创新。

创新的英文是"innovation",起源于拉丁语 innovāre,它有三层含义:更新、创造新的东西、改变。

(二)创新理论的提出

1912 年,由熊彼特在《经济发展理论》一书中提出技术创新理论。熊彼特所说的创新,包括引进新产品、引用新技术即新的生产方法、开辟新市场、控制原材料的新供应来源和实现企业的新组织等五种情况。

(三)从不同的角度理解创新

(1)创新是人类生命体内自我更新、自我进化的自然天性。(生物学角度)
(2)创新是人类心理特有的天性。(心理学角度)
(3)创新是人类自身存在与发展的客观要求;创新是人类社会文明与进步的标志。(社会学角度)
(4)创新是人类与自然交互作用的必然结果。(人与自然的关系)

(四)创新的含义

"创新"一词的解释:"创"是"始造之也",是首创、创始之义;"新"初次出现,与旧相对;

才、刚之义。创新有三层含义：一是抛开旧的,创造新的；二是在现有的基础上改进更新；三是指创造性、新意。

当前国际社会对"创新"的定义比较权威的有两个：一是 2000 年联合国经合组织（OECD）"在学习型经济中的城市与区域发展"报告中提出的（创新的含义比发明创造更为深刻,它必须考虑在经济上的运用,实现其潜在的经济价值。只有当发明创造引入经济领域,它才成为创新）；二是 2004 年美国国家竞争力委员会向政府提交的《创新美国》计划中提出的（创新是把感悟和技术转化为能够创造新的信息、驱动经济增长和提高生活标准的新的产品、新的过程与方法和新的服务）。

创新已扩展到了社会的方方面面,渗透于社会生产、生活的一切领域。

（五）创新与创造、发明和发现的区别

1. 创造

创造是人第一次产生崭新的精神成果或物质成果的思维与行为。各种创造成果的形式可能千差万别,但它们都具备一个共同的特征——新。一切创造成果都是前所未有的,都是超越以往的。新颖性是创造成果的共性,新是创造的核心。

2. 发现

发现是经过研究、探索等,看到或找到前人没有看到的事物或规律。因此,发现应该是一种创造。然而并不是所有的创造都是发现。

3. 发明

发明是创造新事物、新方法、新观点和新理论等。由于发明的成果具有新颖性,因此,发明也应该是一种创造。然而并不是所有的创造都是发明。

4. 创新和创造、发明、发现的关系

创新和创造、发明、发现的关系如图 2-2 所示。

A 表示创新,它包含了创新的所有方面；B 表示创造,它包含了发现、发明；C 表示发明；D 表示发现。

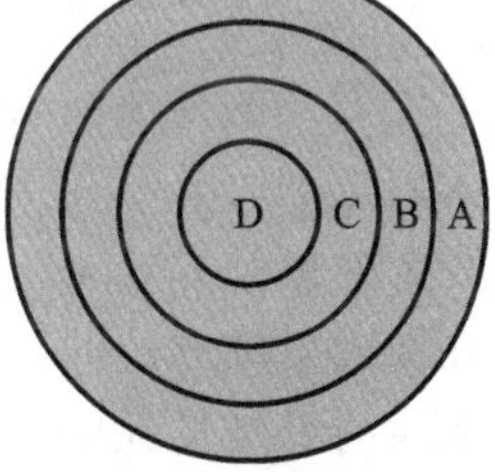

图 2-2 创新和创造、发明、发现的关系

（六）创新的特性

(1) 创新的目的：满足人类自身的需要（衣、食、住、行）。

(2) 创新的主体：人类。

(3) 创新的客体：客观世界（包括人类自身）。

(4) 创新的过程：不断拓展和改变对客观世界（包括人类）认知与行为的动态活动本身。

(5) 创新的核心：创新思维。

(6) 创新的本质：改变,向着有益于人类的方向改变。

(7) 创新的结果：创新的结果有两种,其一是物质的,其二是非物质的。

（七）创新的特征

(1) 价值的取向性：如爱因斯坦建议罗斯福制造原子弹。

(2) 明确的目的性：如航天事业。

(3) 综合新颖性：如日本丰田概念车。

(4) 高风险、高回报性：如载人飞船。

（八）创新的基本原理

（1）创新第一原理：创新是人脑的一种机能和属性——与生俱来。如斯佩里的大脑皮层功能定位说。

（2）创新第二原理：创新是人类自身的本质属性——人人皆有。

（3）创新的第三原理：创新是可以被某种原因激活或教育培训引发的一种潜在的心理品质——潜力巨大。

二、思维解读

（一）思维的概念

思维是在表象、概念的基础上，进行分析、综合、判断、推理等的认识过程。

思维是人类最本质的特征。人与动物的一个根本区别就在于人有思维能力。

（二）思维的特点

思维有相异性的特点，同样一个问题，不同的人有不同的思维，同样一件事，不同的人也有不同的思维。

人的思维具有超越性（即无限性、超时空性），这正是人类思维能够产生创新的根本原因。

（三）思维方式的构成要素

思维方式的构成要素主要有四个方面：知识、经验、观念、方法。

人们把平时学习和实践中获得的知识、经验，形成的观念、方法，积淀、内化于大脑，就构成了一定的思维方式。

在构成思维方式的四个主要的因素中，观念和方法比知识和经验所处的层次更深，因此它们在人的思维过程中所起的作用也就更大。

（四）思维的主要形式

思维有多种形式，主要有逻辑思维、发散思维、收敛思维、想象思维、联想思维、直觉思维、灵感思维、幻想思维等。创新思维是思维的重要形式之一。

三、创新思维解读

（一）创新思维的含义

创新思维就是不受现成的常规思路的约束，寻求对问题全新的独特性的解答和方法的思维过程。

创新思维是相对于传统性思维而言的，创新思维的本质在于一个"新"字，在于对现有的认识和现存事物的超越。

创造性思维是所有人都有的，但是，不是所有的人都能够用它，大量的创新思维被埋没了。

（二）创新思维与常规思维的区别

创新思维与常规思维的区别在于创新思维具有新颖性和独创性的显著特点。创新思维是对现有思维方式的超越。

打破旧框框是创新的前提;连接其他事物是创新的起点;形成新概念是创新的关键;产生新设想是创新的保证;创造新事物是创新的目的。

(三)创新思维的本质特性

创新思维的本质在于超越,即在于对现有的认识和现存事物的超越。

创新思维的超越性:超越性是人类思维最基本的属性,也是思维能够产生创新的根本原因。创新思维是对现有认识和现存事物的超越,实质上就是对人们现有的思维方式的超越。创新思维超越现有思维的方式对知识的重组和对经验的突破,最终将通过对观念和方法的变革才能实现。

(四)创新思维的对象性质

1. 无穷多的对象

在我们这个世界上,每时每刻都存在着无穷多的事物,产生着无穷多的现象。在自然界,大到日月星辰,小到尘埃微粒,无穷多的事物散布在我们周围;在人类社会,有无穷多的事情发生在我们周围;在思维领域也是这样,无穷多的概念、观点、理论学说储存在人类的头脑中。所有这些客观的事物和主观的现象,都有可能成为我们创新思维的对象。

2. 无穷多的属性

从每一个具体的思维对象来说,它所具有的属性也是无穷多的。所谓"思维对象的属性",也就是每一种事物或现象所具备的性质;这种性质使得一个事物区别于其他的事物,当两个以上的事物在一起做比较的时候,它们各自不同的属性就能够显示出来。所有的事物和现象都具有无穷多的属性,正因为如此,我们能够发现,每一种具体的事物和现象都不同于任何别的事物和现象,都是独一无二的东西。世界上没有两片完全相同的树叶。

3. 无穷多的变化

辩证法告诉我们,世界并不是由事物组成的,而是由过程组成的;那些乍看起来凝固不变的事物,其实都是漫长变化过程当中的一个小小的片段,其自身也在不停地变动。所以恩格斯说,辩证法不崇拜任何东西,具有彻底的革命性。

(五)创新思维的主体特征

科学实验和生活经验都已经证明,我们的头脑并不像一块"白板",而是更像一块"调色板"。头脑把外界输入的各类信息经过调色处理之后,进而画出一幅幅色彩鲜艳的图画;这也是头脑能够产生创新思维的现实根据。每个人的头脑都拥有许多种调色笔,其中较为重要的几种是:实践目的、价值模式、知识储备等。

1. 思考之前的实践目的

头脑中的实践目的,就是我们在思考事物或者解决问题时所要达到的目标,其语言表达式就是:"为了……"每个人在做任何事情的时候,都预先有一个明确的目的;这个目的指导着我们的思考和行为,并且自己能够意识到目的的存在,并能想象目的的实现以后的美好情景。

2. 思考之前的价值模式

"价值"这个词听起来高深莫测,其实还是比较容易理解的。每一个人都不是生活在真空中,都必须与外界的事物打交道,都会对外界产生某种需求。在各种各样的外界事物中,有些能够满足我们的需要,对我们有用;而另一些则不能满足我们的需要,对我们没有用。有用的东西,在我们看来,就是"有价值的";而没有用的东西,就是"没价值的"。相应地,用处大的东西,其"价值"就大;而用处小的东西,其"价值"也就小。于是,头脑在对外界的事物、信息和问题进行接收和思考的时候,便依照其价值顺序进行排列:首先处理价值最大的,其次处理价值中等的,最后处理价值最小的,而对没有价值的东西则采取不理不睬的态度。

3. 思考之前的知识储备

在进行任何一项创新思维之前,我们头脑中总要有一些预备性的知识;头脑把这些知识当作铺垫或者跳板,然后构想出改进物品或解决问题的新方法。

第二节 创新思维的形式

一、逻辑思维

(一)定义

逻辑是研究思维形式、思维结构和思维基本规律的一门学科。逻辑思维就是依据逻辑形式进行的思维活动。逻辑的形式,简单来说,就是概念、判断、推理。逻辑的结构,最基本的就是三段论。

(二)逻辑思维的一般作用

(1)有助于我们正确认识客观事物。

(2)可以使我们通过揭露逻辑错误,发现和纠正谬误。

(3)能帮助我们更好地去学习知识。

(4)有助于我们准确地表达思想。

(三)逻辑思维与创新思维的关系

(1)逻辑思维渗透于一切创造过程中。

(2)逻辑思维与创新思维的一般区别主要表现在以下几点:①思维形式;②思维方法;③思维方向;④思维基础;⑤思维结果。

(3)逻辑思维与创新思维在创新活动中的关系:①衔接关系;②互补关系;③转化关系。

(四)逻辑思维在创新中的作用

1. 逻辑思维在创新中的积极作用

(1)发现问题。

(2)直接创新。

(3)筛选设想。

(4)评价成果。

(5)推广应用。

(6)总结提高。

2. 逻辑思维在创新中的局限性

(1)常规性。

(2) 严密性。
(3) 稳定性。

（五）逻辑思维的方法

(1) 分析与综合。
(2) 归纳与演绎。
(3) 分类与比较。
(4) 抽象与概括。

（六）逻辑思维训练

黑白鹅卵石的故事

很多年前，一个人只要欠了别人的钱，就会被送进监狱。一个伦敦商人就很不幸地欠了一个高利贷商人一大笔钱。这个放高利贷的商人，又老又丑，但他却早已对伦敦商人美丽的妙龄女儿垂涎三尺。于是，他提出了一个交易。他说，只要让他得到伦敦商人的女儿，他就可以取消伦敦商人的债务。

伦敦商人和他的女儿都被这个提议吓坏了。狡猾的高利贷商人便进一步说让上帝的旨意来决定这件事情。他告诉可怜的伦敦商人和少女，他会把一颗黑色和一颗白色的鹅卵石放进一个空的钱袋里，然后让少女挑选出其中一颗。如果她选中的是黑色鹅卵石，那么她将嫁给高利贷商人，她父亲的债务也会被取消。如果她选中的是白色鹅卵石，那么她可以继续留在她父亲身边，而债务也会被取消。但是，如果她拒绝挑选鹅卵石，那么她父亲将会被送进监狱，而她也会开始挨饿。

伦敦商人很不情愿地接受了这一提议。他们当时站在高利贷商人的后花园里，脚下正好是一条由鹅卵石铺成的黑白相间的小路。于是，高利贷商人弯腰拾起了两颗鹅卵石。此时，眼尖的少女吃惊地发现他拾起了两颗黑色鹅卵石，并把它们放进了钱袋。接着，高利贷商人要求少女选出一颗决定着她和她父亲命运的鹅卵石。

假如当时是你站在高利贷商人的后花园里，假如你正是那名不幸的少女，你会怎么做？如果你要帮这名可怜的少女出主意，你会出什么主意？

你会运用哪一种类型的思考来解决这个问题？你也许会认为，经过仔细地推敲和逻辑思考，你一定会找到解决方案。这种类型的思考正是逻辑思考，但还有一种思考叫作水平思考。

逻辑思考者并不能帮助这位少女。逻辑思考者可能想到的方案无非是以下三种：

(1) 少女拒绝挑选石头。
(2) 少女应该指出钱袋里装着的是两颗黑色鹅卵石，从而揭穿高利贷商人的骗局。
(3) 为了使父亲免受牢狱之苦，少女挑选出一颗黑色鹅卵石并牺牲自己。

这个故事展示了逻辑思考与水平思考的不同之处：

逻辑思考者会把注意力集中在少女必须进行选择这件事上。

而水平思考者却会开始关注钱袋里被挑剩下的那颗鹅卵石。

逻辑思考者对事情进行仔细的推敲，然后通过逻辑思考找到解决方案。

水平思考者却倾向于从各个不同的角度来考察同一个事件，而不是接受其中一个，然后从中推敲出某个结论来。

故事里的少女将她的手伸进钱袋并拿出了一颗鹅卵石。但大家还没来得及看这颗石头一眼,她就不小心把鹅卵石弄丢在地上,由于地上到处是黑白鹅卵石,所以再也分不清哪一颗是刚才掉在地上的鹅卵石了。

"哦,我真是笨手笨脚,"少女说道,"但是没关系,如果你看一看钱袋里剩下的那颗是什么颜色,就会知道我刚才选出的鹅卵石是什么颜色了。"

由于剩下的那颗鹅卵石肯定是黑色的,而高利贷商人也不敢承认他刚才的欺骗行径,所以少女刚才选出的那一颗自然就被认为是白色的。

(七)逻辑思维趣话

从 不 发 火

有一次,苏格拉底正在和学生们讨论学术问题,互相争论的时候,他的妻子气冲冲地跑进来,把苏格拉底大骂一顿之后,又出外提回一桶水,猛地泼到苏格拉底的身上。在场的学生们都以为苏格拉底会训斥妻子一顿,哪知苏格拉底摸了摸浑身湿透的衣服,风趣地说:"我知道,打雷过后,必定会下大雨的。"

如 此 逻 辑

两人在饭店里准备吃饭,其中一个是盲人。

健全人问道:"您想喝杯牛奶吗?"

"什么是牛奶?"盲人问。

"是一种白色的液体。"

"懂了。那么白色是什么呢?"

"嗯——例如天鹅就是白色的。"

"什么是天鹅呢?"盲人好奇地追问。

"天鹅?就是那脖子又长又弯的鸟。"

"弯是什么意思?"

"我把我的胳膊弯起来,你来摸摸,就知道什么是弯了。"

盲人小心地摸了摸对方伸过来的胳膊,然后兴奋地喊道:"我现在知道什么是牛奶了!"

结 账

一个顾客慢条斯理地在餐厅里用餐,用完餐后他开始吃水果、抽香烟。当侍者把账单送上时,他摸了摸口袋,假装惊慌失措地说:"糟糕,我的钱包不见了。"侍者面无表情地问:"真的吗?"于是,他把这个男人带到门口,大声命令他:"蹲下。"然后用力一脚,把他踢到门外。

这时坐在另一张桌上的一个顾客,自动地走到门口,同样蹲下来,然后回头对侍者说:"结账!"

二、发散思维

(一)发散思维的定义

发散思维是指从一个问题(信息)出发,突破原有的圈,充分发挥想象力,经不同的途径,以不同的视角去探索,重组眼前的信息和记忆中的信息,产生新的信息,使问题得到圆满解决的思维方法。

发散思维示意图如图 2-3 所示。

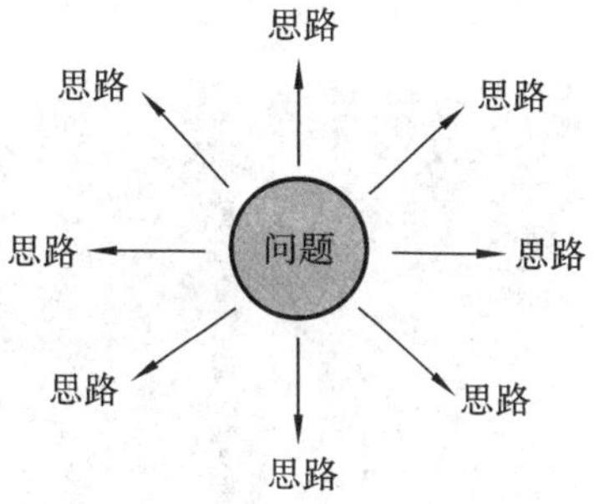

（二）发散思维的特征

（1）流畅性：发散思维"量"的指标，流畅性衡量思维发散的速度（单位时间的量），是思维发散的基础。

（2）变通性：发散思维"质"的指标，表现了发散思维的灵活性，是思维发散的关键。

（3）独创性：发散思维的本质，表现发散思维的新奇成分，是思维发散的目的。

图 2-3 发散思维示意图

（三）发散思维的形式

1. 立体思维

立体思维也称多元思维、全方位思维、整体思维、空间思维或多维型思维，是指跳出点、线、面的限制，能从四面八方去思考问题的思维方式，也就是要"立起来思考"。

如何用 6 根火柴摆出 4 个等边三角形来？

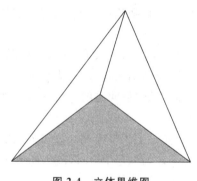

图 2-4 立体思维图

立体思维图如图 2-4 所示。

思考问题时跳出点、线、面的限制，立体式进行思维。

立体绿化：屋顶花园增加绿化面积、减少占地改善环境、净化空气。

立体农业：间作如玉米地种绿豆、高粱地里种花生。

立体森林：高大乔木下种灌木、灌木下种草，草下种食用菌。

立体渔业：网箱养鱼充分利用水面、水体。

你还能想出什么样的立体思维形式？

2. 平面思维

平面思维是指人的各种思维线条在平面上聚散交错，也就是哲学意义上的普遍联系，这种思维更具有跳跃性和广阔性，联系和想象是它的本质。我们通常所说的形象思维属于平面思维的范畴。

联系和想象是平面思维的核心，其特点通常表现为事项之间的跳跃性连接，在这一思维的过程中，它受到逻辑的制约，反过来又常常受到联想的支持，否则思维的流程就会被堵塞。

向左转？还是向右转？如图 2-5 所示，请判断？

平面思维是线性思维向着纵横两个方向扩张的结果。当思维定向以后，中心确定以后，它就要从几个方面去分析说明这个问题。当这些点并不构成空间，而是处于同一平面不同方位的时候，思维就进入了平面思维。平面思维，可以从不同的方面去说明思维的中心，可以相对地达到认识某一方面的全面性，但它仍然囿于某个平面中的全面，并不是反映对象整体性的全面，因而这种全面相对于立体思维来说，仍然是不全面的。只有当思维上升为立体思维，从而研究认识对象的各个方面及各个方面上的各个点（即各种规定性），以及这些平面、这些点及其周围事物相互联系时,才能够获得整体认识。

美少女?还是老太婆?如图 2-6 所示,请判断?

图 2-5 向左转?向右转?

图 2-6 美少女?还是老太婆?

3. 逆向思维

当大家都朝着一个固定的思维方向思考问题时,而你却独自朝相反的方向思索,这样的思维方式就叫逆向思维。逆向思维也叫求异思维。

人们习惯于沿着事物发展的正方向去思考问题并寻求解决办法。其实,对某些问题,尤其是对一些特殊问题,从结论往回推,倒过来思考,从求解回到已知条件,反过去想或许会使问题简单化。敢于"反其道而思之",让思维向对立面的方向发展,从问题的相反面深入地进行探索,树立新思想,创立新形象。

如化学能能产生电能,据此意大利科学家伏特 1800 年发明了伏打电池。反过来电能也能产生化学能,通过电解,英国化学家戴维 1807 年发现了钾、钠、钙、镁、锶、钡、硼等七种元素。

爱迪生发明留声机:说话声音高低能引起金属片相应的振动,相反金属片的振动也可以引起声音高低的变化。爱迪生在对电话的改进中,发明制造了世界上第一台留声机。

留声机如图 2-7 所示。

图 2-7 留声机

如何进行逆向思维?

(1)就事物依存的条件逆向思考,如小孩掉进水里,把人从水中救起,是使人脱离水,司马光救人是打破缸,使水脱离人。

(2) 就事物发展的过程逆向思考,如人上楼梯是人走路,而电梯是路走,人不动。

(3) 就事物的位置逆向思考,如开展假如"我是某某"的活动。

(4) 就事物的结果逆向思考。

据说俄国大作家托尔斯泰设计了这样一道题:从前有个农夫,死后留下了一些牛,他在遗书中写道:

妻子得全部牛的半数加半头;长子得剩下牛的半数加半头,正好是妻子所得的一半;次子得还剩下的牛的半数加半头,正好是长子的一半;长女得最后剩下的半数加半头正好等于次子所得牛的一半。结果一头牛也没杀,也没剩下,问农夫总共留下多少头牛?

4. 侧向思维(旁通思维)

侧向思维与正向思维是不一样的,正向思维遇到问题,是从正面去想,但是侧向思维是要你避开问题的锋芒,从侧面去想,是在最不打眼的地方,也就是次要的地方,多做文章,把它挖掘出来,并把它的价值扩大。这样往往会有意想不到的效果,会更简单更方便。

例1 19世纪末,法国园艺学家莫尼哀从植物的盘根错节想到水泥加固。

例2 海底捞服务创新

海底捞的特色服务贯穿于顾客进店到离店的整个过程:顾客在等候过程中有免费上网、棋牌、擦皮鞋、美甲等服务,以及提供免费的饮料和免费的水果、爆米花、虾片等服务;在就餐过程中,服务员发自内心的微笑和为顾客擦拭油滴,下菜捞菜,递发圈、擦眼镜布、15分钟一次的热毛巾,续饮料,帮助看管孩子、喂孩子吃饭,拉面师傅现场表演;店里还设有供小孩玩耍的游乐园;洗手间增设了美发、护肤等用品,还有免费的牙膏牙刷。顾客打个喷嚏,就会有服务员送来一碗姜汤。

在海底捞,员工只要有新想法、新点子都可以上报,只要门店试用就可立即获得50～100元不等的奖励。为鼓励创新,海底捞在总部还专门设置创新管理委员会,负责各门店筛选后提交上来的创意的评选,确定哪些创意可以在区域或全国加以推广。

在海底捞,员工的服务创意或菜品创意一旦被采纳,就会以员工的名字来命名,并根据产生的经济效益给予一定数额的奖金。

"包丹袋"就是典型的一例。这是一个防止顾客手机被溅湿的塑封袋子。由于是一名叫包丹的员工最早提出了这个创意,即用该员工的名字命名。

如此一来,对于海底捞的员工来说不但得到了尊重,还给了更多员工以鼓励。

海底捞每天都会涌现出大量的新点子,小到如何区分红酒和酸梅汤,大到牛肉丸、万能架等菜品、服务工具、服务方式的创新。

5. 横向思维

横向思维是一种打破逻辑局限,将思维往更宽广领域拓展的前进式思考模式,它的特点是不限制任何范畴,以偶然性概念来逃离逻辑思维,从而可以创造出更多意想不到的新想法、新观点、新事物的一种创造性思维。所谓横向,是因为逻辑思维的思考形态是垂直纵向走向,而横向思维则可以创造多点切入,甚至可以从终点返回起点式的思考。横向思维其实就是一种难题解决方法,它的职能只有一个,就是创新!

两个妇女被带到所罗门王面前,她们都自称是一个婴儿的母亲。所罗门王下令将那个婴儿切成两半,给两个妇女一人一半。所罗门王的本意是要处以公正,但这条命令乍听起来显然与此背道而驰。然而最终的结果是发现了真正的母亲:她宁愿让别人占有自己的孩子也不愿让自己的孩子死去。纵向思维是需要步步正确,但横向思维可能绕个弯,甚至是逆向而行,却有效地解决了棘手的问题。战国时代齐将田忌与齐王赛马,孙膑所出主意:"今以君之下驷与彼上驷,取君上驷与彼中驷,取君中驷与彼下驷",终使田忌三盘两胜,得金五千。这就是横向思维所生妙想之实例。

6. 多路思维

多路思维是指对一个有多种答案的问题,朝着各种可能解决的方向,去扩散性思考该问题各种正确答案的思维。从不同角度、不同逻辑起点、不同思维程序考察客观事物,形成多方面、多层次、多因素、多变量的整体认识。

1) 就事物整体多向思维

没人不知道,1984 年的洛杉矶奥运会向全世界讲述了一个神奇的故事。那年,美国商人彼得·尤伯罗斯(见图 2-8)因个人承办奥运会,一夜成名。更令人侧目的是,他运用全新的观念以商业运作手段一举改写了国际上承办奥运会的城市不堪重负的历史,不仅使当届奥运会扭亏为盈,而且大举获利!人们非常感兴趣:彼得·尤伯罗斯是怎样盈利的?被大众津津乐道的不过是出售电视转播权。

图 2-8　彼得·尤伯罗斯

其实,彼得·尤伯罗斯有着一揽子的商业策划:

论"节流",他可不像前几届奥运会那样花巨资新建大批体育场馆,而是尽可能地利用洛杉矶已有的运动场所;他也没有提供各国运动员下榻的豪华奥运村,仅利用了该市 3 所大学的学生宿舍;必须新建一个游泳池,彼得·尤伯罗斯就以允许在指定场地营业和做广告为条件,说服了当地的"麦当劳"出资 400 万美元;必须新建一个自行车赛场,他又以相同条件将这一"任务"交给了当地的"7-11"便利店。

在"开源"方面,他大刀阔斧。他慎重地选择了 30 家奥运会"赞助"厂商出资 1.17 亿美元;他找来了 50 家供应商,从杂货店到废品处理公司为奥运会提供商业服务,一应俱全,但供应商们每家至少得捐助 400 万美元;他让美国的三大电视网相互争夺奥运会的独家播映权,采取"只出价一次"的竞标方法"吊起来卖",最终美国广播公司花了 2.75 亿美元才拿下播映权;当柯达公司认为奥运会理应购买它的照相器材而又埋怨 400 万美元的赞助费太昂贵时,彼得·尤伯罗斯果断地将这一权力出售给了日本富士公司;他还别出心裁地设计了出售火炬传递接力权,全程 15 000 公里,每公里 3000 美元。对于不少有实力的美国人来说,何不为跑上这 1 公里留下永久的记忆?

他的另一高招,是把这届奥运会的标志"山鹰"也作为一种商标专利广泛出售。正是这些新举措,才使得洛杉矶奥运会盈利竟高达 2.36 亿美元! 也从此,积极申办奥运会的国家和城市越来越多,电视转播权、TOP 赞助计划、火炬传递等创新方法也沿用至今。

可彼得·尤伯罗斯怎么就能想出如此创意呢? 原来,另一位人物影响了他。这就是当今被誉为改变人类思维方式的缔造者、举世公认的"创新思维之父"——爱德华·德·博诺博士。

2) 有顺序多路思维

如生产杯子:陶瓷的、搪瓷的、铝的、不锈钢的、塑料的、印花的,等等。

3) 换角度多向思维

如果是你卖梳子,你将如何将梳子卖给和尚?

4) 绕道迂回进行思考

美国柯达公司是生产胶卷的公司。1963 年,美国柯达公司没有急于卖胶卷,而是生产了一种大众化自动照相机,当这种照相机受到欢迎时,美国柯达公司还宣布各厂家都可以仿制,于是世界各地出现了生产自动相机热,这就为柯达胶卷开辟了广阔的销售市场。

7. 组合思维

组合思维又称连接思维或合向思维,是指把多项貌似不相关的事物通过想象加以连接,从而使之变成彼此不可分割的新的整体的一种思考方式。

近现代的科学的三次大创造是由三次大组合带来的。

第一次大组合是牛顿(见图 2-9)组合了开普勒(见图 2-10)天体运行三定律和伽利略(见图 2-11)的物体垂直运动与水平运动规律,从而创造了经典力学,引起了以蒸汽机为标志的技术革命。

图 2-9　牛顿　　　　　　　图 2-10　开普勒　　　　　　图 2-11　伽利略

第二次大组合是麦克斯韦(见图 2-12)组合了法拉第(见图 2-13)的电磁感应理论和拉格朗日(见图 2-14)、哈密尔顿(见图 2-15)的数学方法,创造了更加完备的电磁理论,因此引发了以发电机、电动机为标志的技术革命。

第三次大组合是狄拉克(见图 2-16)组合了爱因斯坦(见图 2-17)的相对论和薛定鄂(见图 2-18)方程,创造了相对量子力学,引起了以原子能技术和电子计算机技术为标志的新技术革命。爱因斯坦曾说过:"……组合作用似乎是创造性思维的本质特征。"

组合思维有以下种类:

图 2-12　麦克斯韦

图 2-13　法拉第

图 2-14　拉格朗日

图 2-15　哈密尔顿

图 2-16　狄拉克

图 2-17　爱因斯坦

图 2-18　薛定鄂

1）同类组合

同类组合是若干相同事物的组合。参与组合的对象在组合前后基本原理和结构一般没有根本的变化。往往具有组合的对称性或一致性的趋向。

例如，双向拉锁、三合米、鸡尾酒、双排订书机、多缸发动机、双头液化气灶、双层文具盒、三面电风扇、双头绣花针、3000个易拉罐组合在一起的汽车、1000只空玻璃瓶组合在一起的埃菲尔铁塔等。

2) 异类组合

异类组合是两种或两种以上不同领域的技术思想的组合、两种或两种以上不同功能物质产品的组合。组合对象（技术思想或产品）来自不同的方面，一般无主次关系。参与组合的对象从意义、原子、构造、成分、功能等任一方面和多方面互相渗透，整体变化显著。异类组合是异类求同的创新，创新性很强。

例如，我国云南哀牢山彝族将火药、铅块、铁矿石碴、铁锅碎片等物放入一个掏尽籽的干葫芦里，在葫芦颈部塞入火草作为引火物，把葫芦装进网兜。这就是一个异类组合创造——葫芦飞雷。葫芦飞雷被称为世界上最早的手榴弹。被组合的东西（火药、铅块、铁矿石碴、铁锅碎片等物）是旧的，组合的结果（葫芦飞雷）是新的。把旧变新、由旧出新这就是创造。

3) 重组组合

重组组合就是在事物的不同层次分解原来的组合，然后再按照新的目标重新安排的思维方式。

重组作为手段，可以更有效地挖掘和发挥现有技术的潜力。如飞机的螺旋桨装在尾部就是喷气式飞机，装在顶部为直升机。企业的资产重组等说明重组可以引发质变。

4) 共享与补代组合

共享组合是指把某一事物中具有相同功能的要素组合到一起，达到共享之目的。例如吹风机、卷发器、梳子共用同一带插销的手柄。

补代组合是通过对某一事物的要素进行摒弃、补充和替代，形成一种在性能上更为先进、新颖、实用的新事物。如拨号式电话改为键盘式、银行卡代替存折。

5) 概念组合

概念组合就是以词类或命题进行的组合。

例如，绿色食品、阳光拆迁、阳光录取、音乐餐厅等。

6) 综合

综合是指为了完成重大课题，在已有的学科、原理、知识、方法、技术不能解决时，创造出新的学科、新的原理、新的方法和新的技术，并对其进行重新组织和安排的思维过程。

肯尼迪召集美国各有关部门的头脑们商量对策，宣布："美国最终将第一个登上月球。"1961年5月25日，肯尼迪在题为"国家紧急需要"的特别咨文中，提出在10年内将美国人送上月球。他说："我相信国会会同意，必须在本10年末，将美国人送上月球，并保证其安全返回"，"整个国家的威望在此一举"。于是，美国宇航局制订了著名的"阿波罗"登月计划。

阿波罗是古代希腊神话传说中的光明、预言、音乐和医药之神，传说他是月神的同胞弟弟，曾用金箭杀死巨蟒，替母亲报仇雪恨。美国政府选用这位能报仇雪恨的太阳神来命名登月计划，其心情可想而知。

在美国宇航局组织下，动员了2万多家厂商，120多个高等院校和科研所，400多万人参加，开发项目1300多个，共耗资250亿美元，历时9年，整个系统共使用300多万个零部件。

（四）发散思维的训练

(1) 一位贫苦的妇女，救了一个妖怪。为了报答她，妖怪说可以满足她三个心愿，但妇女所得到的，她丈夫都可以得到双倍。比如妇女要一笔钱，她丈夫就可以得两笔钱。她要一幢房子，她丈夫就可以得两幢房子。但她丈夫是一个恶棍，做了很多伤天害理的事情，她实在不愿意再给他更多的好处了，那么她应该提出什么要求呢？

(2) 有父子俩带着一条小狗去散步。儿子和小狗先出发，10 秒钟后父亲才动身。在父亲出门的一瞬间，小狗奔向父亲身边；接着它又马上朝儿子那边跑去。小狗就这样不停地跑来跑去，小狗每秒跑 5 米，父亲每秒走 2 米，儿子每秒走 1 米。问在父亲从家门口出发到赶上儿子的这段时间里，小狗共跑了多少米？

(3) 以材料、功能、结构、形态、组合、方法、因果、关系为发散点进行发散训练，以培养创新思维能力。

① 如果可以不计算成本，还可以用哪些材料做镜子？
② 要研制新的香皂，你可以设计出哪些香型？
③ 你是否能设计出具有不同的优越性能的多种塑料？
④ 你对电话机的铃声可以做哪些改变？
⑤ 如果你是服装设计师，你将设计出哪些新颖的裤腿的形状？
⑥ 如果在自行车上装一个打气筒，可以装在哪些部位？
⑦ 请你设计出一些形状、大小不同的手表。
⑧ 要调动学生学习的积极性，有哪些方式可以运用？
⑨ 每天早晨有许多职工乘汽车上班，交通非常紧张，有哪些办法可以改善这种状况呢？
⑩ 为了调动企业员工发明创造的积极性，可以采取哪些奖励办法？
⑪ 对一门课程来说，你认为可以有哪些考试方法？
⑫ 除了现有的床垫，你还能设计出既舒适又方便的床垫吗？

图 2-19　收敛思维示意图

三、收敛思维

(一) 收敛思维的定义

收敛思维是为了解决某一问题，在众多的现象、线索、信息中，向着问题的一个方向思考，根据已有的经验、知识或发散思维中针对问题的最好的办法得出最好的结论和最好的解决办法。

收敛思维示意图如图 2-19 所示。

只注意收敛思维不利于创新，收敛思维要在发散思维的基础上运用，二者并用才能完成创新活动。

(二) 收敛思维的特征

1. 集中性

收敛思维就是针对一个集中的目标，将发散了的思维集中指向这个目标，通过比较筛选、组合、论证得到解决问题的答案。

2. 程序性

因为收敛思维有明确的目标，因此利用现有的信息和线索解决问题，就必须有一定的程序，先做什么，后做什么，都有一定的步骤。

3. 比较性

尽管收敛思维有一定的目标，但毕竟还有多种路径和方法，因此要在其中进行比较、选择，最后以达到目标为其归宿。

4. 最佳性

收敛思维解决问题要求寻求最佳方案和最佳结果。

(三)收敛思维的形式

1. 目标确定法

这个方法要求我们首先要正确地确定搜寻的目标,进行认真的观察并做出判断,找出其中关键的现象,围绕目标进行收敛思维。

2. 求同思维法

如果有一种现象在不同的场合反复发生,而在各场合中只有一个条件是相同的,那么这个条件就是这种现象的原因,寻找这个条件的思维方法就叫求同思维法。

3. 求异思维法

如果一种现象在第一场合出现,在第二场合不出现,而这两个场合中只有一个条件不同,这一条件就是现象的原因。寻找这一条件,就是求异思维法。

4. 聚焦法

聚焦法就是围绕问题进行反复思考,使原有的思维浓缩、聚拢,形成思维的纵向深度和强大的穿透力,在解决问题的特定指向上思考,积累一定量的努力,最终达到质的飞跃,顺利解决问题。

案例 2-1

某商场一段时间以来经常发生商品被盗事件,经理采取了很多措施(如安装摄像头、增加保安人员等),以便能及时发现小偷和抓住小偷,但效果不大。经理向顾问求教,顾问说:"花钱雇两个小偷,让他们到商场里偷东西,偷到的东西归他们所有。"经理大为惊讶,顾问接着说"小偷被职工抓到后,送到保卫部,然后偷偷放掉,商场职工多次看到小偷被抓,不但警惕性会增加,而且识别和抓住小偷的本领也会提高,今后不管技术多么高明的小偷也难以下手了,当然,这事事先不能让商场职工知道。"经理将信将疑地按照顾问的意见做了,事后果真见效果。

请问经理与顾问考虑问题的目标是否一样?差异在哪里?谁的目标更准确?

案例 2-2

在阿凡提的故事里有这样一则:

一次一位朋友请阿凡提吃饭,阿凡提穿着一身破衣服,被朋友挡在门外,因为朋友怕阿凡提给他丢脸。于是阿凡提换了一身非常华贵的衣服,朋友立刻把他奉为上宾请他吃饭喝酒。只见阿凡提抬起袖口并说道:"请吧!"让衣服吃喝,这一举动,惹得满座人都很惊讶,阿凡提道出原委,使他的朋友无地自容。阿凡提用的就是求异法,用来说明朋友请的不是他而是他的衣服。阿凡提的这一举动非常具有讽刺性,但却合乎逻辑推理。

(四)收敛思维与发散思维的关系

(1)发散性思维和收敛性思维是人们进行创造活动时,运用的两种不同方向的思维。

(2)发散性思维与收敛性思维的辩证关系:发散性思维与收敛性思维,具有互补的性质。

(五)收敛思维训练

训练1:三个孩子中有一个人偷吃了苹果,一个人说了真话,请找出偷吃苹果的孩子。

小明:"我向来守规矩,没有偷吃苹果。"

小兵："不,小明撒谎。"
小刚："小兵胡说。"
训练 2：设计一种"新式鞋子"（先运用发散思维后运用收敛思维）。
设想：(1)可以吃；(2)会说话；(3)能扫地；(4)指示方向；(5)只穿一次；(6)舒适保暖。
结果：
(1) 用脚吸收养分,加药物,治脚汗、脚臭、高血压等疾病,防病鞋、治病；
(2) 放音乐、歌曲等；
(3) 带静电、吸灰尘；
(4) 装指南针,调到选择的方向,偏离就会发出警报；
(5) 一次性鞋……

四、想象思维

（一）想象思维的定义

想象思维是人脑通过形象化的概括作用对脑内已有的记忆表象进行加工、改造或重组的思维活动。它是形象思维的具体化,是人脑借助表象进行加工操作的最主要形式。

（二）想象思维的特征

想象思维有以下三个特征。
(1) 形象性。
(2) 概括性。
(3) 超越性。

（三）想象思维的类型

想象思维有以下两个类型。

1. 无意想象

没有特定目的不需要做出意志努力的想象。

2. 有意想象

受主题意识支配的,还需要做出一定意志努力的想象。
有意想象又可分为：①再造型想象；②创造型想象；③幻想型想象。

（四）想象思维的作用

1. 想象思维在创新思维中的主干作用

爱因斯坦说："想象比知识更重要,因为知识是有限的,而想象力概括着世界上的一切,推动着进步,并且是知识进化的源泉,严格地说想象力是科学研究中的实在因素。"
著名物理学家普朗克说："每一种假设都是想象力发挥作用的产物。"
巴甫洛夫说："鸟儿要飞翔,必须借助于空气与翅膀,科学家要有所创造则必须占有事实和开展想象。"

2. 想象思维在发明创造中的主导作用

康德说过："想象力是一个创造性的认识功能,它能从真实的自然界中创造一个相似的自然界。"

（五）想象思维能力的培养和训练

1. 克服抑制想象思维的障碍

想象思维的障碍主要有环境方面的障碍、内部心理障碍和内部智能障碍。

2. 培养想象思维能力的途径

培养想象思维能力的途径有三个。

（1）第一个途径是强化创新意识。

（2）第二个途径是学习。

（3）第三个途径是静思。

（六）想象思维的强化训练

1. 无意想象训练

第一步，精神放松。端坐在椅子上，手掌放在腿上，眼微闭，全身放松。接着，再一次全身放松。

第二步，注意力集中。彻底放松之后，将精神集中到"丹田"附近，缓慢地进行腹式呼吸，把注意力集中到下腹。

第三步，记下结果。进入无意想象几分钟后，停止下来，恢复正常状态，立即用笔把刚才头脑中闪过的形象、事物等记录下来。

2. 再造性想象训练

再造性想象是根据外部信息的启发，对自己脑内已存入的记忆表象进行检索的思维活动。

以下练习题，每题2~3分钟，阅读后，立即把自己头脑里想象的东西记录下来。

（1）如果我国放松计划生育这一基本国策，到21世纪中叶，我国的经济和社会生活将会出现哪些问题？

（2）如果我国西北地区的沙漠和黄土高原全部被森林覆盖，你能描绘出我国北方的生态环境的变化吗？

（3）驾驶汽车时不系安全带，可能发生伤害，假如你是司机，又没有系安全带，在紧急刹车时或与其他车辆相撞时会发生什么情景？如果系好了安全带呢？

3. 创造性想象训练

以下练习题，要在给出的信息的基础上，大胆想象，形成新的形象，并提出解决问题的方法，将想象的结果记录下来：

（1）开发大西部需要改造沙漠，为了使沙漠绿化，你有什么新的设想？

（2）常用的洗衣机中，衣物和水同时转动，所以洗涤效果不理想，你能想象出改变这种情况的新的洗涤方式吗？

（3）居家防盗是一个人们十分关注的问题，除了安装防盗门，你还能想出哪些高招？

（4）假冒伪劣商品很多，防不胜防，你能提出防止假冒伪劣商品的几条新措施吗？

（5）为了开拓广大的农村市场，你能提出什么新的策略？

4. 幻想性想象训练

以下练习题，要在明确问题之后，大胆进行想象，不要顾及能不能实现，也不要管你的答案是否完整，只要想到，就用简单的文字记录下来：

（1）你对开发新的能源，比如太阳能和地热，有什么更有新意的想法？

(2) 你可否想象自己用比目前现行教育少得多的时间就读完从小学到大学的课程,有没有更好的教育和学习方法呢?

(3) 假如让你负责开发一个无人农场或牧场,你都有什么方法和手段呢?

(4) 治安问题中的警力不足严重影响了人民生活的安全,你有什么新的想法来解决这个问题?

(5) 除了现有的使用磁卡之类的办法,你有哪些可以减少甚至取消现金流通的办法?

5．平常想象训练

(1) 闭上眼睛,做下列想象清晰性联系(想象的形象越清晰越好)。

①想象一张你所熟悉的脸:小孩的脸—少年的脸—青年的脸—中年的脸—老年的脸。

②想象一匹正在飞奔的马:一匹马开始奔跑—越跑越快—蹄下尘土飞扬—风驰电掣—开始减慢速度—小跑—越来越慢—原地踏步—停下来。

③想象一朵玫瑰花苞:花苞绽开一点—逐渐开放—完全开放。

④想象云中的月亮:云中月亮露出一点—露出半个—露出大半个—全部露出。

(2) 命题联想故事。

一人打头,每人加一段(1分钟)。

要求:情节丰富多彩、稀奇古怪、荒诞不经或充满异国情调。

(3) 立方体6个面都涂上了黑漆。在3个面上各切2刀,大立方体变成了多少个小立方体? 其中,有几个3面涂漆的? 几个2面涂漆的? 有几个1面涂漆的? 有几个完全没有涂漆的? 如果你想象不出来,可以画一个立体图做参考。

(4) 有1盒每盘可以燃烧1个小时的蚊香,小王想用蚊香计算45分钟,怎么计算呢?

五、联想思维

(一) 联想思维的定义

在创新过程中运用概念的语义、属性的衍生、意义的相似性来激发创新思维的方法。它是打开沉睡在头脑深处记忆的最简便和最适宜的钥匙。

联想思维和想象思维可以说是一对孪生姐妹,在人的思维活动中都起着基础性的作用。

(二) 联想思维的特征

联想思维有以下特征。

(1) 连续性。

(2) 形象性。

(3) 概括性。

(三) 联想思维与想象思维的异同

联想思维与想象思维的主要区别是:

(1) 联想只能在已存入人的记忆系统的表象之间进行,而想象则可以超出已有的记忆表象范围。

(2) 想象可以产生新的记忆表象,而联想不能。

(3) 联想思维的操作过程是一维的、线性的、单向的,想象思维则可以是多维的、立体的、全方位的。

(4) 联想思维的活动空间是封闭的、有限的,想象思维的活动空间则是开放的,无限的。

(5) 想象思维的结果可以超越现实,联想思维的结果不能超越现实。

联想思维与想象思维的共同点是:

(1) 它们都可以呈现为非逻辑形式。

(2) 它们都属于形象思维的范畴,都可以借助于形象展开。

(3) 二者可以互为起点,也就是说,想象思维可以在联想到的事物周围展开,同时,想象思维所获得的结果又可以引起新的联想。

(四) 联想思维的类型

联想思维有以下类型。

1. 接近联想

接近联想是指在时间和空间上互相接近的事物间形成的联想。

科学发现的例子:门捷列夫发现元素周期表对未知元素位置的判断,卢瑟福研究原子核时提出质量与质子相同的中性粒子的存在……

诗歌中时空接近联想的佳句有很多,如:

"春江潮水连海平,海上明月共潮升。

滟滟随波千万里,何处春江无月明。"

春江、潮水、大海与明月(既相远又相近)联系在一起。

2. 相似联想

相似联想是指在性质或形式上相似的事物间所形成的联想。

"春蚕到死丝方尽,蜡炬成灰泪始干""床前明月光,疑是地上霜",等等。

3. 对比联想

对比联想是指在相反特征的事物或相互对立的事物间所形成的联想。

文学艺术的反衬手法,就是对比联想的具体运用。比如描写岳飞和秦桧的诗句"青山有幸埋忠骨,白铁无辜铸佞臣"。对比联想还有色彩对比、大小对比、强度对比、方向对比、好坏对比等。

4. 因果联想

从某一事物出现某些现象而联想到它们的因果关系的思维方法。

因果联想有两种:由因联想果;由果联想因。

如:火灾—报警、事故—原因、异常现象—地震。

5. 类比联想

类比法就是通过对一种事物与另一种(类)事物对比而进行创新的方法。其特点是以大量联想为基础,以不同事物间的相同、类比为纽带。

类比联想有以下几种。

(1) 直接类比法:鱼骨—针,酒瓶—潜艇。

(2) 间接类比法:负氧离子发生器。

(3) 幻想类比法:第一台电子计算机的诞生。

(4) 因果类比法:气泡混凝土。

(5) 仿生类比法:抓斗、电子蛙眼、蜻蜓翅痣与机翼振动。

（五）联想思维的作用

联想思维有以下作用。

（1）在两个以上的思维对象之间建立联系。

（2）为其他思维方法提供一定的基础。

（3）活化创新思维的活动空间。

（4）有利于信息的储存和检索。

（六）联想思维的训练

1. 训练的注意事项

第一，在读完题目后，要立即进入题目的情境，设身处地地进行联想。虚拟的情境越逼真，效果就越好。

第二，开始联想后，每联想到一件事物，就填写在题目后的表中，直到不能再想为止，但不要急于求成。

第三，一般可用2～3分钟完成一道题目，时间一到，马上转入下一个题目。

2. 联想思维的训练

（1）在两个没有关联的信息间，寻找各种联想，将它们联结起来。

①粉笔—原子弹粉笔—教师—科学知识—科学家—原子弹。

②足球—讲台；

③黑板—聂卫平；

④汽车—绘图仪；

⑤油泵—台灯。

（2）分别在下面每题的字上加同一个字使其组成不同的词。

①自、睡、味、触、幻、感。

②阔、大、博、东、告、意。

（3）用下面4组不相关的词汇，任意变换排列顺序加上美妙的联想，造出4句有特色有立体形象的句子。

①摩托车—电视机—沉思。

②竹子—小河—笑脸。

③钢笔—青草地—蓝天。

④跑步—青年—深夜。

（4）抽烟问题。

两个学生为读法典时能不能抽烟而争论不休，决定找教授评理。

学生甲问："教授，我在读法典时能抽烟吗？"

教授说："当然不能。"

可学生乙问过之后，教授欣然同意，于是学生乙边看法典边抽烟。

请问：学生乙是如何问教授的？

（5）闭上眼睛，做下列想象清晰性练习（想象的形象越清晰越好）。

①想象一张你所熟悉的脸：小孩的脸—少年的脸—青年的脸—中年的脸—老年的脸。

②想象一匹正在飞奔的马：一匹马开始奔跑—越跑越快—蹄下尘土飞扬—风驰电掣—

开始减慢速度—小跑—越来越慢—原地踏步—停下来。

③想象一朵玫瑰花苞:花苞绽开一点—逐渐开放—完全开放。

④想象云中的月亮:云中月亮露出一点—露出半个—露出大半个—全部露出。

人的大脑有一个重要的功能,就是能凭借视觉想象力进行思考。也就是说,人在思考时能根据需要,在人脑中构造出某种图形或抽象概念、感性外观的视觉想象。人的大脑就像长了眼睛,这些视觉想象物能移动、旋转、变化并且被分析。

(七)联想趣语

独身的解释

著名的英国哲学家赫伯特·斯宾塞终身未娶。有一次他在路上遇到两个朋友。一个朋友问他:"你不为你的独身主义后悔吗?"赫伯特·斯宾塞愉快地答道:"人们应该满意自己所做出的决定。我就为自己的决定感到满意。我常常这样宽慰自己:在这个世界上的某个地方有个女人,因为没有做我的妻子而获得了幸福。"

找 工 作

约翰来到介绍所,对咨询人员说:"我实在不知道该给我的儿子找一个什么样的工作,他总是那么不可靠。"

咨询人员想了想说:"让他去气象台搞天气预报"——人尽其才!

乘 出 租 车

一天我去乘出租车,行至半途,我用手拍了一下司机的肩膀,想让他往左拐,不料司机整个人吓得跳了起来,差点把车开到路边的沟里。过了好一会儿,他才不好意思地对我说:"对不起,我这几天才改开出租车,我原来是开灵车的。"

六、直觉思维

(一)直觉思维的定义

所谓直觉思维简言之就是直接的觉察。直觉思维就是直接领悟的思维,是人的一种心理机能,是认知的一种方式,具体说就是人脑对突然出现在其面前的新事物、新现象、新问题及其关系的一种迅速的识别,敏锐而深入的洞察,直接的本质理解和综合的整体判断。

直觉是人们在生活中经常应用的一种思维方式。小孩亲近或疏远一个人凭的是直觉;男女"一见钟情"凭的是各自的直觉;军事将领在紧急情况下,下达命令首先凭直觉;足球运动员临门一脚,更是毫无思考余地,只能凭直觉。

诺贝尔奖获得者、著名物理学家玻恩说:"实验物理的全部伟大发现,都是来源于一些人的'直觉'。"

直觉是一种非逻辑思维形式。对其所得出的结论,没有明确的思考步骤,主体对其思维过程没有清晰的意识。

美国化学家普拉特和贝克曾对许多化学家进行填表调查,在收回的232张调查表中,有33%的人说在解决重大问题时有直觉出现。有50%的人说偶尔有直觉出现。只有17%的人说没有这种现象。

（二）直觉思维的特征

直觉思维有如下特征。

1. 直观性

直觉是对具体对象的直观，从整体上把握对象。没有直观的对象，是难以产生直觉的。它既不同于灵感，也不同于逻辑思维。

2. 豁然性与快速性

直觉凭以往的经验、知识，直接猜度问题的精要，是用敏捷的观察力、迅速的判断力对问题做出试探性的回答，结论不一定十分可靠，必须再用经验思维、理论思维进一步证明。

3. 跳跃性

直觉产生的形式是突发的和跳跃式的。直觉思维的出现是在大脑的功能处于最佳状态的时候。

（三）直觉思维的类型

直觉思维有如下类型。

1. 艺术直觉

艺术家在创作过程中由某一个形象一下子上升到典型形象的思维过程。

2. 科学直觉

科学家在科学研究过程中对新出现的某一事物非常敏感，一下就意识到其本质和规律的思维过程。

（四）直觉思维的训练

1. 怎样培养直觉能力

（1）要有广博而坚实的基础知识。直觉判断不是凭主观意愿，而是凭知识、规律。

（2）要有丰富的生活经验。产生直觉仅凭书本知识是不够的，直觉思维迅速、灵活、机智，需要有较多的经历（经历过困难，解决过各种复杂的问题）。

（3）要有敏锐的观察力。要有审查全面的能力，较快地看清全貌。

2. 测试：直觉测验

（1）在猜谜语游戏中你是否成绩不错？

（2）你是否喜欢和别人打赌，赌运是否很好？

（3）你是否一看见一幢房子便感到合适与舒适？

（4）你是否常感到你一见某个人，便感到十分了解他（她）？

（5）你是否经常一拿起电话便知道对方是谁？

（6）你是否常听到某些"启示"的声音，告诉你应该做些什么？

（7）你是否相信命运？

（8）你是否经常在别人说话之前，便知道其内容？

（9）你是否有过噩梦，而其结果又变成事实？

（10）你是否经常在拆信之前，便已知道其内容？

（11）你是否经常为其他人接着说完话？

（12）你是否常有这种经历：有段时间未能听到某一个人的消息了，正当你在思念之时，又忽然接到他（她）的信件、短信或电话？

(13) 你是否无缘无故地不信任别人？
(14) 你是否为自己对别人第一面印象的准确而感到骄傲？
(15) 你是否常有似曾相识的经历？
(16) 你是否经常在登机之前，因害怕该航班出事，而临时改变旅行计划？
(17) 你是否在半夜里因担心亲友的健康或安全而忽然惊醒？
(18) 你是否无缘无故地讨厌某些人？
(19) 你是否一见某件衣服，就感到非得到它不可？
(20) 你是否相信"一见钟情"？

答是的记 1 分，答否的记 0 分，累计所得分数，并按如下标准进行评价。

得 10～20 分者，有很强的直觉能力。有着惊人的判断力，当你将它用于创造时一定会取得巨大的成功。

得 1～9 分者，有一定的直觉能力。但常常不善于运用它，有时让它自生自灭，应该加强对它的培养，让它成为你事业的好帮手。

得 0 分者，一点也没有发展自己的直觉能力。你应该试着按直觉办事，就会发现直觉。

七、灵感思维

（一）灵感思维的定义

所谓灵感思维，即长期思考的问题受到某些事物的启发，忽然得到解决的心理过程。灵感是人脑的机能，是人对客观现实的反映。人在不知不觉中突然发生的特殊思维形式。

在人类历史上，许多重大的科学发现和杰出的文艺创作，往往是灵感这种智慧之花闪现的结果。

灵感与创新可以说是紧密相连的。灵感不是神秘莫测的，也不是心血来潮，而是人在思维过程中带有突发性的思维形式长期积累、艰苦探索的一种必然性和偶然性的统一。

（二）灵感思维的特点

灵感思维有以下特点。

1. 突发性

灵感的出现是突然来的，灵感什么时候出现，怎样出现，由什么事物刺激而产生，都是难以预先知道的。

2. 兴奋性

灵感的兴奋性是指人脑在灵感闪现后常处于兴奋中。它使人脑处于激发状态，伴随而来的是情绪的高涨使人进入如醉如痴的忘我状态。

3. 跳跃性

灵感的跳跃性表现为它是一种直觉的非逻辑的思维过程。在出其不意的刹那间（散步、闲谈、看电影等）触景生情，冥思苦想的问题突然得到解决。原因是创造者在创造活动中，对问题长期的探索，使创造者的智力活动达到白热化的状态，在这种状态下，或因外界的某一刺激而受到启发。或由于某种联想，触类旁通使创造者的记忆储存的材料重新组合。

4. 创造性

灵感所获得的成果，常常是新颖的创造性知识。它所闪现的往往是模糊、粗糙、零碎的，还要用通常的思维活动加以整理。所以灵感的创造性与抽象思维、形象思维及其他种种因素一起才能发挥作用。

（三）灵感思维的训练

1. 灵感的捕获

（1）长期的思想活动准备。灵感是人脑进行创造活动的产物，所以长期思考是基本条件。

（2）兴趣和知识的准备。广泛的兴趣、丰富的知识经验有利于借鉴，容易得到启示，是捕获灵感的另一个基本条件。

（3）智力的准备。智力的准备主要包括观察、联想、想象。

（4）乐观镇静的情绪。愉快的情绪能增强大脑的感受能力。

（5）注意摆脱习惯性思维的束缚。

（6）珍惜最佳时机和环境。

（7）要有及时抓住灵感的精神准备和及时记录灵感的物质准备。许多人，都曾体验过获得灵感的滋味。但没有及时记录这些灵感，事过境迁就再也记不起来了，当然并不是头脑里出现的灵感都有价值，记录下来以后再慢慢琢磨，决定取舍。

2. 灵感的诱发

1) 外部机遇诱发

（1）思想点化。一般在阅读或交流中发生。如达尔文从马尔萨斯人口论中读到"繁殖过剩而引起竞争生存"时，大脑里突然想到，在生存竞争的条件下，有利的变异会得到保存，不利的变异则被淘汰，由此促进了生物进化论的思考。这就是思想点化。

（2）原型启发。这是根据自己要研究对象的模型启发而产生的灵感。例如英国工人哈格里沃斯（见图 2-20）发明纺纱机（见图 2-21）的经过，就是受到原来水平放置的纺车，偶然被他踢翻变成垂直状态的启发才研制成功的。

图 2-20　哈格里沃斯

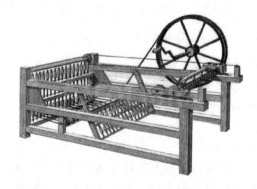
图 2-21　纺纱机

（3）形象发现。如意大利文艺复兴时期的著名画家拉斐尔想构思一幅新的圣母像，但很久难以成形，在一次偶然的散步中，看到一位健康、淳朴、美丽、温柔的姑娘在花丛中剪花，这一富有魅力的形象吸引了他，立刻拿起画笔创作了《花园中的圣母》（见图 2-22）。

（4）情景激发。我国作家柳青经过农村生活的体验写出了"创业史"，但 7 年后，当他想改写时却找不到感觉。只得又回到长安县（2002 年长安县撤县，原辖区域并入西安市，设为长安区）后，那些农民的语言、感情及对农村生活的冲动，才一起被激活，产生了创作灵感。

2）内部积淀意识引发

（1）无意遐想：这种遐想式的灵感在创造中是很常见的。

（2）潜意识：这种灵感的诱发，情况更为复杂。

①潜在知识的闪现。

②潜能的激发。这就是我们通常说的急中生智。这种灵感现象是人脑中平时未发挥作用的那部分潜在智能，在危机状态中的突然激发。

③创造性梦境活动。

④下意识的信息处理活动。

八、幻想思维

图 2-22 《花园中的圣母》

（一）幻想思维的定义

所谓幻想，一般是指与人们的某种愿望相结合并指向未来的一种思维想象，它是创造主体在思维活动中根据与自己的主观愿望和心理情绪，对未来和情感所进行的一种创造性思维。

（二）幻想思维的特点

幻想往往不与创造主体眼前的创造活动有直接联系，它带有强烈的前瞻性和设想性，并且带有浓郁的主观和个人色彩。幻想可以使人思维超前、思路开阔、思绪奔放，因此它在创造活动中的作用是显而易见的，尤其是在创造活动的初期，更需要各种各样的幻想。

创造性思维允许并鼓励人们对事物进行各种各样的幻想。

（三）幻想与梦想、空想、理想的不同

幻想是人们处于清醒状态下所进行的创造推想，是依照个人意愿所进行的超前设想。幻想比梦想的可行性要大，但幻想比梦想能动性要小。

空想和理想是幻想的两个方面。幻想中的空想不切实际、难以实现，幻想中的理想也不是一蹴而就，它需要人们不懈努力、刻苦追求，才有可能得以实现。

（四）正确认识幻想思维

幻想，特别是科学的幻想，是创造性思维的翅膀，它扎根于人类已知的科学知识土壤，用思维联系来填补自然科学系中尚未被人类探明的空白。但由于幻想暂时脱离现实，超越同时期人们的认识范围和认识水平，一般不为人们所重视，很多人甚至把幻想作为贬义词而打入另册。从创造学的观点来看，这是不公正的，并且是浅薄的。

（五）幻想思维的作用

作为发明创造者，他要改造世界，就应该具有幻想思维和幻想精神。

幻想可以促使人们产生创造的欲望，可以激发人们上进的志气，也可以指出人们前进的方向。古代人们美好的幻想和愿望，如千里眼（见图 2-23）、顺风耳（电话）、可上九天揽月（见图 2-24）、可下五洋捉鳖（见图 2-25）等，现在都已成为现实。

19 世纪法国著名科幻作家儒勒·凡尔纳被称为"科学幻想小说之父"，曾著有《格兰特船长的女儿》《神秘岛》《地心游记》《环绕月球》《海底两万里》《八十天环游地球》等不朽名著。其作品中所幻想的电视机、直升机、导弹、潜水艇、坦克、激光枪等物品，今天均已成为现实。

图 2-23　雷达

图 2-24　宇宙飞船

图 2-25　蛟龙号

第三节 创新思维的基本原理

一、思维的信息加工过程

把思维看作是信息加工的过程,是认知心理学的基本观点,已经被许多领域的学者所接受,这是认知心理学对思维本质认识上的一个重要贡献。

制约思维的信息加工过程的基本要素有六个方面。

(一)天赋条件——大脑

有关研究表明,人类的智力有一半是靠先天遗传得来的,应该充分重视优生学;先天的智障者,无论怎么教育也难以得到根本的改变。

大脑功能区如图 2-26 所示,大脑功能的训练如图 2-27 所示。

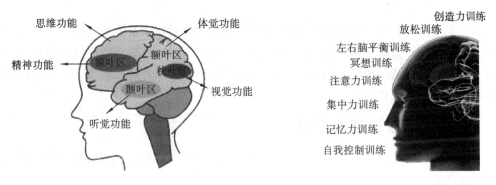

图 2-26 大脑功能区　　　　　　图 2-27 大脑功能的训练

遗传因素还会影响到个体的思维类型。思维的高级神经类型可以分为偏抽象型、偏形象型和中间型。偏抽象型有利于发展数理方面的能力,偏形象型有利于发展文艺创作方面的能力。

(二)人的心理素质

心理素质对思维的信息加工过程有很大的影响,甚至起着导向作用。其中主要包括感情、情绪、注意、兴趣、需要和性格等。

一个信息传给你,如果你对它们不喜欢、不注意、不感兴趣、不需要,那么,即使再重要,都很难引起你对这些信息进行加工,也就无法认识这些信息的实质、意义或价值。相反,传入的信息是你感兴趣的或需要的,才能引导你对这些信息进行加工。

(三)输入的信息

输入信息的性质、价值与数量是制约信息加工过程的重要因素。不重要、不新颖、无意义的信息,自然引不起注意与兴趣,也不会进行加工;如果信息数量太少也难以进行加工。

作为思维加工对象的信息,能够引起思维对它进行加工的最起码要求是:具有一定的新颖性;具有一定的数量、丰富程度,能够形成初步的问题空间。

(四)大脑中已存储的信息与输入信息的相关性

大脑中如果没有与输入的信息相关的知识、经验,就无法对输入的信息进行加工。

大脑中存储的知识、积累的经验,既要有一定的数量,又要有合理的结构。一般来说,对知识结构的要求是:对基础知识要求广博,对专业知识要求扎实、精深。无论从事什么工作,都需要有本行业扎实的基本功和精深的专业知识,只有这样才能及时、准确地抓住、捕捉相关信息,快速、恰当地理解与加工。

（五）根据需要从外界搜索、查找或观察所得信息与输入信息的相关性

当我们遇到问题时,而又在自己的知识与经验不足的情况下,根据需要可以到图书馆、档案馆、情报部门或计算机网络上去搜索、查找与之紧密相关的知识或信息。这种资料收集得越丰富,对输入信息的加工越容易进行。

（六）思维能力

思维能力是指把大脑存储的知识、经验与输入的信息联系起来的能力。它以自己思维活动的经验教训、对思维规律掌握的数量及运用的熟练程度为主要内容。这是进行信息加工的工具。

自己思维活动积累的经验教训丰富,掌握的思维规律数量多且熟练,对输入的信息的加工能力自然就强。如果不善于总结、积累思维活动的经验教训,缺乏思维规律的知识,即使头脑中有与输入信息紧密相关的知识,也难以把它们联系起来并进行加工,也就难以理解这些输入信息的意义与价值。

二、创新思维的基本原理

所谓创新思维的基本原理,指的是在创新思维过程中,人们普遍遵循的具有方法论意义的原理和规则。

（一）迁移原理

所谓迁移,是指已经获得的知识和技能,甚至方法和态度对学习新知识、新技能,解决新问题的影响,如果影响是积极的,起促进作用,就是正迁移;如果影响是消极的,起干扰作用的,就是负迁移。迁移原理的主要类型有以下几种。

1. 原型启发

原型启发就是从自然界已存在的事物和现象的功能和结构中受到启发,产生新的思想、观念和技术。

1）锯子的发明

中国古代木匠鲁班发明锯子就是典型的原形启发。一次,鲁班在爬山时,不小心被茅草划破了手,他观察发现茅草叶片边缘呈细齿状。受到叶片细齿产生锋利现象的启发,发明了木工用的锯子。鲁班也因此成为木匠的创始人。

锯子的发明如图 2-28 所示。

2）充气轮胎的发明

英国医生邓禄普发现儿子在卵石上骑自行车,颠簸得很厉害。那时车胎还没有充气内胎,他一直担心儿子会受伤。后来他在花园中浇水,手里感到橡胶管的弹性,他从这里受到启发,便用水管制成了第一个充气轮胎。

充气轮胎的发明如图 2-29 所示。

图 2-28 锯子的发明　　　　　图 2-29 充气轮胎的发明

2. 相似原理

相似原理就是根据两个相同或相近的事物,把其中一个事物的结构和原理应用到另一个事物上。美国工程师杜里埃认为,为了保证内燃机有效地工作,必须使汽油和空气能均匀地混合,他一直在寻找解决这一问题的办法。当他看到妻子喷洒香水这一动作时,产生了创意,于是创造了发动的汽化器,汽化器与喷雾器相似,这是相似原理的体现。

3. 移植原理

移植是指将某一个领域的原理、方法、结构、用途等移植到另一个领域中去,从而产生新的事物和观念。它山之石,可以攻玉。移植原理就是把一个研究对象的概念、原理和方法等运用于其他研究之中。

依照两栖动物的生理特点,发明了水陆两用交通工具。仿照人的手掌、手指,发明了挖土机。像剪刀、钳子、起子、木梳等,都是仿生移植的效应。

4. 模拟类比

模拟类比是指以某一模仿原型为参照,在此基础上加以变化产生新事物、新观念。

美国发明家威斯汀豪斯,看到火车因不能迅速刹车而发生了惨剧,促使他决心创造一种能够同时作用于整列火车的制动装置。他在专业杂志上看到,在挖隧道时,驱动风钻的压缩空气是用橡胶软管从几百米以外的空气压缩机送来的。他从这里得到启发,发明了气动刹车装置,这就是模拟类比的体现。

5. 对应联想

对应联想是指从某一事物的因果关系推出另一事物的因果关系。

如从面包加入发泡剂使面包膨松而省面粉,联想到塑料生产中加入发泡剂,生产出了省料、轻软的泡沫塑料,进而联想到在水泥中加入发泡剂,发明了加气混凝土,使水泥制品省料、轻巧、隔热、隔音,进而发明了空心砖。

(二) 陌生原理

陌生原理指的是我们在认识事物的时候,要学会用陌生的眼光看问题。要善于对事物从根本上重新加以思考,哪怕再熟悉的事物也不例外。

(1) 运用陌生原理是为了帮助我们冲破头脑中的固定观念和思维定式的束缚。

(2) 运用陌生原理,要求我们一定要确立怀疑批判意识。特别是那些被认为是"天经地义"的、"不言而喻"的、"毋庸置疑"的东西,也要敢于大胆地怀疑批判,要用审视的目光去对待一切。

(3)运用陌生原理要求我们要善于对问题进行"再认识"。

(三)归本原理

所谓归本,就是归结到本质、本原和事物的本真状态、原初状态。

归本原理指的是我们在解决问题时,要努力抓住事物的本质、本原,抓住事物的本真状态、原初状态,在此基础上寻求问题的解决办法。

(1)运用归本原理,要求我们在解决问题的过程中,要善于回到起点,要努力弄清原先的出发点和解决问题的初衷。

(2)运用归本原理,还要求我们善于从功能的角度去把握事物。世界上的事物都是作为系统而存在的,事物都是由一定的要素、按照一定的结构而形成的具有一定功能的整体。一个系统存在的意义,归根结底在于它的功能。功能是系统的本质、目的、意义和价值的体现。

邓小平同志在南方谈话中提出的判断改革开放中一切工作得失、是非、战败的"三个有利于"标准,就是从功能的角度来把握事物的典范。

(四)诉变原理

诉变,就是诉诸变化。它指的是人们在解决问题的过程中,要善于在思路上进行变化、变换,以求得问题的解决。

(1)运用诉变原理,就是要求我们通过变换,来打破头脑中的固定观念和思维定式的束缚,达到思维创新的目的。

(2)运用诉变原理,要求我们在解决问题时,要善于变换思考的方向和角度。

(3)运用诉变原理,还要求我们善于对问题的结构进行变换。

古代有名的司马光砸缸救小孩(见图2-30)的故事,就是运用了目标变换的方法。

图2-30 司马光砸缸救小孩

（五）中介选择原理

所谓中介，是连接问题的起点和目标的桥梁和纽带，是人们解决问题，由起点到达目标所必须经过的路径和环节。

中介选择原理告诉我们，在解决问题时，必须尽全力找出由起点通向目标所必经的那一中介环节，并以此为突破口来确定解决问题的策略和实现目标的途径，从而导致问题的解决。

运用中介选择原理，就要求我们在解决问题的过程中，一定要善于寻找由起点通向目标的关键点和必经环节。

古代曹冲称象（见图 2-31）的故事，就是对中介选择原理的成功运用。

图 2-31　曹冲称象

（六）综合原理

综合原理是指综合其各个构成要素中的可取部分，使得综合后整体具有创新的特征。综合不同产品的优点能创造出新产品。

1. 组合

组合是事物整体或部分按照现代科学技术进行新的选择。组合是创造发明的一条重要原理。组合很容易促成创造发明。如我们常见到的多用柜、两用笔、组合文具盒等，都体现出组合原理。

美国的"阿波罗"登月（见图 2-32）计划，可谓是当代最大型的发明创造结晶之一，然而，"阿波罗"登月计划的负责人却直言不讳地讲过，"阿波罗"宇宙飞船的技术没有一项是新的突破，都是现代技术。问题的关键在于能否把它们精确无误地组合好，实行系统管理。

2. 组合原理的特点

组合原理有如下特点。

（1）组合现象是普遍的。

（2）组合现象又是极其复杂的。

（3）组合的可能性是无穷的。

3. 组合类型

1）主体附加

这种组合就是在原有的技术思想中补充新的内容，在原有的物质产品上增加新的附件，

图 2-32 "阿波罗"登月

从而使新的物品性能更好、功能更强的组合技法。这种技法最易产生新的组合设想,其特点是:以原有技术思想或原有物质产品为主体,附加技术思想只起补充、完善或利用主体技术思想的作用。

2)异类组合

两种或两种以上不同领域的技术思想的组合,以及不同的物质产品的组合,都属于异类组合,异类组合的特点是:组合对象来自不同的方面,一般无所谓主次关系;组合过程中,参与组合的对象从意义、原则、构造、成分、功能等任一方面或多方面相互渗透,整体变化显著;异类组合是异求同,因此,创造性很强。例如,手表、圆珠笔、日历、收音机、吹风机、电熨斗等组合。

3)同物组合

这是指若干相同或相近事物的组合。它的特点是:组合的对象是两个或两个以上的同一事物;组合过程,参与组合的对象,同组合前相比,基本原理和基本结构一般没有根本性的变化,组合具有对称性或一致性的趋向。同物组合的创造目的是,在保持事物原有意义的前提下,通过数量的增加,来弥补不足功能,求取新的功能,或发生新的意义。而这种新功能或新意义,是事物单独存在时(即组合前)不具有的,例如,母子灯(见图 2-33)、双拉锁(见图 2-34)等。

图 2-33 母子灯

图 2-34 双拉锁

4) 重组组合

重组组合是指在事物的不同层次上分解原来的组合,然后再以新的意图重新组合起来。它的特点是:组合在一件事物上进行,在组合过程中,一般不增加新的东西,主要是改变事物各组成部分间的相互关系。例如,过去电话送话器和听音器是分开安装的,对这种电话进行分解后,再重新组合,把送话器和听音器组装成一体,听话器就成了新的电话机上的听筒。

(七) 分离原理

分离原理是指把某一对象进行科学分解和离散,是与综合原理完全相反的另一个创造原理。

比如,把扬声器从收录机中分离出来而发展成音箱;把上衣袖子分离后而发明了马甲;把眼镜的镜架和镜片分离出来,而发明了隐形眼镜等。

(八) 还原原理

所谓还原原理,就是把创新对象的最主要功能抽出来,集中研究实现该功能的手段和方法,从中选取最佳方案。通俗地讲,还原原理就是回到根本,抓住关键。

如要设计一种新型的运输车辆,就要跳出车辆一定要有轮子的框框。先找到发明的原点:具有把物体从甲地运至乙地的功能,轮子并不是它的本质。于是,从原点出发,气垫车、磁车、弹道车等新型工具就层出不穷了。

打火机的发明就是还原原理的具体运用,它把最主要的功能——发火抽象出来,把摩擦发火改为气体或液体燃烧,从而突破了现有火柴的框框,获得了一大进步。

(九) 相反原理

相反原理,就是在创造发明的过程中,当运用某种方法解决不了问题时,改用相反的方法。在发明创造中,有时遇到一个不能解决的难题往往需要迂回或从其反面或从其侧面的途径,则能顺利地解决,这就是创造的逆反原理。这种原理在创造中使用非常广泛,与它相关的思维方式是逆向思维。

相反原理一般分为功能相反、结构相反、因果相反和状态相反等四种类型。

1. 功能相反

功能相反是指从已有事物的相反功能,去设想和寻求解决问题的新途径,从而实现创新的思维形式。

如德国某造纸厂,因一工人的疏忽在生产中少放了一种胶料,制成了大量不合格的纸张。肇事工人拼命想解救的办法,慌乱中把墨水洒在了桌子上,随即用那种纸来擦,结果墨水被吸得干干净净,"变废为宝"的念头在他的头脑中闪过,就这样这批纸当作吸墨水纸全部卖了出去。后来又有人做了个带把的架子,把吸墨水纸装在上面,一个吸墨器就诞生了。

2. 结构相反

结构相反是指从已有事物的相反结构形式,去设想和寻求解决问题的新途径的思维形式。

如第二次世界大战后,飞机设计师把飞机的机翼由"平直机翼"改为"后掠机翼",使飞机的飞行速度由"亚音速"提高到"超音速"。

3. 因果相反

因果相反是指颠倒已有事物的因果关系,变因为果,去发现新的现象和规律,寻找解决问题的新途径的思维形式。

如在发明史上,奥斯特发现电能生磁,发明了电磁铁。法拉第则利用相反原理提出磁能生电,从而发明了发电机。

4. 状态相反

状态相反是指根据事物的某一属性(如正与负,动与静,进与退,作用与反作用等)的反转来认识事物,从而引发创新的一种思维形式。

如圆珠笔随笔珠的磨损变小而漏油,提高了笔珠耐磨性后,笔杆耐磨问题又出现了。日本人中田反过来考虑这个问题:为何不把注意力放在笔芯上呢? 若将笔芯的油量适当减少,使圆珠笔在磨损漏油之前,笔芯里的油已经用完,不就无油可漏了吗?

(十) 换元原理

换元是指对不能直接解决的问题采用"替代"方法,使问题得以解决或使创新思维活动深入展开。

换元原理就是要分析事物的三个基本要素——事物、特征和量值的分析,把不相容的问题转化为相容的问题,要找出转化为相容问题的最好办法。着重研究变换规律,即如何对不相容的问题进行变换,不相容的问题转化为相容的问题应遵守什么法则。

1. 换元原理的特点

其一是寻找替代物。

其二是指人们在发明创造过程中往往要用一事物代替另一事物。

比如:在火柴盒上以纸代木,以塑料代替钢材、人造皮革、人造大理石等;许多科学领域(地质、建筑工程等)中常用模拟实验等。

2. 换元原理的应用

古希腊科学家泰勒斯到埃及浏览,埃及人请他测量金字塔的高度,他答应了。

这一天,泰勒斯让助手在地上垂直地面立了一个标杆,不时地测着它的影子。当影子的长度与标杆的高度一样时,泰勒斯让助手马上测出金字塔影子的长度。他说,这个影子的长度,就是金字塔的高度。这实际上就是换元原理。

(十一) 群体原理

群体原理是指通过群体合作,把个人的智慧集中起来,依靠集体智慧,拓展思路,实现创新,创造出个人单独无法完成的事业。

中国有句俗语:"三个臭皮匠,顶个诸葛亮。"

群体合作不仅是联合的力量,而且是倍加的力量,即把大家的智慧集中起来,形成"1+1>2"的力量。

当代的一些科技项目,如人造卫星、宇宙飞船、空间实验室和海底居住实验等都是通过群体合作的成果。

第四节 创新思维的基本过程

一、准备阶段

准备阶段可以包括:提出问题、搜集资料、预期与参与、提出假设。

创新思维有着自己的活动规律,包括其活动过程、活动方式,尤其还有它的准备条件,即具备哪些因素才可以使创新思维活动正常而又顺利地进行,也就是这里所指的创新思维的准备。有学者研究认为,创新思维的准备是一个系统工程,它由个体的心理状况、创新意识、知识结构、外部氛围等构成。

必须意识到进行创新思维总是要在一定的内、外条件的基础上,人的创新思维才得以被激发和正常进行。

探讨创新思维的准备,也在于提醒大学生在培养自己综合素质的过程中,要注意全面加强思想修炼,正确把握创新精神的价值导向。任何个体创新思维的准备都只能服从爱祖国、爱人民、关心自然、关心人类、关爱生命……使自己成为一个具有真正意义上的创新精神的现代人。

二、酝酿阶段

创新萌芽时期往往是不明显的或比较模糊的,它必须经过充分酝酿才能逐渐明确起来。在酝酿过程中,通过对积累资料的筛选分析,对多个创新方案的比较,对可能遇到的各种问题的反复思考,以期有一个明确的结果。酝酿阶段,可能确定创新设想,也可能局部修订,甚至全部改变,这与已掌握资料的多少、资料的质量,以及个人的知识经验、综合分析能力有关,也与创新目标有关。一般来说,创新目标的独创性越高,酝酿构思的难度越大。确定一个理想的创新设想,常常需要多次反复。

三、顿悟阶段

把精力专注在你的工作任务上之后,创新思维程序的下一个阶段就是停止你的工作。虽然你有意识地让大脑停止了积极的活动,但是,你的大脑中无意识的方面仍继续在运转——处理信息、使信息条理化、最终产生创新的思想和办法。这个过程就是大家都知道的"酝酿成熟"的阶段。当你在从事你的业务工作时,你创造性的大脑仍在运转着,直到豁然开朗的那一刻,酝酿成熟的思想最终会喷薄而出,出现在你大脑意识层的表面上。有些人说,当他们参加一些与某工作完全无关的活动时,这个豁然开朗的时刻常常会来临。这就是人们常说的顿悟。

四、验证阶段

创造性的思想火花一出现,很令人振奋,然而,这个时刻只是标志着创造性过程的开始,而不是结束。如果在创造性的思想出现时,你意识不到,不能对其采取行动,那么,你脑子里出现的创造性的思想就没有丝毫的用处。经常会有这样的情况,当创造性的思想火花出现时,人们并没有给它们以极大的关注,或者认为不实用而忽略了它们。你必须对你创造性的思想有信心,即使它们似乎是古怪的或远离现实的。在人类发展史上,许多最有价值的发明一开始似乎都是些不大可能的想法,被流行的常识所嘲笑和不齿。

第五节 创新思维形成必须遵循的基本原则

一、宽松的思维环境

思维方式是受特定思维环境影响的。许多人的思维还是跟不上时代的步伐,出现了思维滞后的现象,思维方式处于一种保守状态。有些人即使有了一些新思想、新观点、新对策,也不愿全盘说出。究其原因:一是没有从根本上解放思想,"枪打出头鸟""人怕出名猪怕壮"等旧观念仍在人们脑海里根深蒂固地存在;二是没有形成系统、有效的鼓励创新、激励竞争的机制,对鼓励员工创新没有成为制度,往往流于形式,更谈不上对好的意见、好的点子进行恰当的物质和精神奖励。

二、合理的知识结构

创新思维是思维主体在综合多种知识的背景下,通过产生联想等思维活动而形成的一种快速跃进式的思维方式。因此,知识的宽度、广度和深度是创新思维得以发生的重要基础。正如美国物理学家格拉肖所说,涉猎多方面的学问可以拓展思路,帮助提高想象力。

首先,要尽量做到"一专多能"。"专",就是对自己本专业的基本知识,基本技能有较扎实的理论功底;"多能",是指多方面的技能,如观察事物的能力,搜集信息的能力,分析、比较、综合材料的能力以及组织、协调和鉴赏能力等。

其次,必须合理配备知识创新主体。根据知识劳动力各自的心理素质、专业水平和工作技能来定编定岗,尽量做到专业技能的相互交叉、相互渗透,从而形成相互补充、相得益彰的良好局面,避免岗位的虚设和专业人才的浪费。

最后,必须更新教育观念,加快教育体制改革的步伐,认真贯彻实施素质教育。

三、科学的思维方法

特定时代的思维方式是与该时代生产力和科学技术发展水平相适应的。在知识经济时代,创新能力的高低决定国家经济增长幅度的大小和国家综合国力的强弱。因此,要使创新思维方式占主导地位,就要改变传统的、不适应时代发展要求的思维方向、思维路线、思维程序、思维方法及思维模式。然而,思维方式的变革毕竟是在观念领域里发生的,需要艰苦的主观努力和复杂的思维活动。只有在学习系统的思维理论知识的基础上,举一反三,推陈出新,才能完成思维方式的重大变革。

在创新思维发生过程中,虽然更多的是非逻辑思维发生作用,但是,它总是以逻辑思维为基础和起点,二者统一于人的思维过程中,相互交叉,相互渗透。尤其是在信息的收集、整理和寻求信息间的因果联系时更要用到比较、分析综合及求同法、求异法、求同求异并用法、共变法和剩余法等逻辑思维方法。

重视学习和掌握创新思维的基本方法。现代思维学的主要原理及其应用价值,突出体现在:它在总结和概括创新思维机制和规律基础上所形成的创新思维方法,学习和掌握创新思维方法是推进思维创新的关键所在。

四、良好的思维习惯

一个生性思维懒惰,不求进取的人是永远形成不了创新思维的。要养成良好的思维习惯,首先,必须充分发挥人的主观能动性,唤起思维活动的积极性与主动性,善于对思维材料进行储存、提取和加工。其次,要善于扬长避短,善于使用、改进思维器官的功能。思维科学的研究显示,人的创新思维潜力极大,但挖掘、开发得却很不充分,一般人只调动了其创新思维潜力的5%~10%,就连爱因斯坦这样的大科学家,也只使用了30%左右。脑科学的研究表明,大脑中有1000亿个神经元,每个神经元随时与附近其他的神经元发生联系,在大脑中形成许多的神经接触点。这些神经接触点之间能够形成数量极其巨大的神经回路,它就是人们的思维得以产生的物质基础。正是因为神经回路如此丰富，人的思维创新才有了极大的潜力，如果我们不去开发，不主动去挖掘，那就是思维资源的极大浪费。

第六节　阻碍创新思维的基本因素

一、阻碍创新思维的客观因素

创新需要一个鼓励创新的良好的社会环境，而我们生活在一个传统的僵化的社会环境中，头脑中充斥着各式各样的守旧观念，这都严重压抑着创新。

（一）守旧观念

守旧观念压抑着创新，在传统社会下，创新思维只属于极少数天才的特权，而广大民众则不需要创新思维，只需要去理解和执行就可以了。

（二）传统教育

传统教育（见图2-35）注重书本知识，轻视甚至反对学生提出与之不同的观点或想法，从而扼杀了学生的创新意识。

图2-35　传统教育

（三）传统的家庭教育模式

中国传统的家庭教育模式（见图2-36）在对孩子的培养教育中，带有强烈的家长意识，这就压抑了孩子的个性发展和思维创新。

图2-36　中国传统的家庭教育模式

二、阻碍思维创新的主观因素

（一）固定观念

人们在实际的思维过程中，反复地运用某种观点，认识去思考、评价问题，经过多次重复，久而久之，这些观点和认识被积淀到大脑深层意识之中而达到"无意识""下意识"的状态，这就形成了固定观念。

（二）思维定式

思维定式就是一种思维模式，是存在于头脑中的认知框架。在现实生活中，在人的头脑中随时会遇到各种信息，各种事物和问题，而人们在筛选信息、分析问题、做出决策时，总是自觉不自觉地沿着过去所熟悉的方向和路径进行思考，而不愿意另辟蹊径，这就是所谓的思维定式。

思维定式如图 2-37 所示。

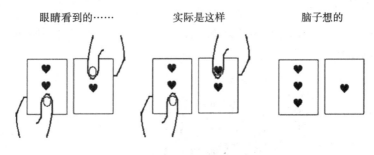

图 2-37　思维定式

1. 辩证地看待思维定式

思维定式对解决经验范围以内的一般性的、常规性的问题是有积极作用的。它可以使人们熟练地运用以往的经验，驾轻就熟，简洁、快速地处理问题，从而具有很高的效率。思维定式的弊端在于，当我们面临新情况、新问题而需要一定创新的时候，它就会变成"思维枷锁"，阻碍新观念、新点子的构想，同时也阻止头脑对新知识的吸收。

法国生物学家贝尔纳曾说："妨碍人们学习的最大障碍并不是未知的东西，而是已知的东西。"

2. 思维定式的主要表现

1) 经验思维定式

经验思维定式（经验思维）的好处在于，我们用来处理日常事务和一般问题时，能够驾轻就熟，得心应手，使问题得到较快的解决。但是，经验思维定式的弊端在于，当我们面临新情况、新问题而需要开拓创新时，它就会变成思维枷锁，阻碍新观念、新点子的构想，阻碍头脑对新知识的吸收。"妨碍人们学习的最大障碍，有时不是未知的东西，而是已知的东西。经验具有很大的狭隘性，束缚了思维的广度。"

经验思维定式如图 2-38 所示。

经验思维定式有如下特点。

(1) 经验具有时空狭隘性。

(2) 经验具有主体狭隘性。

图 2-38　经验思维定式

(3) 个人的经验在内容上仅仅抓住了常见的东西,而忽略了少见的、偶然的东西。

2) 从众思维定式

"从众"就是服从众人,顺从大伙儿,随大流。在从众思维定式的指导下,别人怎样做,我也怎样做;别人怎样想,我也怎样想。用孔夫子的话说,就是"乡愿"之类的人物。

人类是一种群居性的动物,为了维持群体的稳定性,就必然要求群体内的个体保持某种程度的一致性。这种"一致性"首先表现在实践行为方面,其次表现在感情和态度方面,最终表现在思想和价值观方面。然而实际情况是,个人与个人之间不可能完全一致,也不可能长久一致;一旦群体发生了不一致,那怎么办呢?在维持群体不破裂的前提下,可以有两种选择:一是整个群体服从某一权威,与权威保持一致;二是群体中的少数人服从多数人,与多数人保持一致。

本来,"个人服从群体,少数服从多数"的准则只是一个行为上的准则,是为了维持群体的稳定性的。然而,这个准则不久便产生了"泛化",超出个人行动的领域而成为普遍的社会实践原则和个人的思维原则。于是,思维领域中的从众思维定式便逐渐形成了。

不论生活在哪种社会、哪个时代,最早提出新观念、发现新事物的,总是极少数人,而对这极少数人的新观念和新发现,当时的绝大多数人都是不赞同甚至激烈反对的。因为每个社会中的大多数人都生活在相对固定化的模式里,他们很难摆脱早已习惯了的思维框架,对新事物、新观念总有一种天生的抗拒心理。

从众思维如图 2-39 所示。

从众思维定式形成的原因有以下两种。

(1) 来自群体的压力。

(2) 来自传统文化(见图 2-40)的影响。

3) 权威思维定式

权威思维定式的形成:一是儿童在走向成年的过程中所接受的教育权威;二是来自专业权威和思想权威、政治权威等。

权威思维定式在日常思维中有积极的意义,它为我们节省了时间和精力,拿来就用,且行之有效。但是,权威思维定式显然束缚人的创新思维,特别在需要推陈出新的时候,人的思维往往难以突破旧的权威的束缚,总是被权威牵着鼻子走,使人失去了独立思考的能力。

图 2-39　从众思维

图 2-40　传统文化

权威思维如图 2-41 所示。

图 2-41　权威思维

4）书本思维定式

书本是一种系统化理论化的知识，是千百年人类经验和体悟的结晶。应该说，书本是人类最伟大的发明，有了书本，上一代人能够很方便地把自己的观念、知识和价值体系传递给下一代人，使得下一代人能够从一开始就站在前人的肩膀上，而不必每件事情都从零开始。这是人类社会的进化以加速度进行的原因，是人类优越于其他动物的主要原因。

书本知识带给我们无穷多的好处，有时也会给我们带来一些麻烦。其根本原因在于：书本知识与客观现实之间存在着一段距离，二者并不完全吻合。在人类知识的发展史上，专业的划分越来越细。专业知识也会造成一些弊端，其中最主要的，就是使人局限于某个专业之内，眼界过于狭隘，束缚了创新思维的发挥。所以我们能够看到这种情况，某些专业领域的新创新,并不是资深的专业人员做出的,而是那些初涉专业的新手,或者是那些从别的专业转换过来的人。科学史上有不少这样的事例,许多人直到中年才转换专业方向,却依然能够在新领域做出突出的成就。在现实生活中,我们肯定见过不少的"饱学之士",他们无所不知,是一部活的"百科全书"。但是,他们不能动手,不会处世,想不出点子,解决不了问题;除了书上讲的,他们一无所知。在现实生活中,我们还能看到另外一种类型的人,他们并没有受过高深的正规教育,也没读过多少书,但是却思维敏捷、创新不断,成为叱咤风云的人物。

5) 如何突破思维定式

我们通过几个事例来看看,突破思维定式对进行创新思考和创新活动是多么重要。先看两个科技研究方面的事例。

20 世纪中期,美国和苏联都已具备了把火箭送上天的物质、技术条件。相比之下,当时美国在这方面的实力比苏联更强。但双方都存在一个"卡脖子"的问题:火箭的推动力不够,摆脱不了地心的引力,不能把人造卫星送入运行轨道。怎么解决这个问题呢?当时大家都认为,办法只能是再增加串联的火箭的数量,以进一步增强推动力。美、苏两国的专家都各自尽力设法一个又一个地不断增加火箭的数量。尽管火箭增加了不少,但还是解决不了问题。

后来苏联的一位青年科学家,摆脱了不断增加串联火箭的思路。他突破这一思维定式而产生了一个新的设想:只串联上面的两个火箭,下面的火箭改为用 20 个发动机并联。经过严密的计算、论证和实践检验,这个办法终于获得成功。因为这样一来,火箭的初始动力的速度一下子就大大地增大了,就达到了足以摆脱地心引力的程度。于是,一个长时间使成百上千专家束手无策的技术难题,由于这样一个简单的新设想的提出,很快便得到了解决,从而使苏联的航天技术迅速领先于美国。1957 年,苏联抢在美国之前,首先将人造卫星送上了蓝天。

再看企业经营方面的事例。

日本的东芝公司 1952 年前后曾一度积压了大量的电扇卖不出去,7 万多名职工为了打开销路,费尽心机地想了不少办法,依然进展不大。有一天,一个小职员向当时的董事长石坂提出了改变电扇颜色的建议。在当时,全世界的电扇都是黑色的,东芝公司生产的电扇自然也不例外。这个小职员建议把黑色改为浅色。这一建议引起了石坂董事长的重视。经过研究,公司采纳了这个建议。第二年夏天东芝公司推出了一批浅蓝色电扇,大受顾客欢迎,市场上还掀起了一阵抢购热潮,几个月之内就卖出了几十万台。从此以后,在日本,以及在全世界,电扇就不再都是一副统一的黑色面孔了。

此例具有很强的启发性。只是改变了一下颜色,大量积压滞销的电扇,几个月之内就销售了几十万台。这一改变颜色的设想,效益竟如此巨大。而提出它,既不需要有渊博的科技知识,也不需要有丰富的商业经验,为什么东芝公司其他的几万名职工就没有想到?为什么日本以及其他国家的成千上万的电气公司,以前都没人想到、没人提出来?这显然是因为,自有电扇以来都是黑色的。虽然谁也没有规定过电扇必须是黑色的,而彼此仿效,代代相袭,渐渐地就形成了一种惯例、一种传统,似乎电扇都只能是黑色的,不是黑色的就不成其为电扇。这样的惯例、常规、传统,反映在人们的头脑中,便形成一种心理定式、思维定式。时间越长,这种定式对人们的创新思维的束缚力就越强,要摆脱它的束缚也就越困难,越需要做出更大的努力。东芝公司这位小职员提出的建议,从思考方法的角度来看,其可贵之处就在于,他突破了"电扇只能漆成黑色"这一思维定式的束缚。

据传媒报道,我国国家进口商品检验局的原王局长曾为"袖子问题"苦恼了好几年。这是一个什么样的问题呢?王局长发现:我国市场上出售的羊毛衫、棉毛衫和衬衫,普遍都存在着袖子长出一大截的毛病,人们在穿的时候都要将袖口上的这一大截向上挽。这既不舒服,又不雅观,还浪费材料。王局长曾对此发表感慨说:"为袖子的事,我几年前就呼吁过。我们的卫星能上天,袖子问题为什么就解决不了?这种蹩脚的产品为什么竟如此长寿?"不难看出,这同我们的有关人员长期摆脱不了思维定式的束缚分不开。王局长还曾就此问题将我国生产的衬衫同美国生产的健牌衬衫相对比。美国的健牌衬衫针对人的不同的体型特征,销往欧洲地区的和销往亚洲地区的衬衫会不一样,甚至销往中国的和销往日本的衬衫在规格和型号上也会有所不同(日本人一般身体稍向前倾)。

最后我们再来看一个军事方面的由于受思维定式影响而上当吃亏的突出事例。

1973年,第四次中东战争爆发前,埃及军队连续进行了一次又一次的大规模军事调动和演习。以色列依靠美国的"大鸟"号卫星,对埃及军队的一举一动了解得清清楚楚。10月6日,当埃及军队进行第23次大规模军事调动向苏伊士运河方向集结时,以色列军方领导人由于已有了前22次埃及的军事演习所形成的思维定式,对这次埃及军队调动,以为不过是又一次军事演习罢了,因而一点未做战斗的准备,甚至还放假让官兵们去过犹太人的"赎罪日"节。结果埃及军队突然向以色列发起进攻,一举攻破以色列耗资2亿多美元修筑起来的"巴列夫防线",获得了震惊世界的辉煌战果。

进行创新思考,必须警惕和摆脱思维定式的束缚作用。无论是在创新思考的开始,还是在它的其他某个环节上,当我们的思考陷入了困境时,往往都有必要检查一下是否被某种思维定式捆住了手脚。

一个人的创新思考陷入了某种思维定式大都是不自觉的;而跳出一种思维定式,则常常都需要自觉地做出努力。

通过科学的训练能够削弱惯常的思维定式的强度。尽量多地增加头脑中的思维视角,学会从多种角度观察同一个问题。

(三)自我思维

在日常思维活动中,人们自觉或不自觉地按照自己的观念、站在自己的立场、用自己的目光去思考别人乃至整个世界,由此,产生了自我中心型的思维定式。在这种思维定式的束缚下,个人的思考以自己为中心,一个团体的思考也习惯性地以本团体为中心,一个国家或民族的人则习惯以本国本民族为中心,而整个人类同样也跳不出"人类中心主义"的小圈子。

(四)思维障碍(或思维封闭)

1. 思维障碍形成的原因

(1)知识贫乏。
(2)没有批判性的学习。
(3)迷信。迷信会让人耳目失聪,对周围事物不敏感。
(4)习惯性思维。思维最大的敌人就是习惯性思维。

2. 影响创新思维的心理障碍

影响创新思维的心理障碍:自卑感、疲倦感、胆怯感、懒惰散漫、好高骛远、思维定式。

(五)思维的误区

思维的误区有以下几种情况。

(1) 新点子会突如其来,不可能事先估计策划。
(2) 创造性思维一定是异想天开,标新立异才顶用。
(3) 创造性思维是高层管理人员的工作,不关我的事。
(4) 只有聪明人才有好主意。
(5) 创造都是大的举动。

(六) 中国人的传统思维方式

1. 中国人的思维方式

中国人的思维方式有中庸思维、辩证思维、整体思维。

中国人习惯从整体上去把握事物,用联系的观点去看问题,承认变化,容纳矛盾观念,处理人际关系时追求和谐,处理问题时采取折中方法。

费孝通:"各美其美,美人之美,美美与共,天下大同。"

1) 以"人本"为逻辑出发点,具有人文精神

所谓"人文精神"是指以人为一切价值的出发点与源泉,以人为尺度与标准去疏解、衡量一切价值的精神。由于中国几千年封建社会以血缘关系为主的家国一体的社会结构方式奠定了家族本位、人伦本位的文化基调,因而反映在思维方式上就表现为以"人本"为逻辑出发点,即以人为万物之本,从自身的特点出发去考察万物,于是在认知方式上必然把一切"人化",由人的价值体悟物的价值,以人的规律来取代物的规律,因而,中国传统思维方式带有浓厚的人文色彩,它表现在价值判断上,就是以善代真,以情代理。这种思维特征的优势是注重对人类自身的求索,推动社会伦理道德,社会治理,人文学科等方面的发展,能促进人际关系的沟通与融合,易于形成强大的民族凝聚力和强烈的社会责任感。弊端是忽视对外界的探索,思维易于走向封闭化,即将主体自身作为认识的出发点、对象乃至目的,在某种程序上抹杀了对象的客观性,具有泛情感化的倾向,因而不具备很强的发展后力,在一定程度上束缚了人们对科学的深度和广度进军,这也是近代以来中国科技落伍的重要文化原因之一。

2) 注重整体统一

这是中国传统思维方式最显著的特征之一。它从整体原则出发,强调事物的相互联系和整体功能,以求得天、地、人、物的和谐统一,即注重"天人合一""天人和谐",而不太注重事物的内部结构。这种思维方式视天道与人道,自然与人事为有机整体,使人能下化万物,上参天地,并通过自己的行为制天命而用之,这就能使人们从整体上,全局上把握客体。这一独特的思维方式对保持人类的生态平衡,促进社会的协调稳定具有十分重要的意义。中国医学、军事、农业、艺术四大实用文化之所以能领先于世界,无不受益于中国传统思维的整体性。但这种笼统的整体直观是主客体不分的,客体的形象与属性、特征与主体的主观体验和神秘的情感融为一体,这就限制了主体对客体的客观描述,且这种整体缺乏对部分的精确分析,缺乏科学实验的基础,因而具有模糊性和笼统性,在一定程度上限制了科学技术的发展。

3) 偏重直觉体验

由整体性思维方式所决定,中国传统思维把体验视为高于理性思辨的一种认识本体的主要方式,它在本质上是一种直觉思维。这种思维的特点在于,它不需要概念、判断、推理等逻辑形式,不需要对外界事物进行分析,也不需要经验的积累,而是完全凭借主体的自觉认可、内心体验,在瞬间把握事物的本质。老子的"涤除玄览",庄子的"以明、见独",孟子的"尽心、知性"乃至佛教的"顿悟"和后来程颢、程颐和朱熹的"格物致知",陆九渊和王阳明的"求

理于吾心"等,都具有直觉思维的特点,直觉思维的本质和规律是知、情、意的高度统一,是悟性、意志和情感的内在联系。直觉思维较之逻辑思维的一个优势是,它能够有效地突破认识的程式化,为思维的发挥提供灵活的想象空间,对伦理学、美学和文学艺术等人文科学的发展具有积极的影响。弊端是:这种重灵感、轻逻辑,重体验、轻思辨,重直觉、轻论证的思维方式,容易导致思维的模糊和不严密,不利于思维向形式化、定量化发展,妨碍自然科学的发展,容易导致经验主义、教条主义。

4) 崇尚中庸调和,具有辩证性

中国传统思维强调矛盾双方的联系和统一。如老子的"有无相生、难易相成、长短相形、高下相盈""祸兮,福之所倚;福兮,祸之所伏",程颢、程颐的"物极必反",朱熹的"一中生两"等论述都表明,任何事物都包含着相互对立的两个方面,所有对立的两个方面都是相互依存、相互包含、相互转化的,体现了辩证法思想。但是,这种建立在唯心主义基础上的朴素辩证法思想存在一个重大的缺陷。这就是以追求和解、协调、统一为目的,讲求不偏不倚的中庸哲学,崇尚矛盾的调和统一,不注重矛盾对立面之间的差异、排斥、斗争,这种尚同不尚异、尚统不尚变的中庸思维优势有利于人们和睦相处,促进社会的和谐稳定和人类的和平发展,使得古代中国人在政治、经济、军事、中医等方面取得了令人瞩目的成绩。弊端是片面追求和夸大矛盾的同一性,忽视斗争性,不符合科学辩证法的精神,容易导致思想的封闭保守,阻碍新事物、新思想的产生,它在一定程度上铸成了中华民族中正持平、均衡保守、循规蹈矩的民族性格和缺少进取、创新的民族精神。

2. 中国人思维方式的形成与缺点

中国人思维方式的形成与几千年特有的文化密不可分。中国文化具有两个根本特点:一是崇圣性,二是狭私性。中国几千年的历史,实际是专制与反专制的历史。政治上的统治是专制的。各种内讧、动乱、战争,起因在于推翻一种专制,但不管成功与否,目的仍然还是建立另一种专制,以至一直延续着绵绵古国的超稳形态。政治既内涵于文化,又高居文化之上,它驾驭着文化老车,使之循规蹈矩地沿其旧辙。专制政治须"忠君",治下文化便少不了"一言堂","罢黜百家,独尊儒术"当成必然逻辑。后来,经无数打压、围剿、杀戮,"异端"几乎赶尽杀绝,中国人"崇圣"的"既定路径"思维终成了主脉。

中国人崇圣、狭私的文化特点是一种极深层次的社会现象,是一种系统性的客观存在,它不可能在较短时期内得到大面积的改观,认清这个特点,对正确地推进中国整体改革是有帮助的。中国人的思维方式:"各美其美,美人之美,美美与共,天下大同"。中国人希望实现人人和谐,天下大同。这充分体现了中国人在为人处事方面的思维方式,这为现代学者提供了深入了解中国人思维方式的路径。

在古代书籍中,也有类似的概述:"祸兮,福之所依;福兮,祸之所伏""塞翁失马,焉知非福"。西方观念更倾向于绝对独立思考。而中国人的思维核心是承认对立双方可以互相转变。在此传统基础上研究中国人的思维方式,需要从两个层面来进行。

首先,这一研究从理论上能解决什么问题?这一领域的研究需要解释,文化如何从深层次上影响中国人的心理进而影响其行为。

其次,这一研究从实践上能说明什么问题?现在很多人评论,中国人缺乏创造力,新兴科学没有出现在中国。实际上,中国人早就认识到这些问题。

关于《易经》阻碍了中国现代科技的发展,引起激烈的争论,有人批评有人赞同。而研究表明,心理学从某种程度上支持了这种观点。从心理学研究结果来看,中国人用整体的、联系的观点去看问题,缺少把问题从整体背景中区分出来的意愿、能力、技巧,因而无法做出进一步的分类。中国人很早就认识到远程作用力,却不善于对此内容进行更细致的区分与分类,也就不可能产生电磁学、量子力学等新的学科,更别谈更专注更深入地研究。

可从以下三个因素来研究中国人的思维方式:从目标上来看,中国人希望达到和谐;从认知和过程来看,中国人看问题从整体上去把握;从行为表现上来看,中国人处理问题采取折中方法。中国人的辩证思维,也应包含三个维度:矛盾观念,中国人的思维承认矛盾观念;认知变化,从认知取向来看,中国人承认变化;行为变化,中国人认为人的行为也会发生变化。中国人喜欢用联系的观点看问题,承认变化,容纳矛盾观念,处理人际关系时追求和谐,处理问题时采取折中方法。

"围绕目的思维"实质是一种系统性思维,它将事物各个可能的发展变化状态(结果)预先进行评估、权衡,从中找到一条最好的发展变化状态(结果)作为选择标准,继而确定主体的价值判断和行为依据。我体会,"围绕目的思维"可对很多(一切)事物,包括大到国家的发展进步、小到个人的生存生活都进行高深度的理性思考,既能把那些纠缠不清的大理论问题明晰化、简洁化,又能把流弊丛生的日常琐事条理化、有益化,使沉重艰深的思维转换问题变得比较轻松、便捷和实惠。

第七节 怎样进行创新思维

一、创新思维能力的基本规律

脑科学和心理学的研究成果表明,人的知识会不断增加,人的思维能力也会不断提高。通过进行以下几种基本训练,帮助我们尽快掌握规律。

(一)思维的广扩性

思维的广扩性是指突破思维活动范围的局限性,将其扩展到必要的广度。思维广扩性品质使人在思考问题受阻时能及时调整转换思路。

(二)思维的深刻性

思维的深刻性是指思维反映和把握问题的深刻程度。

$$思维深度=抽象+因果$$

例如:教育与贫穷的因果关系。

(三)思维的综合性

思维的综合性是指可从不同的角度来看问题。

猪八戒照镜子——里外不是人。猪八戒知道大家都说自己很丑,就想找面镜子照一照,看看自己究竟是个什么样子。于是,他找来一面大镜子,探头一瞧,一张长长的嘴巴、大大的耳朵的丑陋面孔出现在镜子里。他吓了一跳,心想:"这难道是我?不对,我堂堂天蓬元帅,何等威武和潇洒,怎么会是这个样子?一定是镜子在捉弄我。"他愤怒极了,对着镜子怒斥道:"你好大胆!竟敢把我照成这个样子,这还了得!我重新照一次,如果你把我照英俊了则罢了,如果你还是把我照得很丑,我就把你打碎,绝不留情。"说完,他对着镜子再照,镜子里的他还是那么丑陋。见此情景,猪八戒暴跳如雷,把镜子狠狠地摔在地上,那镜子被摔得粉碎。猪八戒认为已经战胜了镜子,昂起头,挺起胸,扬长而去。无意中,他回头看了一眼那些散落在地上的镜子碎片,这时,他惊讶地发现,每一块镜子碎片里,都有一个丑陋的自己。

同是一个事物,如果从上、下、前、后、左、右等不同的角度去看它,看到的结果是不一样的。但是,这些不同的结果都是正确的。

(四)思维的敏捷性

思维的敏捷性是指思维活动的速度与效率。

思维的敏捷性的品质使人们能具有敏锐的洞察力,及时发现问题,捕捉机遇;而且思维发散快,表现出思维的多向性和自由度大的特征,并能迅速地对各种条件和可能做较快的筛选和决断,思维运转快,具有多谋善断的气质和智慧。这种思维品质,对科学技术的发明创造与艺术上的创作,特别是军事指挥有着重要的作用。

(五)思维的逻辑性

思维的逻辑性是指进行思维活动过程中能够把握主题,准确运用概念,判断和推理符合逻辑规则的程序,并且能够辩证地分析、论证和综合问题,使思维具有主题鲜明、层次清晰、论证充实、条理清楚的特点。

思维的逻辑性品质,不仅是思维经过规范化训练得来的,也含有先天潜能素质的因子。

(六)思维的批判性

思维的批判性是指思维拓展时对已有的知识经验、方式方法能根据新发现的事实做出评价,肯定正确,纠正谬误。

具有批判性思维品质的人,思想解放,不迷信权威,一切都放在事实和科学真理审判台上裁决。

(七)思维的创造性

思维的创造性是指能从已有知识出发,在较高层次上重新构建知识的思维能力,也指发明或发现一种新的方法用以处理问题的思维过程。

具有创造性思维素质的人,在认识和解决问题时不墨守成规,而善于发现和提出新问题,能够在较高的层次重组或建构知识,它能够使主体从已有的知识出发,吸收新信息,研究新情况,解决新问题。

二、扩展思维视角

面对同样的事物或现象,人们的认识往往会产生差异,就是因为人们看问题的视角不同。思维视角就是一个人观察与思考问题的角度。人在思维时,如果只有一个视角,这个视角是最容易引人进入歧途的。如果我们的头脑中能有多种观察与思考问题的角度,而不是只从自己习惯了的某一种视角来看问题,就会产生创新思维。

改变视角能够产生创意,但改变视角并不容易,因为改变视角往往就是改变思维定式。

(1) 扩展思维视角:肯定—否定—待定。

(2) 扩展思维视角:今日—往日—来日。

(3) 扩展思维视角:自我—非我—大我。

三、激发思维潜能

人类的大脑是世界上最复杂、效率最高的信息处理系统。它的重量虽然只有 1600 克左右,其中却包含着 100 多亿个神经元,在这些神经元的周围,还有 1000 多亿个胶质细胞,因而具有近乎无穷的信息储量和思维潜能。如人能记住从小到老所经历的一切事情乃至细节。但近代科学实验表明,人在自己的一生中,仅仅运用了头脑能力的 1%～10%,就是说人的大脑还有巨大的思维潜能没有被开发出来。

(一) 激发思维潜能的方法:良性(正面)暗示

暗示有正面暗示和负面暗示。正面暗示就是要用鼓励、表扬、喝彩等方式激发人的潜意识;而负面暗示,如批评、侮辱、嘲笑等则能扼杀人的潜能,尤其是儿童,使之灰心丧气,缺乏自信。所以对孩子要多鼓励,少批评。

(二) 激发创新思维潜能的方法:开发情商

"情商"即情绪商数,是相对于"智商"而言的。

情商是衡量一个人情绪控制能力或情绪智力高低的一个指标。一个人的情绪智力,指的是一个人控制自己情绪和揣摩、察觉、驾驭别人情绪的能力,以及面对压抑情景的挫折承受能力与应变能力。

(三) 激发思维潜能的方法:幽默感

从创新思维的角度来说,幽默的言谈举止所表现出来的就是一种创意。就是说,能引起我们发笑的地方,一定是出乎意料的新东西,对众所周知的事情,人们是不会发笑的。所以,幽默与创新思维是有密切关系的。即创新思维能够激发幽默;幽默也能够激发人的创新思维。

(四) 激发思维潜能的方法:快乐心灵

快乐是人生追求的重要目标,快乐说到底是内心快乐,是主体自我感觉到的一种自在、舒服的心理状态。

快乐是人生追求的重要目标,快乐可以由物质的东西引起,但是,快乐本身却是精神的东西。所谓能引起快乐的事物,不过是能够满足人的某种需要的事物。

快乐与主体的需求有关,需求既可以通过外界的事物来满足,也可以通过内心的调节来改变,而内心的调节,就是思维视角的转变,所以,快乐与创新思维密不可分。

人生万事都能引起我们的快乐,关键是要去寻找,而寻找快乐的最好途径就是创新思维。新的视角能够引发快乐,而旧的思维定式则能够导致痛苦。

(五) 积极开发创造思维

可从以下几个方面积极开发创造思维。

(1) 要充满好奇心。

(2) 要有丰富的想象力,哪怕是异想天开。

(3) 要有良好的心态。(积极向上的心态,经得起挫折,经得起失败的心态。)

(4) 要交流信息。在交流信息、思想碰撞过程中产生创新的思想火花。

(5) 要努力实践,要合作。

(6) 要让创新思维表现出来。

思 考 题

1. 发散思维特征练习。

(1) 语言流畅。

请在 5 分钟内尽可能多地写出带有数字一至十的词汇如一心一意等,写得最多的又无错误的为优胜。

例:一五一十、一团和气、一潭死水、一气呵成。

(2) 词的流畅。

请尽可能多(每种至少 2 个)地写出含有"马"字的成语(马字分别在成语的第 1、2、3、4 位)。

例:马到成功、马不停蹄、马首是瞻。

2. 图形变化的流畅。

①下图是由 16 根火柴构成的 5 个正方形,如何移动 2 根火柴使 16 根火柴构成 4 个同样大小的正方形?

②下图是由 8 根火柴组成的 2 个正方形,如何移动 4 根火柴,组成 8 个三角形?

3. 在美国的一个城市里,地铁里的灯泡经常被偷。窃贼常常拧下灯泡,这会导致安全问题。接手此事的工程师不能改变灯泡的位置,也没多少预算供他使用,但他提出了一个非常好的横向解决方案,是什么方案呢?

4. 游客有时会从帕台农神庙的古老立柱上砍下一些碎片,雅典当局对此非常关心,虽然这种行为是违法的,但是这些游客仍旧把它作为纪念品带走。雅典当局如何才能阻止这一行动呢?

5. 在一个小镇里有 4 家鞋店,它们销售同样型号、同一系列的鞋子,然而,其中一家鞋店丢失鞋子的数量是其他 3 家平均丢失鞋子数量的 3 倍,为什么会出现这种情况,又如何解决这个问题呢?

6. 加利福尼亚州的洛斯阿尔托斯市政府被森林大火所困扰,人们想清除城镇周围山坡上的灌木丛,但如果用螺旋桨飞机来操作,反而极易引起火花,导致火灾,该怎么办呢?

7. 一个人以一打 5 美元的价格购进椰子,然后以一打 3 美元的价格售出,凭借这种做法他成了百万富翁。这到底是怎么回事?

8. 许多商店把价格定得略微低于一个整数,如 9.99 美元而不是 10 美元,或者 99.95 美元而不是 100 美元。通常假设这样做会使顾客觉得价格看起来更低。但是这并不是这种做法开始的原因,那么这种定价方式最初始的目的是什么呢?

9. 在加利福尼亚淘金热期间,一位年轻的创业者怀着把帐篷卖给矿工的想法来到此地。他认为,成千上万的人聚集在一起找金矿,那里肯定会有一个非常好的帐篷市场。不幸的是,天气非常温暖,矿工们都是露天睡觉,没有多少人买他的帐篷。他该怎么办呢?

10. 一家位于纽约的商店叫作七只钟,然而在它的外面却挂着八只钟,这是为什么呢?

11. 舒适航空公司是欧洲以低成本领先的航空公司。它已经在低成本空中旅行方面做出了多项创新。在舒适航空公司的航班中没有免费的饮料,如果你想喝点什么就必须掏钱去买。在近期的一期杂志中,有一篇文章说明了这种做法的两大优点:一个优点是带来了收入,你认为另一个会是什么呢?

12. 有7克、2克砝码各一个,天平一只,如何只用3次这些物品将140克的盐分成50克、90克各一份?

第三章　创新思维技法

创新思维是以现有的思维模式提出有别于常规或常人思路的见解为导向,利用现有的知识和物质,在特定的环境中,本着理想化需要或为满足社会需求,而改进或创造新的事物、方法、元素、路径、环境,并能获得一定有益效果的行为。通常有下面三类技法:自由思考型技法、逻辑推理型技法、系统分析型技法。

第一节　自由思考型技法

一、希望点列举法

（一）原理介绍

希望点列举法是由内布拉斯加大学的克劳福特发明的。这是一种不断地提出"希望""怎么样才会更好"等的理想和愿望,进而探求解决问题和改善对策的技法。此法是通过提出对该问题或事物的希望或理想,使问题或事物的本来目的聚合成焦点来加以考虑的技法。

希望点就是指创造性强且又科学、可行的希望。列举法,是指通过列举希望新的事物具有的属性以寻找新的发明目标的一种创造方法。

（二）实施步骤

希望点的背后,往往是新问题和新矛盾的解决和突破。因此,列举新的希望点,就是发现和揭示有待创造的方向或目标。按照是否有明确的、固定的创造对象,希望点列举法的实施主要有下列三个步骤。

(1) 激发和收集人们的希望。
(2) 仔细研究人们的希望,以形成"希望点"。
(3) 以"希望点"为依据,创造新产品以满足人们的希望。

（三）实施要点

1. 重视人类需求的分析

马斯洛需求层次理论是行为科学的理论之一,由美国心理学家马斯洛 1943 年在《人类激励理论》论文中提出。文中将人类需求从低到高按层次分为五种。

马斯洛的需求层次金字塔如图 3-1 所示。

1) 生理需求

生理需求包括:呼吸、水、食物、睡眠、生理平衡、分泌、性。

如果这些需要（除性以外）任何一项得不到满足,人类个人的生理机能就无法正常运转。换而言之,人类的生命就会因此受到威胁。从这个意义上来说,生理需要是推动人们行动最首要的动力。

马斯洛认为,只有这些最基本的需要满足到维持生存所必需的程度后,其他的需要才能

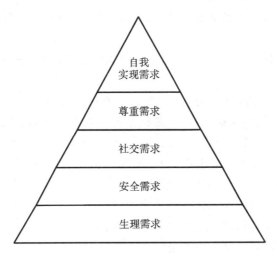

图 3-1 马斯洛的需求层次金字塔

成为新的激励因素,而到了此时,这些已相对满足的需要也就不再成为激励因素了。

如罐头就是在生理需求下发明的。

罐头的发明

拿破仑在战争中遇到饥饿和疾病的威胁,希望食物能够久存。于是他向全国发布了一道奖赏令:"谁能使食品长期储存而不变质,可得到巨额奖金。"11 年后,居住在马赛的食品制造商尼可拉·阿培尔创造了"加热杀菌"的方法,后来又解决了杀菌后密封的问题,即把食品放入铁罐或瓶子里后,密封住瓶口,使它不漏气。世界上第一只罐头就是在战争、疾病、失败、奖赏的外部条件下促成的。

2)安全需求

安全需求包括人身安全、健康保障、资源所有性、财产所有性、道德保障、工作职位保障、家庭安全。

马斯洛认为,整个有机体是一个追求安全的机制,人的感受器官、效应器官、智能和其他能量主要是寻求安全的工具,甚至可以把科学和人生观都看成是满足安全需要的一部分。当然,当这种需要一旦相对满足后,也就不再成为激励因素了。

门禁系统、交通标志、疫苗、消防、军队、国家都是安全需求的产物。

3)社交需求

社交需求涉及友情、爱情、亲情等。

人人都希望得到相互的关心和照顾。感情上的需要比生理上的需要来得细致,它和一个人的生理特性、经历、教育、宗教信仰都有关系。

社会团体、行业协会、微信都是社交需求的产物。

4)尊重需求

尊重需求包括自我尊重、信心、成就、对他人尊重、被他人尊重。

人人都希望自己有稳定的社会地位,要求个人的能力和成就得到社会的承认。尊重又可分为内部尊重和外部尊重。内部尊重是指一个人希望在各种不同情境中有实力、能胜任、充满信心、能独立自主。总之,内部尊重就是人的自尊,外部尊重是指一个人希望有地位、有威信,受到别人的尊重、信赖和高度评价。

马斯洛认为,尊重需要得到满足,能使人对自己充满信心,对社会满腔热情,体验到自己活着的价值。

刷朋友圈、穿戴奢侈品、获得荣誉等这些行为都是为了获得尊重的需求。

5)自我实现需求

自我实现需求包括道德、创造力、自觉性、问题解决的能力、公正度、接受现实的能力。

自我实现的需要是最高层次的需要,是指实现个人理想、抱负,发挥个人的能力到最大程度。达到自我实现境界的人,接受自己也接受他人,解决问题能力增强,自觉性提高,善于独立处事,要求不受打扰地独处,完成与自己的能力相称的一切事情。也就是说,人必须干称职的工作,这样才会使他们感到最大的快乐。

马斯洛提出,为满足自我实现需要所采取的途径是因人而异的。自我实现的需要是在努力发掘自己的潜力,使自己越来越成为自己所期望的人物。

从事慈善事业、创新创业都是为了获得自我实现的需求。

2. 注意分析希望点实现的可能性

提希望点的时候,可以天马行空,但是,分析希望点的时候,要做到"瞻前""顾后"。"瞻前",是指所想到的希望点是否已有前例;"顾后",是指所选希望点是否与当时的技术水平相适应,是否符合人们的需要,能否适应市场。

可降解的塑料

塑料曾以结实耐用、易成形、成本低、耐腐蚀等优点成为人们喜爱的材料,但它废弃后便成为不易腐烂的环境污染物。据统计,垃圾中的塑料占8%左右,在自然条件下,塑料分解起码需要100年时间。有效地控制和消除塑料这个"白色污染"源,是人类共同的希望。

科学家们经过多年的研究,终于发明出可降解的塑料(见图3-2)。构成塑料的分子链长度是决定塑料强度的关键,分子链一旦断裂,塑料也就变得易碎和易分解了。当塑料中掺入3%左右的添加剂(以淀粉为主)后,分子链的长度就会变短,废弃后由细菌进行生物分解,最后变成对环境无害的水和二氧化碳。

图3-2 可降解的塑料

3. 具备换位思考的能力

有时希望点的实现虽然可行,但是设计出来的实物却未必满足对应人群的真实需要。要真正做到有的放矢,需要设计者具备换位思考的能力。最好的解决方法:实践。

如特殊群体的希望:电梯增加盲人按键(见图3-3)。

二、主体附加法

(一)主体附加法的原理

(1)站在十字街头,看着穿梭的汽车,你可曾想过汽车的发展?不同年代的汽车如图3-4所示。

(2)你可曾想过,那时的汽车有……吗?答案就是:100年前,这些统统没有(见图3-5)。

图 3-3　电梯中的盲人按键

■100年前的汽车　　　■50年前的汽车　　　■20年前的汽车

图 3-4　不同年代的汽车

图 3-5　100 年前的汽车

你有没有去努力想一想,这到底是怎么回事?当时为什么没有?而后来,又是怎么有的呢?

(3)翻开历史的长卷,你会发现:汽车的发展蕴含着一条相当有用的发明创造道路(见图 3-6),这就是主体附加法。

那么,什么是主体附加法呢?

主体附加法是以某事物为主体,再添加另一附属事物,以实现组合创新的技法。在琳琅满目的市场上,我们可以发现大量的商品是采用这一技法创造的。如在圆珠笔上安上橡皮头,在电风扇中添加香水盒,在摩托车后面的储物箱上装上电子闪烁装置,都具有美观、方便又实用的特点。

主体附加法是一种创造性较弱的组合,人们只要稍加动脑和动手就能实现,但只要附加物选择得当,同样可以产生巨大的效益。下面我们仍以汽车为例,早期的汽车在雨天行驶时,雨水落到车前的挡风玻璃上(见图 3-7),往往使司机看不清道路而造成事故。

美国妇女玛利·安得逊为此深感担忧。她思来想去,就在一个木柄上钉上一根皮条装在汽车上,用来拨开车前挡风玻璃上的雨水。后来,又有人把这种手动雨刮器改为机动拨雨器(见图 3-8),并可控制拨动速度。这样,就不会遮挡司机的视线,从而大大减少了雨中行车的事故。这一发明创造即为主体附加法的应用。

图 3-6　汽车发明创造的道路

图 3-7　车前的挡风玻璃下雨时的样子

图 3-8　车前挡风玻璃上的机动拨雨器

不仅如此,汽车上还有很多附加物(见图 3-9)。

汽车能发展到今天,除了主体自身的不断进步外,这些主体附加物的发明创造起着不可低估的促进和完善作用。

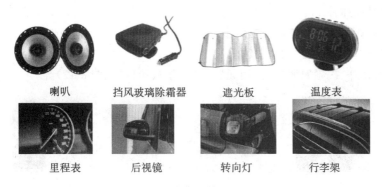

图 3-9 汽车上的附加物

基于主体附加法的发明创造,在许许多多的事物上都存在着。为了更好地运用主体附加法进行创造,我们有必要了解这一方法的特点。

(二)主体附加法的四大特点

1. 主体是已有事物

已有事物,如一盒化妆品、一把剪刀、一颗地雷、一场晚会、一种制度……由于任何事物都不可能完美无缺,加之人们对原有事物又不断提出新的要求和希望,因此需要主体附加。

2. 主体附加法可分为移植附加和创新附加

附加的事物如果是已有的事物或者在别的事物上附加过,就叫作移植附加(见图 3-10)。

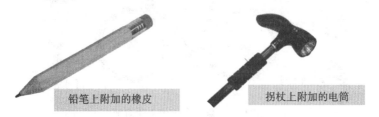

图 3-10 移植附加

附加的事物若是前所未有的事物或者是为了附加而经过实质性改进的事物,叫作创新附加(见图 3-11)。

图 3-11 创新附加

3. 一个主体可以附加多个发明创造

在洗衣机上,可以附加定时器、加热器、水温表、毛发收集袋、防绞器、小物品洗涤网兜等,通过各种附加弥补了主体事物的不足。

4. 一种事物可以附加在多种主体上

电灯处处亮,世界大变样!

如相机闪光灯、矿帽照明灯、医用无影灯、碉堡探照灯(见图 3-12)等。

图 3-12　电灯附加在多种主体上

（三）主体附加法的实施要点

主体附加法的着眼点就是不断发现事物的缺点,提出新的需要。简单来说,就是缺啥补啥。因此,把各种事物同主体联系起来,是主体附加的思维路线。

充实或完善已有事物的过程就是创造新事物的过程,主体附加法就是其中的创造方法。自行车上的主体附加如图 3-13 所示。

图 3-13　自行车上的主体附加

许多事物通过附加,可以弥补欠缺,改善性能,增强实用性,由此带来新的活力(见图 3-14)。

图 3-14　主体附加示意图

三、头脑风暴法

头脑风暴示意图如图 3-15 所示。

图 3-15　头脑风暴示意图

（一）头脑风暴法的原理

头脑风暴法出自"头脑风暴"一词。所谓头脑风暴,最早是精神病理学上的用语,指精神病患者的精神错乱状态。而现在则成为无限制地自由联想和讨论的代名词,其目的在于产生新观念或激发创新设想。

头脑风暴法是由美国创造学家奥斯本于 1939 年首次提出,1953 年正式发表的一种激发性思维的方法。此法经各国创造学研究者的实践和发展,至今已经形成了一个发明技法群,如奥斯本智力激励法、默写式智力激励法、卡片式智力激励法等。在群体决策中,由于群体成员心理相互作用影响,易屈于权威或大多数人的意见,形成所谓的"群体思维"。群体思维削弱了群体的批判精神和创造力,损害了决策的质量。为了保证群体决策的创造性,提高决策质量,管理上发展了一系列改善群体决策的方法,头脑风暴法是较为典型的一个。头脑风暴法是一种群体讨论决策方法。

与个人决策相比,群体讨论决策具有明显的优点。

(1) 能提供比个体更丰富和全面的信息。

(2) 能相互感染,激发积极性竞争意识。

(3) 能产生比个体更多的决策方案。

(4) 能增加决策过程的民主性。

(5) 能增加决策的可接受性。

但同时在群体讨论决策中,由于群体成员的相互影响,不可避免地存在四大问题。

(1) 从众心理——多数人意见的压力。

(2) 权威心理——老板或领导权威的影响。

(3) 舆论霸权——少数人控制舆论,承担评判角色。

(4) 沉默是金——部分与会者沉默或者不够积极。

我们往往通过以下四大原则来解决群体讨论决策的四大问题。

1. 自由畅想

不必顾虑自己的想法或说法是否"离经叛道"或"荒唐可笑";欢迎自由奔放、异想天开的意见,必须毫无拘束,广泛地想。

自由畅想示意图如图 3-16 所示。

2. 延迟评判

在头脑风暴会议的过程中,禁止与会者在会上对他人的设想提出评判,不要评估好与坏,不要挑毛病。至于对设想的评判,留在会后进行,与此同时,也不允许自谦。

图 3-16　自由畅想示意图

忌讳评判的语句举例：过于新奇、不切实际、没有意义、无法成功、不合道理、不符合目的、增加成本、想法陈旧。

3．以量求质

鼓励与会者尽可能多地提出设想，以大量的设想来保证质量较高的设想的存在，多多益善，不必顾虑构思内容的好坏。

以量求质的诀窍：

（1）接连不断地发言。

（2）点名发言方式也有效。

（3）一想到马上开口发言。

（4）1 分钟就出 1 个创意。

（5）累了就休息。

4．结合改善

鼓励借用已有的构思，借题发挥，根据别人的构思联想另一个构思，即利用一个灵感引发另外一个灵感，或者把别人的构思加以修改。

借题发挥的要求如下：

（1）可借用其他人的创意。

（2）领导的构思一样可以借用。

（3）变化一下，得到一个更好的创意。

（4）把 2 个或者多个创意结合起来，互相配合看看。

借题发挥示意图如图 3-17 所示。

图 3-17　借题发挥示意图

头脑风暴法四大原则对治四大问题如图 3-18 所示。

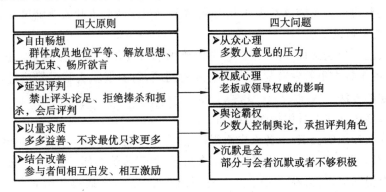

图 3-18　头脑风暴法四大原则对治四大问题

（二）头脑风暴法的四大分类

1. 根据组织形式分类

根据组织形式可将头脑风暴法分为非结构化头脑风暴法和结构化头脑风暴法。

1）非结构化头脑风暴法

非结构化的或自由滚动式的头脑风暴为团队成员提供了自由地提出见解和意见的机会。这种方式鼓励成员任意地贡献出尽可能多的主意,直至没有人再有新的主意了。

(1) 非结构化头脑风暴法的优点：

①未经雕琢的见解。

②鼓励创造性。

③发言自由,留有思考时间。

④气氛活跃、快节奏。

(2) 非结构化头脑风暴法的缺点：

①难以主持、容易混乱。

②外向、强势的成员易占主导地位。

③易不经思考而迷失方向。

2）结构化头脑风暴法

对团队负责人提出的问题,团队成员一个接一个地提出自己的见解。每人每次只能提一个见解。当某个成员再没有新的主意时,可以跳过。所有的主意都应记录在白纸板上。

(1) 结构化头脑风暴法的优点：

①有主持人把握方向。

②保证每个人都能参与。

③发言有序,不会混乱。

④能确保获得一定量的点子。

(2) 结构化头脑风暴法的缺点：

①节奏缓慢。

②固定的规则限制思维。

③参与成员思考时间不足。

2. 根据讨论形式分类

根据讨论形式可将头脑风暴法分为:默写式头脑风暴法和卡片式头脑风暴法。

1) 默写式头脑风暴法

默写式头脑风暴法又称"635"法。它是由德国学者鲁尔巴赫根据德意志民族善于沉思的性格,以及由于数人争着发言易使点子遗漏的问题,对奥斯本头脑风暴法进行改造,创立的用书面畅述的方法。

默写式头脑风暴法的具体操作方法如下。

召开由6人参加的会议,主持人先阐明议题,发给与会者每人3张卡片。在第一个5分钟内,每人针对议题在3张卡片上各写上1个点子,然后传给右邻;第二个5分钟内,每人从传来的卡片上得到启发,再在3张卡片上各写出1个点子,之后再传给右邻。这样继续下去,经过半小时可传递6次,共得108(6×3×6)个点子。由于这种方法是6人参加,每人3张卡片,每次5分钟,因此得名"635"法。

2) 卡片式头脑风暴法

卡片式头脑风暴法由日本创造开发研究所所长高桥诚创立,其特点是对每个人提出的设想可以进行质询和评价。

卡片式头脑风暴法的具体操作方法如下。

召开由3~8人参加的会议,会前宣布课题,会议时间为1小时。会上发给每人50张卡片,桌上放200张卡片备用。

在头10分钟里,与会者独自在卡片上填写设想,每张卡片填写1个设想。接着用30分钟,按座次每位与会者轮流宣读自己的设想,一次只能介绍1张卡片(宣读时将卡片放在桌子中央,让大家能看清楚)。其他与会者可质询,也可将受启发所得的新设想填入备用卡片。最后20分钟,大家可以相互评价和探讨各自的设想,以便从中诱发出新的设想。

(三) 头脑风暴法的实施要点

1. 会前策划

(1) 合理分组:小组人数一般为10~15人,最好由不同专业或不同岗位者组成,防止同质化。

(2) 设定时间:一般为20~60分钟,选择参与者能放松的时间段,防止心不在焉。

(3) 明确主题:会议主题提前通报给与会人员,让与会者有一定的准备,防止跟不上。

(4) 选好主持人:主持人要熟悉并掌握该技法的要点和操作要素,摸清主题的现状和发展趋势。

(5) 训练与会者:学习思维开发的基本方法,特别是要懂得头脑风暴法提倡的原则和方法。

2. 会中组织

(1) 经验丰富的主持人应清楚阐述问题的紧迫性,激起与会者的思维"灵感",可以采取引导询问的办法,激励与会者踊跃发言。然后,只需主持会议,对设想不做评论。

(2) 公正无偏的记录员,认真将与会者每一设想不论好坏都完整地、没有偏见地记录下来。

(3) 遵守规则的参与者,严格按照自由畅想、延迟评判、以量求质、结合改善的四大原则执行。

3. 会后筛选

会议结束后的 1~2 天里,主持人应继续以下的工作:

(1) 向与会者了解大家会后的新想法和新思路,以此补充会议记录。
(2) 将大家的想法整理分类,形成若干方案。
(3) 根据既定的标准,诸如可识别性、创新性、可实施性等标准进行筛选。
(4) 经过多次反复比较和优中择优,最后确定 1~3 个最佳方案。
(5) 最佳方案往往是多种创意的优势组合,是大家的集体智慧综合作用的结果。

第二节　逻辑推理型技法

一、类比法

(一) 类比法的技法原理

所谓类比法,就是一种确定两个以上事物间同异关系的思维过程和方法。类比就是在两个以上的事物(既可以是同类,也可以是不同类)之间进行比较,找出其类似的地方,再据此找出在其他地方类似处,从异中求同,从同中求异,不断产生出新的设想,获得更多的创造成果。

类比法是一种富有创造性的发明法。瑞士著名的科学家阿·皮卡尔父子就运用此法,利用平流层原理和自己设计的平流层气球创造出了世界上第一只自由行动的深潜器。类比法依据的两条思维基础如下:

1. 异质同化

找出不同对象的相同部分,借助分析,设法将陌生的事物分解,尽可能地将其变为以前熟悉的事物。

2. 同质异化

把某一对象中的某一知识或结论运用到另一对象中去。对已知的熟悉的某一事物,运用全新的方式,从新的角度进行观察、分析,将其中的某一特征提取出来,运用到新的对象中去。同质异化图如图 3-19 所示。

图 3-19　同质异化图

（二）类比法的方法分类

1. 直接类比

直接类比就是从自然界或者人为成果中直接寻找出与创意对象相类似的东西或事物，进行类比创意。

鲁班发明锯子是同带齿的草叶把人手划破和长有齿的蝗虫板牙能咬断青草获得直接类比实现的。

木牛流马为三国时期蜀汉丞相诸葛亮与妻子黄月英及蒲元等人发明的运输工具，分为木牛（见图 3-20）与流马（见图 3-21），史载诸葛亮在北伐时使用，其载重量为"一岁粮"，超过 400 斤，每日行程为"特行者数十里，群行三十里"，为蜀国十万大军提供粮食。另外，木牛、流马还有机关防止敌人夺取后使用。不过，确实的方式、样貌现在亦不明，对其亦有不同的解释。

图 3-20　木牛

图 3-21　流马

2. 对称类比

自然界和人造物中有许多事物都有对称的特点，对称类比就是根据其特点进行类比的。通过对称类比的关系进行创意，获得人工造物。

物理学家狄拉克从描述自由电子运动的方程中,得出正负对称的两个能量解。一个能量解对应着电子,那么另一个能量解对应着的是什么呢?狄拉克从对称类比中,提出了存在正电子的对称解。

3. 因果类比

两个事物的各个性质、结构、功能等属性之间,可能存在着类似的某种因果关系,从一个事物的因果关系,推断出另一个事物的因果关系,而产生出新的发明构思,叫因果类比。

面粉添加发泡剂——小苏打

小苏打能制成松软的面包;日本人铃木应用因果类比在水泥中加入某种发泡剂,成为发泡水泥(见图3-22)。

图3-22 面包与发泡水泥

牛黄的制取

河蚌经过"插片"植入砂子,河蚌分泌出黏液将砂包住形成珍珠(见图3-23);在牛胆内类比河蚌的插片法,把异物植入牛的胆囊里,一年后取出胆囊结石,就成为牛黄(见图3-24)。

图3-23 珍珠

图3-24 牛黄

4. 幻想类比

幻想类比是在创意思维中用超现实的理想、梦幻或完美的事物类比创意对象的创新思维法。

凡尔纳的惊人幻想

飞行器

飞机作为现代世界的交通工具,今天已经被广泛地使用了。但是凡尔纳在100多年前早就设想:将来人类一定会驾驶"比空气重"的物体做定向飞行(《征服者罗比尔》《世界主宰者》)。

飞行器如图3-25所示。

火箭

在凡尔纳《从地球到月球》一书中的人物梅斯顿为了实现把3个人送上月球的计划,设

图 3-25　飞行器

计出一种"哥伦比亚炮"——他仔细描述了登月机械的动力、燃料、内部装置等问题。

火箭如图 3-26 所示。

图 3-26　火箭

电视

在凡尔纳晚年的一本小说《2889 年一个美国新闻界巨子的一天》中明明白白写了电视装置。电视直到 1925 年才被发明。

5. 拟人类比

拟人类比就是使创意对象拟人化。这种类比就是创意者使自己认同创意对象的某种要素,并与创意对象的某种要素一致,进入角色,体现问题,产生共鸣,以获得创意。

设计机械装置时,常把机械看作是人体的某一部分,进行拟人类比,从而获得意外的成效。如挖土机的设计,就是模仿人的手臂动作。

(三)类比法的常用技法

1. 综摄法

综摄法是由美国麻省理工学院教授威廉·戈登于 1944 年提出的一种利用外部事物启发思考、开发创造潜力的方法。

威廉·戈登发现,当人们看到一件外部事物时,往往会得到启发思考的暗示,即类比思考。而这种思考的方法和意识没有多大联系,反而是与日常生活中的各种事物有紧密关系。事实证明:我们的不少发明创造、不少文学作品都是由日常生活的事物启发而产生的灵感。这种事物,从自然界的高山流水、飞禽走兽,到各种社会现象,甚至各种神话、传说、幻想、电视等,比比皆是,范围极其广泛。威兼·戈登由此想到,可以利用外物来启发思考、激发灵感解决问题,这一方法便被称为综摄法。

综摄法是指以外部事物或已有的发明成果为媒介,并将它们分成若干要素,对其中的元素进行讨论研究,综合利用激发出来的灵感,来发明新事物或解决问题的方法。

2. 原型启发法

从现实生活的事例中受到启发,找到解决问题的途径或方法叫原型启发法,对解决问题具有启发作用的事物叫原型。原型启发法是一种创新思维方法。生活中所接触的每个事物的属性和特征在头脑中可形成"原型"。在问题解决过程中,问题解决者在"原型"中获得一些原理的启发,使其结合当前问题的有关知识,形成解决方案,从而创造性地解决问题。原型启发理论有助于人们更清楚地认识创造性的思维过程,为创造性思维的培养提供理论基础。

人工降雪滑雪场的发明

美国英霍克山有一个滑雪场,管理人员常因为降雪不足而失望。他们听到这样一个事情:美国佛罗里达州的一片橘林,天未降雪,树枝树叶上厚厚地盖上一层白霜,原来是该橘园采用了喷灌技术,喷出的水雾在空中受冷就凝结成雪雾。由此得到启发制造了特殊的"喷雪枪",在美国各地迅速出现了数百家人工降雪滑雪场。

喷灌技术—喷雪枪

人工喷雪如图 3-27 所示。

图 3-27 人工喷雪

近视眼治疗方法的研究

在俄罗斯,有一位近视眼患者不小心刺伤了自己的眼睛。医生检查后,发现他的眼睛角膜划伤了几处,经过敷药治疗,伤口痊愈。检查视力时,发现近视程度大为减轻。眼科医生猜想也许恰当的划伤可以改变眼睛的屈光度。于是经过反复试验,终于摸索出了治疗近视眼的方法。

二、移植法

移植一词本属生物学范畴,最早指将植物移动到其他地点种植,后来移植到动物的生命机体中,指一个器官或组织从生命体移到别处。从移植的本性来看,是通过移植这种方法使生命体重新焕发生机。纵观人类发展史,许多发明成果都体现着移植创造的思想。

古造纸术的发明

造纸术相传是由中国东汉时代的蔡伦所改良,但是也有考古证据说明,造纸术早就存在,蔡伦只是改进造纸术的重要发展者,使造纸的成功率更高,成本更低。造纸术被称为中国古代四大发明之一,是促使人类文化传播的重大发明。

造纸术如图 3-28 所示。

图 3-28　造纸术

丝加工技术就是最初的造纸技术。(可否不改变加工技术,只改变加工对象?)加工丝变成加工植物纤维这就是大家熟知的古造纸术了!发明造纸术的过程就是丝加工技术转移的过程。

面包的制作

面包在烤制前掺好发泡剂,做出的面包才会发泡松软。由面包的制作想到在橡胶制品上可否应用这一方法呢?这就发明了一种新产品——橡胶海绵。

同样地,将发泡的方法移植到其他事物的制作中,也可以产生许多优秀的发明。如泡沫肥皂、泡沫玻璃、泡沫混凝土、气泡冰激凌。

为什么通过简单的移植,就能做出许多重要的发明创造呢?

因为移植多了一个思考方向,通过某一事物的原理、技术、特性、方法、现象和结构等,可能在另外的事物上具有同样的意义,甚至具有更加重要的创造意义。

三、设问法

我们坐在苹果树下被苹果砸中后,多数人会认为这是个正常的现象,也许捡起苹果吃掉。但是这件事发生在牛顿身上,他就心生疑惑:"苹果为什么会往下掉而不是往其他方向掉呢?"之后,牛顿积极研究寻找问题的答案,从而发现了著名的万有引力定律。牛顿发现万有引力定律,就是一个提出问题和解决问题的过程。

众所周知:"提出一个问题往往比解决一个问题更重要……而提出新的问题、新的可能性、从新的角度去看旧的问题,都需要有创造性的想象力,而且标志着科学的真正进步。"

实践也证明:能发现问题与提出问题就等于取得了成功的一半。可见,巧妙地提问对于创造来说是十分必要的。

设问法是针对创造发明的对象设计构思,采取系统的设问方式,列出有关问题和试探解决的方法,逐个核对讨论,进行分析研究的发明技法。

具体来讲,我们可以围绕现有的事物,以书面或口头形式提出问题,从而发现现有事物存在的问题和不足,找到要革新的方面,发明出新的事物来。

1. 设问法的步骤

设问法实施有以下三个步骤。

1) 采取系统的设问方式,列出有关问题

设问法实质上就是提供了一张提问的单子,问题涉及的范围相当全面,提问中使用"能否……""假如……""如果……""是否……""还有……"这样的一些词语,能够启发思维促使想象,使人很快进入假想,通过各种假设性的变换,探索寻找解决问题的途径。

2) 列出方法

(1) 联系实际一条一条地进行方法列举,不要遗漏。

(2) 尽可能地发挥自己的想象力和联想能力,产生更多的设想。

(3) 列方法时,可以单人,也可以集体讨论,头脑风暴,相互激励。

3) 逐个核对

(1) 应一条一条地进行核对,不要遗漏。

(2) 多核对多讨论几遍,效果会更好,或许能更准确地选择出所需创新的地方。

(3) 讨论时,当所核对的方法不满意时,鼓励回到第二步,继续列出方法。

(4) 正确认识:核对也是一个创新性的工作,不能简单地做评判。

(5) 常见的设问法有奥斯本检核表法、和田十二法、5W2H分析法。

2. 设问法的方法

1) 奥斯本检核表法

奥斯本检核表法(见表3-1)就是用一张一览表对需要解决的问题一条一条地进行核计,从各个角度诱出多种创意设想。奥斯本检核法告诉我们,思考问题不仅要从多种角度出发,以免受某固定角度的局限;而且,还要从问题的多个方面去考虑,避免把视角固定在个别问题上或个别方面上。从奥斯本检核表法的心理学依据来看,这是一种多路思维的方法。思维的特征是概括性和间接性,思维的水平反映在能否合理概括上,而奥斯本检核表法使人们可以根据检核表中的检查项目,一个方面一个方面地思考:有利于系统、周密地想问题,使思维更具条理性;有利于比较深入地发掘问题,抓住关键;有利于有针对性地提出更多实用的创新设想。奥斯本检核表法简单易行,实用性强。

表 3-1 奥斯本检核表法

序号	检核项目	含义
1	能否他用	现有产品有无其他用途,扩展产品的应用范围
2	能否借用	现有产品领域内能否引入其他领域的创造性设想
3	能否改变	现有产品的某些特征能否进行简单的改变

续表

序号	检核项目	含义
4	能否扩大/增加	现有产品能否扩大使用范围、增加产品特性
5	能否缩小/简化	现有产品能否微型化,可否省略某些部分
6	能否替代	现有产品能否用其他材料、元件、结构等代替
7	能否调整	现有产品能否变换排列顺序、时序、位置等
8	能否颠倒	现有产品能否从现有状态的相反的角度颠倒使用
9	能否组合	现有产品能否重新组合,组合的角度是多样的

(1) 能否他用。

人们从事创造活动时,往往沿以下两条途径进行:一种是当某个目标确定后,沿着从目标到方法的途径,根据目标找出达到目标的方法;另一种则与此相反,首先发现一种事实,然后想象这一事实能起什么作用,即从方法入手将思维引向目标。后一种方法是人们最常用的,而且随着科学技术的发展,这种方法将越来越广泛地得到应用。

(2) 能否借用。

核验现有产品领域内能否引入其他领域的创造性设想,或者直接引入其他领域具有类似用途的发明。

当伦琴发现 X 光时,并没有预见到这种射线的任何用途。因而当他发现 X 光具有广泛用途时,他感到吃惊。通过联想借鉴,现在人们不仅已用 X 光来治疗疾病,外科医生还用它来观察人体的内部情况。同样,电灯在开始时只用来照明,后来,改进了光线的波长,发明了紫外线灯、红外线加热灯、灭菌灯,等等。科学技术的重大进步不仅表现在某些科学技术难题的突破上,也表现在科学技术成果的推广应用上。一种新产品、新工艺、新材料,必将随着它的越来越多的新应用而显示其生命力。

(3) 能否改变。

核验能否对现有产品进行简单的改变,如改变形状、制造方法、颜色、音响、味道等。这类方法看起来很简单,但却非常有效。

漏斗的改进

在灌装液体时,下端是圆形的漏斗会阻碍瓶内空气的流动,液体不宜下流。把漏斗下端变成方形(见图 3-29),插入瓶口时便留出了空隙,瓶内空气能顺利溢出,使液体下流顺畅。

图 3-29　下端是方形的漏斗

（4）能否扩大/增加。

在自我发问的技巧中，研究"再多些"与"再少些"这类有关联的成分，能给想象提供大量的构思设想。使用加法和乘法，便可能使人们扩大探索的领域。

云南白药牙膏

云南白药品牌享誉中外，是中国止血愈伤、消肿止痛、活血化瘀类产品的百年品牌。云南白药牙膏（见图3-30）是以牙膏为载体，借鉴国际先进口腔护理、保健技术研制而成的口腔护理保健产品。

图3-30 云南白药牙膏

（5）能否缩小/简化。

核验现有产品可否密集、压缩、浓缩、聚束？可否微型化？可否缩短、变窄、分割、减轻？可否变成流线型？

集成电路

电子管到晶体管再到集成电路（见图3-31）的发展过程，就是体积缩小、微型化的过程。

图3-31 集成电路

（6）能否替代。

可否由别的东西代替？用别的材料、零件代替，用别的方法、工艺代替，用别的能源代替？可否选取其他地点？

（7）能否调整。

核验设计方案时从以下方面考虑：

①能否调换一下先后顺序？

②可否调换元件、部件？
③是否可用其他型号，可否改成另一种安排方式？
④原因与结果能否对换位置？
⑤能否变换一下日程？
⑥……更换一下，会怎么样？

飞机的制造

重新安排通常会带来很多的创造性设想。飞机诞生的初期，螺旋桨安排在头部，后来，将它装到了顶部，成了直升机，喷气式飞机(见图3-32)则把它安放在尾部，说明通过重新安排可以产生种种创造性的设想。

图 3-32　喷气式飞机

(8) 能否颠倒。

现有的事物能否从里外、上下、左右、前后、横竖、主次、正负、因果等相反角度颠倒过来用？

普通的缝衣针(见图3-33)都是针尖细，针尾粗且有孔，这样缝衣服时，整个针穿过布才能把线带过去。可否颠倒一下，在细的一端(针尖处)开孔，这样针尖一穿过布，线也就随之被带过去了。颠倒的构思，简化了机器的操作，缝纫机(见图3-34)的发明给人类文明增添了无穷的风采。

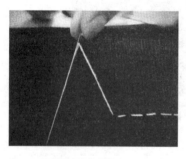

图 3-33　缝衣针

图 3-34　缝纫机

(9) 能否组合。

核验现有的几种发明是否可以重新组合？可否混合、合成、配合、协调、配套？可否把物体、目的、特性或观念组合？

把铅笔和橡皮组合在一起成为带橡皮的铅笔(见图 3-35),把几种部件组合在一起变成组合机床,把几种金属组合在一起变成一种性能不同的合金,把几件材料组合在一起制成复合材料,把几个企业组合在一起构成横向联合……

图 3-35　带橡皮的铅笔

2)和田十二法

和田十二法,又叫"和田创新法则"(和田创新十二法),即指人们在观察、认识一个事物时,可以考虑是否可以……和田十二法是我国学者许立言、张福奎在奥斯本检核表的基础上,借用其基本原理,加以创造而提出的一种思维技法。它既是对奥斯本检核表法的一种继承,又是一种大胆的创新。

(1)加一加:加高、加厚、加多、组合等。

(2)减一减:减轻、减少、省略等。

(3)扩一扩:放大、扩大、提高功效等。

(4)变一变:变形状、颜色、气味、音响、次序等。

(5)改一改:改缺点、改不便、改不足之处。

(6)缩一缩:压缩、缩小、微型化。

(7)联一联:原因和结果有何联系,把某些东西联系起来。

(8)学一学:模仿形状、结构、方法,学习先进。

(9)代一代:用别的材料代替,用别的方法代替。

(10)搬一搬:移作他用。

(11)反一反:能否颠倒一下。

(12)定一定:定个界限、标准,能提高工作效率。

如果按这十二个"一"的顺序进行核对和思考,就能从中得到启发,诱发人们的创造性设想。所以,和田十二法、奥斯本检核表法,都是一种打开人们创造思路、从而获得创造性设想的"思路提示法"。

3)5W2H 分析法

5W2H 分析法(见图 3-36)是第二次世界大战中美国陆军兵器修理部首创。简单、方便,易于理解、使用,富于启发意义,广泛用于企业管理和技术活动,对决策和执行性的活动措施也非常有帮助,也有助于弥补考虑问题的疏漏。

5W2H 分析法,通过连续提 7 个问题,构成设想方案的制约条件,然后设法满足这些条件,便可获得创造方案。它充分利用英文词汇的特点,把奥斯本检核表法浓缩为从 7 个角度提出问题。

假设某航空公司在机场候机厅的二楼设置若干售货摊点(见图 3-37),但门庭冷落,生意惨淡,拟用 5W2H 分析法来分析原因,先检核 7 个要素:

Who——顾客都是哪些人群?

When——顾客何时来购物?

Where——小卖部设在何处?

What——顾客买什么?

Why——顾客为何要在此处购物?

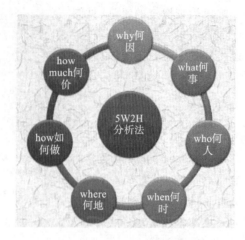

图 3-36　5W2H 分析法示意图

图 3-37　机场候机厅售货摊点

How——怎样方便顾客购物？

How much——价格设置是否合理？

提出改进措施：

把旅客当主顾，充实旅行用品和纪念品，满足旅客的需要。

在出入境乘客的海关检查路线上增设便利店，增加乘客光顾的机会。

让乘客随时可以把行李交给航空公司，这样"无箱一身轻"，有了购物的主客观条件。

使用 5W2H 分析法进行创新，能够帮助我们梳理清楚所要解决的关键性问题，从而能够对症下药，提出新的方案或者开发出新的产品。

第三节　系统分析型技法

一、形态分析法

（一）基本介绍

由兹维基博士提出的形态分析法的基本理论是：一个事物的新颖程度与相关程度成反

比,事物(观念、要素)之间越不相关,创造性程度就越高,即更易产生新的事物。该法的做法是:将发明课题分解为若干相互独立的基本因素,找出实现每个因素功能所要求的可能的技术手段或形态,然后加以排列组合得到多种解决问题的方案,最后筛选出最优方案。

兹维基博士的"特异功能"

第二次世界大战期间,美国情报部门探听到法西斯德国正在研制一种新型巡航导弹,但费尽心机也难以获得有关技术情报。然而,火箭专家兹维基博士却在自己的研究室里,轻而易举地搜索出法西斯德国正在研制并严加保密的乃是带脉冲发动机的巡航导弹。兹维基博士难道有特异功能?没有。他能够坐在研究室里获得技术间谍都难以弄到的技术情报,是因为运用了他称之为"形态分析"的思考方法。

形态分析法,是一种以系统搜索观念为指导,在对问题进行系统分析和综合的基础上用网络方式集合各因素设想的方法。兹维基博士运用此法时,先将导弹分解为若干相互独立的基本因素,这些基本因素的共同作用便构成任何一种导弹的效能,然后针对每种基本因素找出实现其功能要求的所有可能的技术形态。在此基础上进行排列组合,结果共得到576种不同的导弹方案。经过一一过筛分析,在排除了已有的、不可行的和不可靠的导弹方案后,他认为只有几种新方案值得人们开发研究,在这少数的几种方案中,就包含德国法西斯正在研制的方案。

用形态分析进行新品策划,具有系统求解的特点。只要能把现有科技成果提供的技术手段全部罗列,就可以把现存的可能方案全部过筛,这是形态分析法的突出优点。但同时也为此法的应用带来了操作上的困难,突出地表现为如何在数目庞大的组合中筛选出可行的新品方案。如果选择不当,就可能使组合过程的辛苦付之东流。

因此,在运用形态分析过程中要注意把好技术要素分析和技术手段的确定这两道关。比如在对洗衣机的技术要素进行分析时,应着重从其应具备的基本功能入手,对次要的辅助功能暂可忽视。在寻找实现功能要求的技术手段时,要按照先进、可行的原则进行考虑,不必将那些根本不可能采用的技术手段填入形态分析表中,以避免组合表过于庞大。当然,一旦形态分析法能结合电子计算机的应用,从庞大的组合表中进行最佳方案的探索也是办得到的。

(二)操作步骤

1. 确定发明对象

准确表述所要解决的课题或者研究的目标,包括该课题或研究所要达到的目的以及属于何类技术系统等。

2. 基本因素分析

确定发明对象的基本因素,编制形态特征表。确定的基本因素在功能上应是相对独立的,在数量上应以3个为宜,数量太少,会使系统过大,增加工作的难度,数量太多,组合时过于繁杂很不方便。

3. 形态分析

要揭示每一基本因素的形态特征(技术手段),应充分发挥横向思维能力,尽可能列出所有具有这种功能特征的技术手段。在形式上,为便于分析和进行下一步的组合,往往采取列矩阵表的形式,一般表格为二维的,对较复杂的课题,也可用多维空间模式的形态矩阵。

4. 形态组合与评价

根据对发明对象的总体功能要求，把各因素的各形态（即技术手段）进行排列组合，以获得所有可能的组合设想，之后排除已有的、不可行的方案选择少数较好的设想，并通过进一步结合实际需求评价，选出最佳方案。

（三）形态分析法的特点

形态分析法有以下特点。

（1）该法得到的方案是在各种方案中选出的，因此选出的方案具有全解性质。

（2）客观严谨，它需要的主要不是发明者的直觉和想象，而是依靠发明者认真、细致、严谨的工作以及扎实的专业知识。

（3）该法有较高的实用价值，它不仅运用于发明创造，而且也适用于管理决策，科学研究等方面，从而引起人们的普遍重视。

（四）形态分析法使用的注意事项

在数目庞大的组合中选出可行的新品方案，需要注意技术要素分析应当从其具备的基本功能入手，对次要的辅助功能可以忽视技术手段，确定在寻找实现功能的技术手段时，要按照先进、可行的原则进行考虑，不必将那些不可能采用的技术手段纳入形态分析表中，以免组合数过大。

二、强制联想法

（一）技法简介

联想属于一种跳跃式思维的连锁反应，是两种心理现象建立关系的历程。时间上和空间上接近的事物很容易建立起这种联系，但是一些相距很远的事物，如果不采取强制措施，人们很难在它们之间建立联系。而创造性思维往往需要发现事物之间新的联系，甚至跳跃性地创建新的联系。

强制联想法就是强制人们运用联想思维充分激发人的大脑想象力产生有创造性设想的方法，运用强制联想法时需要在不相干的事物之间强制性地建立某种联系，从而获得意外的设想。

（二）形式分类

1. 目录检查法

目录检查法是一种查阅和问题有关的目录或索引，以提供解决问题的线索或灵感的方法。

解决问题时，边翻阅数据性的目录，边以强迫性的方式把出现的信息和正在思考的主题联系起来，从而激发构想。

目录法在创新设计方案构思过程中应用极广。在构思过程中，每个设计师身边都会有一些和设计相关或无关的杂志、图片等，从某一个词语、某一段文字、某张图片、某个思想受到启发，获得灵感。

目录检查法的使用程序：

（1）确定问题：急需要解决的命题。

(2) 准备资料：准备似乎与主题无关的丰富的书籍、杂志等。

(3) 强制联想：随机选择某一词汇、某一段文字、某一图片或某一思想，将随意选择的信息与创新对象产生强制联想。

(4) 产生构想：产生解决问题的新奇构想，实现飞跃式的创新方案。

2. 焦点法

焦点法是美国C.H.赫瓦德创造的方法，是一种典型的强制联想法。它是以待解决的问题作为焦点，以任意选择的一个事物当作刺激物，强制地把焦点与刺激物随机选出的要素结合在一起，以提供一种用于寻求新产品、新技术、新思想的推广应用和对某一问题的解决途径。

焦点法的使用程序：

(1) 确定目标：如储蓄。

(2) 随意挑选与A毫无联系的事物B做刺激物。

(3) 列举事物B所有属性（如外形、性质、功能等）。

(4) 以A为焦点，强制性地把B的所有属性与A联系起来产生强制联想。

(5) 产生解决问题的新奇构想，实现飞跃式的创新方案。

3. 图片联想法

图片联想法就是在解决问题时利用图片产生联想启发思维的方法。它是用图画作为刺激物发挥人的视觉想象力，在图形和待解决的问题中产生联想获得创造性设想。

图片联想法正如康德所说，没有抽象的视觉谓之盲，没有视觉的抽象谓之空。这种以图形作为刺激物的方法可以帮助我们改变旧的思维习惯，弥补空洞抽象思维的缺陷，以一种全新的途径去解决问题。

图片联想法的使用程序：

(1) 暂时远离待解决的问题，如储蓄，看一幅图。画的种类不限，可以是绘画作品也可以是平面广告或者连环画。

(2) 根据图画内容产生联想，可以是描述性的也可以是由画面引申出的关于主题思想的想象。

(3) 回到要解决的问题，根据以上线索产生强制联想提出解决问题的新设想。在我们的生存环境中，许多现象看上去似乎与我们要解决的问题风马牛不相及，但正是它们往往可以激发出许许多多耐人寻味的见解，有助于我们从当前面临的困境中解脱出来。

应用强制联想法可以联想那些根本想不到的事物，从而产生思维的跳跃，产生更多的新奇古怪的设想，而创造性设想往往就会孕育其中，这就是强制联想法的创新激励。

思 考 题

1. 什么是发明创造技法？为什么要学习掌握它？
2. 开拓性发明法有什么特点？
3. 常用的组合发明法有哪几种？
4. 试通过希望点列举法，设想一下未来人们居住的房屋可以进行那些人性化的设计？
5. 请运用设问法，讨论一下现在的手机还有哪些改进方案？
6. 头脑风暴法在现实当中有很广泛的应用空间，请尝试在班会中运用头脑风暴来解决一个问题，并提交报告。
7. 为什么下水道的盖子是圆的？

8. 话说有 12 个鸡蛋,有 1 个是坏的(重量与其余鸡蛋不同),现要求用天平称 3 次,称出哪个鸡蛋是坏的。

9. 烧一根不均匀的绳要用 1 个小时,如何用它来判断半个小时的时间?烧一根不均匀的绳,从头烧到尾总共需要 1 个小时。现在有若干条材质相同的绳子,问如何用烧绳的方法来计时 1 个小时 15 分钟呢?

10. 有 3 个桶,2 个大的可装 8 斤的水,1 个小的可装 3 斤的水,现在有 16 斤水装满了 2 个大桶就是 8 斤的桶,小桶空着,如何把这 16 斤水分给 4 个人,每人 4 斤。没有其他任何工具,4 人自备容器,分出去的水不可再要回来。

11. 今有 2 匹马、3 头牛和 4 只羊,它们各自的总价都不满 10 000 文钱(古时的货币单位)。如果 2 匹马加上 1 头牛,或者 3 头牛加上 1 只羊,或者 4 只羊加上 1 匹马,那么它们各自的总价都正好是 10 000 文钱了。问:马、牛、羊的单价各是多少文钱?

12. 屋里有 3 盏灯,屋外有 3 个开关,1 个开关仅控制 1 盏灯,屋外看不到屋里,怎样只进屋 1 次,就知道哪个开关控制哪盏灯?

13. 小明和小强都是张老师的学生,张老师的生日是 M 月 N 日,

两人都知道张老师的生日在下列 10 组中。

张老师把 M 值告诉了小明,把 N 值告诉了小强,

张老师问小明和小强知道他的生日是那一天吗?

3 月 4 日、3 月 5 日、3 月 8 日、6 月 4 日、6 月 7 日、9 月 1 日、9 月 5 日、12 月 1 日、12 月 2 日、12 月 8 日。

小明说:如果我不知道的话,小强肯定也不知道。

小强说:本来我也不知道,但是现在我知道了。

小明说:哦,那我也知道了。

请根据以上对话推断出张老师的生日是哪一天?

第四章　创新思维案例分析

　　创新是一个民族进步的灵魂,是一个国家兴旺发达的不竭动力。作为新时代的大学生,我们理应培养创新的思维和创新的意识。同时创新也是一种能力,它不仅仅是一个口号,我们不但要想创新,还要能创新。创新的过程是一个思维和实际相结合并萌生出新的东西的过程,创新无处不在,无时不有,来源于生活而又高于生活。

　　首先,创新是需要实力和扎实的基本功做支撑的。白日做梦式的创新只不过是开玩笑罢了,脑里空空,拿什么来支撑你创新的勇气和动力。扎实的基本功会让你在科研的道路上如鱼得水。以前听说过的一句话说得特别好:当你发现你的实力不能撑起你的野心的时候,说明你该好好努力学习了。所以,从现在起,用科学的知识武装头脑,有一天它一定会成为你人生中最重要的财富。

　　其次,创新要有足够的勇气去大胆尝试未知的东西。跨学科的大胆尝试为我们的创新之路指明了一条方向。跨学科研究是近来科学方法讨论的热点之一。近年来一大批使用跨学科方法或从事跨学科研究与合作的科学家陆续获得了诺贝尔奖。就其深刻性而言,跨学科研究本身也体现了当代科学探索的一种新范型。

　　最后,创新同样离不开艰苦的努力和无数不眠之夜的艰辛探索。你知道丘成桐博士刚毕业时一天工作14个小时吗?你知道庄小威在哈佛大学读博时,每天从早上10点工作到晚上11点吗?你知道钱学森在加州理工学院演算流体方程时,从早上8点到晚上10点吗?他们所取得成功不是偶然的,也不是老天眷顾他们,只是他们比我们常人付出了多得多的努力和汗水。

　　创新的力量直接推动了科学技术的进步,为人类更好地认知这个世界提供了方法。

第一节　创新思维与技法之联想思维创新案例

一、相似联想创新——太阳锅巴的诞生

　　西安宝石轴承厂厂长李照森及其夫人发明的锅巴片,获得了国家专利,其生产技术已在10多个国家和地区获得了专利权。太阳牌系列食品已成为风靡全国、跻身国际市场的名牌产品。仅1990年,西安太阳食品集团的食品销售量高达25 000多吨,销售收入达15亿元。

　　一次偶然的机会,李照森陪客人到西安饭庄进餐,发现人们对一道用锅巴做原料的菜肴极感兴趣,于是引发了以下联想:"锅巴能做菜肴,为什么不能成为一种小食品呢?""美国的土豆片能风靡全球,作为烹饪大国的中国,为什么不能创出锅巴小吃打出国门呢?"接着就是试制、成功、投产、走俏。之后,联想进一步展开,既然搞成了大米锅巴,当然还可以用其他原料做成别样风味的锅巴。一时间,小米锅巴、五香锅巴、牛肉锅巴、麻辣锅巴、孜然锅巴、海味锅巴、黑米锅巴、果味锅巴、西式锅巴、乳酸锅巴、咖喱锅巴、玉米锅巴等开发和生产了出来。锅巴畅销后,类似于锅巴特征的食品也相继开发问世,如虾条、奶宝、麦圈、菠萝豆等,这些风味多样的新产品使小食品市场丰富多彩,也使西安太阳集团赚得盆满钵满。李照森运用联

想思维的相似联想创新思维,从锅巴做原料的菜肴,美国的土豆片风靡全球,联想到锅巴做成小食品,投入市场,不但畅销全国,还打入世界市场。

二、对比联想创新——人工牛黄的诞生

天然牛黄是非常珍贵的药材,只能从屠宰场上碰巧获得。这样偶然得来的东西不可能很多,因此很难得到,也无法满足制药的需求。其实,牛黄这种东西,只不过是由于某种异物进入了牛的胆囊后,在它的周围凝聚起许多胆囊分泌物而形成的一种胆结石。一家医药公司的员工们为了解决牛黄供应不足的问题,集思广益,终于联想到了人工育珠:既然河蚌经过人工将异物放入它的体内能培育出珍珠,那么,通过人工把异物放进牛的胆囊内也同样能培育出牛黄来。他们设法找来了一些伤残的菜牛,把一些异物埋在牛的胆囊里,一年后,果然从牛的胆囊里取出了和天然牛黄完全相同的人工牛黄。医药公司员工运用联想思维的对比联想创新思维,在了解到牛黄生成的机理后,对比人工育珠的过程,联想到通过人工将异物放入牛胆内,从而制成了人工牛黄。

三、大胆联想创新——细胞吞噬理论的产生

德巴赫是法国著名的生理学家,他曾致力于研究动物机体同感染做抗争的机制问题,但一直没有成果,这令他伤透了脑筋。一次,他仔细观察海盘车的透明幼虫,并把几根蔷薇刺向一堆幼虫扔去。结果那些幼虫马上把蔷薇刺包围起来,并一个个地加以"吞食"。这个意外的发现使德巴赫联想到自己在挑除扎进手指中的刺尖时的情景:刺尖断留在肌肉里一时取不出来,而过了几天,刺尖却奇迹般地在肌肉里消失了。这种刺尖突然消失的现象,一直是他心中没得到解决的一个谜。现在他领悟到,这是由于当刺扎进了手指时,白细胞就会把它包围起来,然后把它吞噬掉。这样就产生了"细胞的吞噬作用"这一重要理论,它指明在高等动物和人体的内部都存在着细胞吞食现象,当机体发生炎症时,在这种现象的作用下,机体得到了保护。

细胞吞噬示意图如图 4-1 所示。

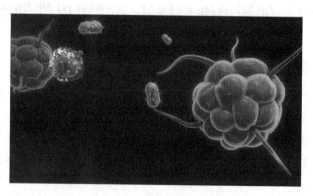

图 4-1　细胞吞噬示意图

四、伴生联想创新——月球仪的诞生

在荷兰的一个小镇上,住着一位名叫阿·布鲁特的退休老人。他和不少退休老人一样,每天都是用看电视来消磨时间。有一天,电视里播放有关月球探险的节目。在电视屏幕上,

主持人煞有介事地将月球的地图摊开,并口若悬河地加以讲解。阿·布鲁特老人心想:"看这种月球平面图,效果不好。月球和地球都是圆的,既然有地球仪(见图4-2),同样也可以有月球仪(见图4-3)。地球仪有人买,月球仪肯定也会有人买。"于是,老人开始倾注全部精力制造月球仪。当第一批月球仪做好以后,老人就在电视和报纸上刊登广告。果然不出他所料,世界各地的订单源源不断地飞来。从此,他每年靠制造月球仪就可赚1400多万英镑。老人运用的就是伴生联想思考法,从地球仪联想到月球仪,创造出了大量的财富。

图 4-2　地球仪

图 4-3　月球仪

五、异同因果联想创新——南极输油冰管

思考的力量是巨大的,它往往能超越现实,解决许多事物所不能解决的问题。美国的一个南极探险队首次准备在南极过冬时,遇到了这样一个难题:队员们打算把船上的汽油输送到基地,但由于输油管的长度不够,当时又没有备用的管子,无法输送。正当大家一筹莫展的时候,队长帕瑞格突发奇想:南极到处都是冰,能不能用冰来做成冰管子呢?由于南极气温极低,屋外能"点水成冰",这个联想并非不切实际的空想。可以用冰做管子,但怎样才能使冰成为管状又不至于破裂呢?帕瑞格又想到了医疗上使用的绷带,在出发时带了不少这样的绷带,他们试着把绷带缠在铁管子上,然后在上面浇水,让水结成冰后,再拔出铁管子,这样果然就做成了冰管。他们再把冰管子一截一截地连接起来,需要多长就接多长。就是依靠这些冰制的管子,解决了输油管长度不够的难题。在解决这个难题中运用的是异同因果联想法。

异同因果联想法是指,根据实践的需要,在一些从现象上毫无联系的事物之间进行联想。

比起其他的联想来,异同因果联想可以在更广阔的联想范围内进行,联想的跨度更大,自由度更高。尤其是在科技方面,许多发明创造都是飞跃联想的产物。

六、接近联想创新——互利的推销

国外一家公司既经营鲜牛奶又经营面包、蛋糕等食品。这家公司出售的牛奶质优价廉,每天都能在天亮以前将牛奶送到订户门前的小木箱内。牛奶的订户不断增多,公司获利越来越大。这家公司经营的面包、蛋糕等食品,虽然也质优价廉,但由于门市部所在的地段较偏僻,来往的行人不多,营业额一直不大。这家公司的老板当然知道通过报纸和电台做广告是有作用的。但他同时也清楚,这要付出很大的代价,而且面包、蛋糕一类食品,不同于一般大件商品,在报纸上或新闻媒体上公布其名称、价格,是不容易引起消费者注意的。该公司老板从牛奶订户不断增多的事实中感到,这是一个很大的消费群体,对这一消费群体进行面包、蛋糕等食品的宣传不仅能收到很大的效果,而且可以通过这一消费群体不断地扩大影响。于是他认定,要为面包、蛋糕等食品做宣传,可以在牛奶订户上做文章,这是一个可以从中挖掘出有效宣传广告形式和手段的重要源泉。经过他有意识地围绕着天天为订户送奶这件事不断地左思右想,终于想出一个投资不大而又宣传效果极佳的推销面包、蛋糕的好方式。这家公司的老板想出的办法是:设计、印制一种精美的小卡片,正面印各种面包、蛋糕的名称和价格,卡片的背面是订货单,可填写需要的品种、数量和送货时间及顾客的签名。每天把它挂在牛奶瓶上送给订户,第二天再由送奶人收走,第三天便能将所订的面包、蛋糕等食品随同牛奶一起送到订户家中。在这家公司没开展这一业务之前,订户们都要自己上街去买早上吃的面包、蛋糕,不但费时费事,往往还要一次买够几天的需要量,这就不能不影响到面包、蛋糕的新鲜程度。再则,公司为订户所送的面包、蛋糕,其价格总是比从街上零售店买的要便宜一些。这家公司的老板这样通过有意识地运用接近联想而想出的这种推销面包蛋糕的办法,既扩大了销路,增加了盈利,又不失一种便民利民之举,从此公司生产的面包、蛋糕大受牛奶顾客的欢迎!这家公司的老板思考这个问题运用了形象思维中思维联想的接近联想创新思维方法。

第二节　创新思维与技法之灵感思维创新案例

一、自发灵感创新——"联合国"名称的由来

1942年,美国、苏联、英国、中国等国着手建立反法西斯联盟,并决定草拟一份宣言。在给宣言取名时,美国总统罗斯福和英国首相丘吉尔在一起研究了多次,也没有想出一个令人满意的名字。有一天清晨,罗斯福刚起床便大叫一声:"天哪!我想起来了。"他急忙去找丘吉尔,丘吉尔正在洗澡。罗斯福来到浴室门前,对丘吉尔高声说道:"亲爱的温斯顿,我想起来了,你看叫联合国如何?"丘吉尔从漂满了肥皂泡的浴缸里钻出来,高兴地拍了拍胖胖的肚皮说:"太好了!"罗斯福就是靠自发灵感,把宣言定名为《联合国宣言》,联合国的名称就这样沿用了下来。

二、自发灵感创新——饭店与厕所

某老板在国道边开了一个饭店,但开业以后生意非常不景气,眼看着众多车辆急驰而去,却很少有人光顾饭店。他开始思考为什么自己物美价廉的经营却并不能招徕顾客呢?后来他换了一个方位和着眼点,在饭店旁建起一个很好的厕所,并做了一个非常醒目的标志。这样,许多司机为了方便而停下车,同时就光顾了他的饭店。这位老板从过往司机及同行人员方便的需求点出发,建了厕所从而为饭店招来了生意。这是灵感思维的自发创新思维发挥的作用。

三、激发灵感创新——蛋卷冰激凌的产生

那是在1904年,一个叫欧内斯特·汉威的小贩,获准在圣路易斯世界博览会上设摊出

售查拉比饼。这是一种很薄的鸡蛋饼,可以同其他甜食一起食用。在他所摆小摊的旁边,是另一个用小盘子卖冰激凌的摊子。一天,他俩的生意都特别好。卖冰激凌的小摊把盘子用完了,而小摊的前面还站着许多顾客,眼看就要失去赚钱的大好机会,这把卖冰激凌的小贩急坏了。欧内欺特·汉威也在一旁替他着急,一急之下,欧内斯特·汉威灵机一动,想出了一个办法。他把查拉比饼趁热时卷成一个圆锥形,而等它凉了以后便用它来代替盘子盛冰激凌,这一应急措施出乎意料地大受顾客们的欢迎,而被人们誉为"世界博览会的亮点",这也就是蛋卷冰激凌(见图4-4)这一"老少皆宜"的可口食品的由来。激发狂想思考法虽然是在某种紧急情况的逼迫下情急生智,但要获得灵感必须做到临危不乱。面临紧急情况,紧张是难免的,但必须保持镇静,避免慌乱,这是激发灵感产生的重要前提。

图 4-4　蛋卷冰激凌

四、激发灵感创新——液体手套的产生

廖基程在工厂劳动时经常看到:由于大部分零件的密度都非常高,为了防止零件生锈,工人们都必须戴手套进行操作,而且手套必须套得很紧,手指头才能灵活自如,这样一来,戴上脱下不但相当麻烦,而且还很容易将手套弄坏。为此,他常想,难道只能戴这样的手套吗?能不能改进?有一天,他在帮妹妹制作纸的手工艺品时,手指上沾满了糨糊。糨糊快干的时候,变成了一层透明的薄膜,紧紧地裹在手指头上,他当时就想:"真像个指头套,要是厂里的橡皮手套也这样方便就好了!"过了不久,有一天清早醒来,他躺在床上,眼睛呆呆地望着天花板,突然想到:可以设法制成糨糊一样的液体,手往这种液体里一放,一双柔软的手套便戴好了,不需要时,手往另一种液体里一浸,手套便消失了,这不比橡皮手套方便多了吗?他将自己的这一大胆想法向公司做了汇报,公司领导非常重视,马上成立了一个研究小组,并将廖基程从生产车间调到研究小组。经过大家反复研究,终于发明了这种"液体手套"。

使用这种手套只需将手浸入一种化学药液中,手就被一层透明的薄膜罩住,像真的戴上了一双手套,而且非常柔软舒适,还有弹性。不需要时,把手放进水里一泡,手套便"冰消瓦解"了。

五、利用情绪激发灵感创新——吉利剃须刀的产生

　　风行世界的吉利剃须刀就是利用情绪激发灵感而获得成功的典型事例。英国人吉利原是一家公司的职员。1895年的一天早晨，他被公司派去出差。任务很紧急，吉利只得匆匆忙忙地刮胡子。而在匆忙之中，他把自己的脸刮伤了多处，满脸伤痕和血污，而又不得不马上启程赶路，这使吉利对笨拙的剃须刀憋了一肚子的火。强烈的愤怒不满的心情使他下决心一定要发明一种安全的剃须刀。吉利首先想到的是用铁板把薄刀片夹紧，这样倒是安全多了，但却刮不着胡须。后来，他又想到在铁板的边沿刻成像梳子一样的沟，使胡须能钻进刀里，可是刀又接触不到脸。几经周折，沿着这一思路，他终于制成了征服全世界的"吉利安全剃须刀"。这种剃须刀至今还受到男士们的青睐。利用情绪激发灵感是指，自觉利用在某一原因下所产生的强烈感情，使之成为一种思考问题的推动力，并最终求得问题的解决。

六、利用情绪激发灵感创新——沃德曼和自来水笔

　　1884年，沃德曼是欧洲一家公司的职员。一次他从好几位竞争者中为自己的公司拉到一笔生意。但是当他递上一瓶墨水和一支当时人们使用的羽毛笔，请对方在合同上签字时，不料从笔尖滴下几滴墨水，把合同给弄脏了。更糟糕的是，合同上关键的字句被染得模糊不清。沃德曼只得请对方稍等片刻，让他去重新拿一份合同来。可是就在沃德曼离开的那一会儿，另一家公司的业务员乘机抢走了这笔生意。这使沃德曼十分沮丧，他认为问题出在那支羽毛笔上。强烈的愤恨感情变成了一种巨大的力量，他决心研制一种使用方便、墨水能自动均匀流出的笔。经过努力，沃德曼终于发明了自来水笔。虽然当时的自来水笔远远不如现在的钢笔这样精巧，但也不再像羽毛笔那样使用不便和容易滴出墨水了。由于沃德曼是这样研制出自来水笔的，所以有人把自来水笔的诞生叫作"盛怒之后的发明"。我们把像他这样因为激愤的心情促进创造性思考叫作利用情绪激发灵感创新。

七、诱发灵感创新——年轻的女秘书

　　世界著名的成功学专家拿破仑·希尔曾讲述了自己经历的一件事：

　　我曾经聘用过一位年轻的女士当助手，替我拆阅、分类及回复我的大部分私人信件。我在3年前雇用了她，当时，她的工作是听取我的口述，记录信的内容。她的薪水和其他从事相类似工作的人大约相同。有一天，我口述了下面这句格言，并要求她用打字机立刻把它记录下来，记住："你唯一的限制就是你自己脑子里所设立的那个限制。"当她把打好的纸张交给我时，她说："你的格言使我获得了一个想法，对你，对我都很有价值。"这件事起初并未在我脑海里留下特别深刻的印象，但从那天起，我可以看得出来，这件事在她脑海里留下了极为深刻的印象。她开始在晚餐后回到办公室来，并且从事的不是她分内而且也没有报酬的工作。她开始把写好的回信送到我的办公桌上。她已经研究过我的风格，因此，这些信回复得跟我自己所能写的完全一样好；有的甚至更好。她一直保持着这个习惯，直到她辞职为止。当我开始找人来补这位私人秘书的缺时，我很自然地就想到这位女士。在我还未正式给她这项职位时她已经主动地接替了这项职位。由于她在下班之后，以及在没有支付加班费的情况下，对自己加以训练，终于使自己有资格出任我属下人员中最好的一个职位。她使自己变得极有价值，因此，我不能失去她做我的助手。我已经多次提高她的薪水，她的薪水已是普通职员薪水的四倍了。正是因为这位年轻女士的办事效率太高了，引起了其他人的

注意,提供很好的职位请她担任。

经理的格言,诱发了年轻的女秘书灵感创新思维,她在做好一种工作后,使自己获得一切机会,从事一些对其他人有价值的服务。她练习、发展及培养更强烈的进取心,使自己变得极有价值。在自己的事业中,成为一名佼佼者。

八、发现灵感创新——米老鼠的诞生

美国的迪士尼曾一度从事美术设计,后来他失业了。原来他和妻子住在一间老鼠横行的公寓里。但失业后,因付不起房租,夫妇俩被迫搬出了公寓。他们不知道该去哪里。一天,两人呆坐在公园的长椅上,正当他们一筹莫展时,突然从迪士尼的行李包中钻出一只小老鼠。望着老鼠机灵滑稽的面孔,夫妻俩感到非常有趣,心情一下子就变得愉快了,忘记了烦恼和苦闷。这时,迪士尼头脑中突然闪过一个念头。对妻子惊喜地大声说道:"好了!我想到好主意了!世界上有很多人像我们一样穷困潦倒,他们肯定都很苦闷。我要把小老鼠可爱的面孔画成漫画,让千千万万的人从小老鼠的形象中得到安慰和愉快。"风行世界数十年之久的"米老鼠"就这样诞生了。在失业前,迪士尼一直住在公寓里,每天从早到晚都同老鼠生活在一起,却并没有产生这样的设想。而在穷途末路、面临绝境的时候出现了这样的灵感,原因何在?其实,"米老鼠"就是触发了灵感的产物。他说:"米老鼠带给我的最大礼物,并非金钱和名誉,而是在我陷入穷途末路时启示我的构想是多么伟大!还有,它告诉我倒霉到极点时,正是捕捉灵感的绝好机会。"

发现灵感创新是指,在对问题已进行较长时间思考的执着的探索过程中,需随时留心和警觉,在同某些相关与不相关的事物相接触时,有可能在头脑中突然闪现所思考问题的某种答案或启示。就像迪士尼夫妇由小老鼠触发灵感一样,许多意想不到的东西都可以成为触发灵感的媒介物。这一点常常使思考者喜出望外,兴奋异常。

第三节 创新思维与技法之想象思维创新

一、组合想象创新——旱冰鞋的产生

英国有个叫吉姆的小职员,成天坐在办公室里抄写东西,常常累得腰酸背痛。他消除疲劳的最好办法,就是在工作之余去滑冰。冬季很容易就能在室外找个滑冰的地方,而在其他季节,吉姆就没有机会滑冰了。怎样才能在其他季节也能像冬季那样滑冰呢?对滑冰情有独钟的吉姆一直在思考这个问题。想来想去,他想到了脚上穿的鞋和能滑行的轮子。吉姆在脑海里把这两样东西的形象组合在一起,想象出了一种"能滑行的鞋"。经过反复设计和试验,他终于制成了四季都能用的"旱冰鞋"。组合想象创新法是指从头脑中某些客观存在的事物形象中,分别抽出它们的一些组成部分或因素,根据需要做一定的改变后,再将这些抽取出的部分或因素,构成具有自己的结构、性质、功能与特征的能独立存在的特定事物的形象。

二、组合想象创新——"温度匙"与"会飞的汽车"

加拿大的多伦多有个制造小汤匙的青年,曾发明过一种叫作"温度匙"的新产品,这种"温度匙"实际上就是把温度计和汤匙组合想象在一起而创造出来的。它的原理非常简单,

但是由于它能使大人喂婴幼儿变得很方便,自投放市场后,一直很畅销。后来,就凭这种小小的"温度匙",这位青年把原来的小厂经营发展成了规模巨大、资金雄厚的大厂。

英国工程师卡姆斯运用组合想象发明了一种会飞的汽车。这种汽车在遇到交通阻塞或其他障碍不能正常行驶时,可以在很短的时间内迅速装上机翼、机尾和螺旋桨,从障碍物"头顶"飞越而过。据说这种会飞的汽车飞行时速可达200公里,并能随时随地着陆。从实际设计和制造过程来看,生产这种会飞的飞机肯定是相当复杂的。然而就思考方法而言,它只不过是源自普通汽车与飞机的组合想象。

三、组合想象创新——多用童车的产生

有位儿童商品生产商,偶然看见一个家长一手抱孩子,一手吃力地拿着一辆小三轮车。他猜想这是因为孩子骑车骑累了要大人抱,才出现了这种情况。这位生产商想,如果设计一种多用童车,家长们就不用挨这份累了。他首先想象出把坐式推车和三轮童车组合起来,在小三轮童车的后面加上一个推把。后来,他又想到加一个连接装置,把童车挂在自行车上做母子车用;接着他又想到,再加一个摇动部分,便可当安乐椅;而要是前面再装一个把手,还能让孩子当木马骑。经过这些不断地组合想象,他设计出了与众不同的"多用童车"。

根据认识和改造客观世界的需要,人们通过组合想象,可以使已有的一些事物形成新的联系,可以构成见所未见、闻所未闻的事物形象。组合想象思考法在人们各方面的创新活动中发挥着巨大的作用。

四、组合想象创新——蓝文辉的微型组合联合收割机

福建省科学研究院的副院长蓝文辉针对外国联合收割机的割、送、脱三大部件排成一列,都安置在底盘的后面或前面的做法很不以为然,决心对它进行技术改造。针对国外联合收割机排列体积大,结构复杂,专用性强,成本又高,不能在中国推广的特点,他通过想象,将它们以另一种结构巧妙地组合在一起,不但大大缩小了体积,而且使它们能合能分,分开之后各有一定的功能,大大提高了联合收割机的利用率。这种"微型组合联合收割机",已获国家专利。

五、填充想象创新——探索原子结构的奥秘

19世纪初,物理学家们只知道原子里有带正电荷的粒子和带负电荷的粒子,却不了解原子的内部是个什么样子。原子太小,以当时的技术手段,用实验的方法还不可能弄清楚它的内部结构。是充填想象创新法助了物理学家一臂之力,最终研究出了原子的内部结构。当时,许多物理学家做过填补和充实原子内部结构的各种各样的想象,建立了多种原子结构模型。经过比较,人们一致认为其中两位物理学家汤姆逊的"葡萄干面包模型"和卢瑟福的"太阳系模型"是两个最合理的模型。英国物理学家汤姆逊对原子的想象是:带负电荷的粒子,有如葡萄干一般,镶嵌在由带正电荷的粒子所构成的球状实体内,它就像一个没有空隙的面包。出生于新西兰的英国物理学家卢瑟福把原子想象为:带负电荷的粒子,像行星围绕太阳一样,围绕着带正电荷的、占据原子质量绝大部分的原子核旋转。原子内部有无空隙,是这两个模型的重要区别。卢瑟福的模型标出原子内部有空隙,后来的实验证明,他是对的。其实,这两位物理学家和别人一样,也弄不清带正电的粒子和带负电的粒子之间究竟是以一种什么关系构成原子的。他们只是根据自己有关的知识、经验和形象积累,做出了关于

它们之间关系的具体情景的想象,以填补和充实对原子内部结构认识上的不足和缺陷。这种想象过程的进行和它们起的作用,其特点在于将人们认识事物的"认识链条"上所存在的"缺环"进行了填充和补充,使之完整地连为一体。填充想象离不开模型。模型作为原型的替代物,只有在头脑中运用想象对其残缺的部分进行扎实填补,才能"完整""形象"和"逼真"。

六、直接想象创新——卡诺的热力学第二定律

法国工程师卡诺于1824年想象过一部理想化的蒸汽机。通过理想化蒸汽机的研究,卡诺深刻地抽象和概括出了具体的蒸汽机的本质与特征,阐明了热效率的极限值问题。虽然这种理想化的蒸汽机在现实中根本不存在,在当时,能够从理论上深刻认识蒸汽机,纯粹是依赖于纯化想象。后来,正是基于卡诺的这种纯化想象,德国科学家克劳修斯才总结出了力学的第二定律。现在,流体力学中的"理想流体"、固体力学中的"理想固体"、分子物理学中的"理想气体"、固体物理学的"理想晶体"、化学中的"理想溶液"、生物学中的"模式细胞"等,它们的出现,都是科学家们运用纯化想象创新法的结果。

七、幻想型想象创新——科幻小说的启示

1861年,被人们称为科幻小说之父的美国著名作家凡尔纳,曾在一部小说里描绘了以下的景象:美国的佛罗里达州将设立一个火箭发射站,火箭从这里发射,飞往人们心仪已久的月球,去拜访久违了的嫦娥、吴刚和玉兔,他还具体地描述了飞行员在宇宙飞船中失重的情景。天下之大,无奇不有。刚好过了100年,到1961年,美国真的在佛罗里达州发射了人类第一艘载人宇宙飞船。而且宇航员在太空的许多失重情景,竟和凡尔纳在想象中描写的一样。不仅如此,直升机、雷达、导弹、坦克、电视机等,也都曾在凡尔纳的小说中有过雏形。第二次世界大战初期,德国人制造的潜水艇,与凡尔纳小说中描绘的相差无几。第一个把宇宙火箭送上天空的俄国科学家齐奥尔科夫斯基,也是从凡尔纳的小说《从地球到月球》里得到启示的。凡尔纳所写的科幻小说,通过神奇无比的想象,无与伦比的精确预示,100多年来给无数青少年和科学家以启迪。我国古人曾说:预则利。通过预示想象,设想自己各项活动的前景以及它们带来的一切后果,预见可能遇到的种种艰难险阻,然后采取相应的行动,对我们希望产生的事物,积极努力为其创造条件,对不希望出现的现象,则尽力避免其出现。预示想象对人的实践活动,能起到一种先导作用,或者促进和激励人们采取有益、正确的行动;或者抑制和防止人们采取有害的错误的行动。无论是科学研究,还是从事其他实际工作,借助于一定的预示想象,都是很重要的。因为预示想象和已有的知识经验密不可分。它能为我们节省大量的人力物力,使我们少走许多弯路,少受许多失败的痛苦。退一步来讲,即使预示想象没有取得预期的效果,也只不过是思考者的脑中白放了一场电影而已,无伤大体。

八、导引想象创新——林明治医生的"维生素C"

导引想象不仅适用于自己,也可以引导他人运用这一方法。有位叫林明治的医生,在日本留学3年,学成后回国行医。有一次,他接待了一位富有的女病人。女病人说,她8年来患了一种半边嘴巴疼痛的怪病,经常发作。她访遍了江南名医,都未能治好这种病,所以慕名前来请林大夫诊治。林大夫问明病情后,立即给她开了药,并嘱咐说:"这药是从日本带回

来的,对你的病最有效,但非常贵。你看……"病人听说有这样的好药,高兴万分,她想象着自己吃了它就会药到病除,如获至宝般买下了这种"昂贵"的药。她回家服药后,感觉效果的确不错。经过几个疗程的治疗,她的病终于痊愈了。其实,林医生的特效药只不过是极普通的维生素 C。他这样做,并不是存心要骗取这位富有的女病人的钱。因为这位女病人生理上的病情并不严重,林医生诊断她主要是缺乏"良性的暗示和有效的想象",因此他想出这样的办法,就是为了帮助女病人进行想象,结果非常灵验,她的病很快就好了。

九、预示想象创新——如何带走这些蛋

有一个篮球运动员,有一天只穿了一条内裤,戴了一块手表,在球场上练习投篮。有个人给了他 20 个鸡蛋,这个人把鸡蛋放在球场边的地上就走了。这时,球场边没有任何可以用来装鸡蛋的东西,也找不到可以帮忙的人,实在让这位运动员为难。可是他想了一会儿,还是想出了办法。由于仅有的一条内裤显然不能再脱了,手表又派不上用场。唯一可以使他动脑筋的,只有篮球。思考如何对篮球加以利用,必须在头脑里通过预示想象:这 20 个鸡蛋能不能放得进去?放进去以后能不能拿着它走路?拿着它走回家鸡蛋会不会滚出来摔坏?如果不对这些具体情景在头脑里预先设想一番拔腿就走,那可是有些玄,只有冒失鬼才会那么干。这位篮球运动员想出的办法是:放掉篮球里的气,并且把篮球弄成盆状,然后把鸡蛋放在里面。他思考这个问题运用了形象思维中思维想象的预示想象创新思维方法。

十、预示想象创新——国歌乐曲同步升旗绳

现在很多单位经常都要升国旗,特别是中、小学校,要在每周星期一早晨,举行全校师生一起参加的升国旗仪式。在升旗仪式进行中,一般都是一边缓缓升旗,一边高唱或高奏国歌,国旗一升到旗杆的顶端,国歌正好结束,这当然是最理想的情况。可是这种情况出现的时候不多,常常都是要么国歌还没奏完或唱完旗已到顶,要么是旗还没到顶国歌已经奏完或唱完。这个难题显然可以用设计专用的电动控制设备的办法来解决,但为此要费很多事,花很多钱,一般都会认为没这个必要。四川省成都市第 24 中学的一个 14 岁同学,他在旗杆的绳子上动了一番脑筋,想出了一个既能解决问题,又省事省钱的好办法。他对这个问题的解决进行了这样的想象:如果按照国歌的旋律和节奏在旗绳上定出一些间隔,再在各个间隔上填入相应的歌词,升旗时一边拉绳,一边看旗绳上的歌词,这样便能做到使升旗与唱国歌或奏国歌同步。他思考这个问题运用了形象思维中思维想象的预示想象创新思维方法。这位同学想出的办法是比较简单的,但并不意味着只需脑筋一动,便能想得出来。他首先在头脑中反复进行了预示想象,设想如何才能使升旗的速度与节奏同唱奏国歌的速度与节奏相对应,使二者同步进行。然后他便找来一些塑料小珠子,在每个塑料珠子上都写上一定的歌词,然后再依次按一定的间隔串在旗绳上。他经过若干次调整塑料珠子的间隔,反复进行试验,最后才制成这种与国歌乐曲同步升旗绳。目前它已被厂家所采用,并生产出了标准产品。

十一、纯化想象创新——地球引力

物理学家、经典力学的奠基者牛顿,曾研究过月球为什么不会掉到地球上来的问题。他认为,是因为月球以一定的速度围绕地球运动,是地球的引力使月球一直围绕着地球旋转。基于这种看法,牛顿在头脑中想象:从高山上用不同的水平速度抛出物体,速度越大,其落地

点距离山脚就越远;当速度提高到足够大的程度时,物体就不会再落到地球上,就会环绕地球运转,成为地球的人造卫星。牛顿的这一想象,在他所处的那个时代,是不可能在现实世界中实现的。牛顿关于地球引力想象,在与相应的客观事物的关系上,具有将其简单化、单纯化、理想化的特点。他在头脑中进行的这一想象过程运用了形象思维中思维想象的纯化想象创新思维方法。当人们需要把所思考的问题暂时简单化、单纯化和理想化,以便更准确、更清晰、更快捷地弄清问题时,往往就需要通过纯化想象,抛开那些对认识和解决所面临问题无关或关系不大的因素或部分,只突出那些必须着重考察的因素或部分。牛顿探究天体间的引力规律,就把天体的形状和大小都暂时抛开了,只把天体当作没有形状和大小的几何点来看待。天体间的引力只同天体的质量与相互间的距离相关;天体的形状和大小,同天体之间的距离比较起来,其影响则微乎其微(地球的直径是 1.3 万公里,地球和太阳之间的距离是 1.5 亿公里),所以,对天体的形状和大小可以忽略不计,它不致影响人们用被纯化和被理想化的头脑中的想象物去代替客观世界中的原型,也不致削弱这种想象物所提供的关于原型的信息。

十二、取代想象创新之二——幽默的罗斯福

美国总统罗斯福是一位卓越的政治家。在第二次世界大战中,他领导美国政府和人民赢得了反法西斯战争的伟大胜利。1944 年,美国人民打破建国以来的历史惯例,选举他第 4 次连任美国总统。记者们纷纷访问他,希望他谈谈对 4 次连任总统的感想。一位年轻的记者被允许访问罗斯福,当这位记者说明自己的愿望后,罗斯福没有直接回答他提出的问题,而是热情地请他吃一块大蛋糕。这位年轻的记者获得如此礼遇和殊荣,心里十分高兴,很快津津有味地把蛋糕吃下去了。接着总统又请他吃了一块。当他正迫不及待地急于想同总统交谈时,总统又请他再吃第 3 块蛋糕。这时,这位记者已毫无食欲,但被总统的盛情所感,只得勉为其难地吃了下去。这位记者吃完第 3 块蛋糕后,不料总统又笑嘻嘻地对他道:"请再吃一块吧!怎么样?"这位记者实在是很难再吃了,不得不向总统表示抱歉说:"感谢总统的盛意,我再吃实在是有困难了。"这时,罗斯福总统满脸微笑地对这位年轻的记者轻言细语地说道:"你不是要我谈谈第 4 次连任总统的感受吗?你现在已经亲身体验到了,我就不再谈了吧。"在罗斯福看来,他将要第 4 次连任总统的感受,与这位记者将要吃第 4 块蛋糕的感受,二者虽是大不相同的两回事,但却有相通共同之处,所以他说这位年轻记者对他的第 4 次连任总统的感受已有了亲身的体验。他思考如何回答记者的提问运用了思维想象的取代想象创新思维方法。一般来说,纵然是一件具有重要意义自己又十分感兴趣的事情,如果重复去做的次数多了,兴致和劲头也就难免会逐渐有所降低。这的确是各个领域互不相同的众多事情中所包含的"共通事理"。罗斯福机敏而幽默地利用了这一点,要记者由"第 4 次吃蛋糕"的感受去取代想象一下"第 4 次连任总统"的感受,这样的"答记者问"虽不免有些离奇、离谱,但它只不过是罗斯福总统以这种极为幽默风趣的特殊方式,表达自己的复杂难言的心情。

第四节 综合案例分析

案例 4-1
B 医院是某省卫生厅直管的国家三级综合性医院,是多家大学的教学医院,是农村合作

医疗定点医院,是城镇居民医保、商保定点医院,拥有床位600张,职工900人,其中中高级职称300人,医院设有临床医技科室25个。近年来,B医院的硬件环境得到了较大的改善,但大家普遍的感觉是:管理方面问题很多:一方面,多年以来形成的事业单位的管理方式、思维模式、行为习惯等的影响根深蒂固,改变起来很难;另一方面,医疗改革、医药分离、事业单位工资改革等,如一波大潮,正在推着B医院向改革的深水区前进。而对于B医院来说,当前急需解决的是组织和人力资源管理方面的问题。

一是医务流程,全院尚没有统一的、科学的医务流程体系,这就导致部分工作流程不清晰、职责不明确,部门之间工作相互推诿、病人投诉的情况时有发生。

二是缺乏岗位编制的科学核定以及工作量的合理安排,导致医生的忙闲不均,医务力量的利用效率不高。

三是辅助部门的工作标准、考核指标不清晰,其对业务科室的支持、服务力度不够,业务科室多有不满。

四是绩效奖金和津贴补贴的发放,大家普遍感觉不满意,觉得自己部门、岗位的分配不合理。从横向对比来看,该院护士的薪酬水平与本地区其他医院的相比明显偏低。

五是民营、合资医院的进入,对B医院的人才形成了一定程度的争夺,加上医院原有人才储备不足,面临青黄不接的局面,如再不采取有效措施,该院的专业地位将岌岌可危。

上述问题积累已久,由此,B医院希望借助此次事业单位绩效工资改革的东风,进行一次较为彻底的组织及人力资源管理体系的优化工作。

解决方案:

针对上述问题,基于"汉哲医院管理体系框架",汉哲咨询的专家对B医院全体中高层管理人员、医务骨干进行了一对一的深度访问,并对全体员工下发调查问卷,对医院现有的组织运作及人力资源管理文件进行了系统的解读,在此基础上,对B医院发展战略、学科建设、组织架构、流程制度、考核薪酬、人才培养等六个方面的问题进行了系统的评估。按照"务实稳健、和谐发展、渐次导入"的要求,汉哲咨询的专家对现存问题进行了分类,并根据问题解决的紧迫性和难易程度确定了本次改革的四项具体任务:

(1)梳理医务流程,优化组织结构;

(2)开展工作分析,科学设定岗位,核定岗位工作量;

(3)进行岗位价值评估,重新设计薪酬体系,将薪酬与考核结果对接;

(4)建立基于全院工作计划与岗位职责的绩效考核体系。

案例4-2

劳动合同约定与制度规定不统一,仲裁应先依据哪一个?

董某任职于A公司,跟公司签订的劳动合同中有约定:员工一年内如果被顾客投诉3次,即构成严重违反公司规章制度事实,公司可与其解除劳动关系。同年,A公司被B公司兼并,新制定的规章制度规定,员工一年内被顾客投诉2次即构成严重违反公司规章制度事实,公司可以立即解除劳动关系。次年,董某当年连续被顾客投诉2次,B公司据新规定的制度为由与其解除劳动关系。董某不服,认为应该优先适用劳动合同的规定,B公司此据属违法解除,提请仲裁,要求其恢复劳动合同关系或者依法给予违法解除劳动合同的补偿。那么,你觉得董某的请求能得到支持吗?

案例解析:

本案中,虽然A公司被B公司合并,但依据《中华人民共和国劳动合同法》第34条规定

"用人单位发生合并或者分立等情况,原劳动合同继续有效,劳动合同由承继其权利和义务的用人单位继续履行",董某与 A 公司签订的劳动合同继续有效,B 公司仍应继续按照合同的约定履行。同时,依据《最高人民法院关于审理劳动争议案件适用法律若干问题的解释(二)》第 16 条规定"用人单位制定的内部规章制度与集体合同或者劳动合同约定的内容不一致,劳动者请求优先适用合同约定的,人民法院应予支持",董某的诉求应得到仲裁的支持。

用人单位在制定劳动合同时,应注意劳动合同与规章制度的内容不能发生冲突。如果不一致,则可以通过变更劳动合同的方式处理,不能简单地通过制定规章制度来处理。

案例 4-3

在校大学生兼职,受劳动法的保护吗?

王同学是一名在校大学生,课余时间到某公司从事兼职工作,工作超时没有加班工资,在上岗前一周的培训也没有工资。不像其他的正式员工一样,什么都有。王同学就觉得很不公平,找到老板理论这事,老板说"你是在校大学生兼职,跟他们正式员工能一样吗?"这不仅是王同学在生活中遇到的现象,更是当下很多大学生在兼职活动时都会遇到的情况。无论是校内兼职还是校外兼职,在面临时薪明显低于最低工资标准、工时工资不对等等不合理的现象时,我们在众多有关劳动关系的法律法规中并不能找到有关"在校大学生兼职"的规定,并不能有效地维护自己的权益。

那么,请问在校大学生兼职,能受劳动法的保护,能享受跟其他正式员工一样的待遇吗?

案例解析:

首先,目前我国法律没有对在校大学生从事兼职劳动方面有直接和具体的规定。按照目前国家劳动主管部门的有关规定,在校生利用业余时间勤工助学,即从事兼职的在校生与用人单位的关系并不是全部意义上的劳动关系。用人单位不必与其签订劳动法意义上的劳动合同,也不必为其购买社保。就此来看,在校大学生并不能享受跟其他正式员工一样的待遇。但是,这并不意味着从事兼职的在校生与用人单位劳动关系不受劳动法的保护。

其次,用人单位仍然需要依法给予兼职的在校大学生相应的权益。用人单位应当按照《中华人民共和国劳动法》的规定,对从事兼职的在校生应当实行同工同酬,工资不得低于最低标准,按规定支付加班费,并不得有收取押金等违法行为。即除了用人单位可以不为从事兼职的在校生缴纳社会保险之外,用人单位和在校生双方都要受到《中华人民共和国劳动法》的保护和约束。比如出现工伤事故,要比照《工伤保险条例》处理,劳动者要保守商业秘密,等等。另外,在上岗前的培训期间应当发给工资或发给一定的生活费才是合理合法的。

案例 4-4

1990 年 10 月,飞龙集团只是一个注册资金只有 75 万元,员工 60 多人的小企业,而 1991 年实现利润 400 万元,1992 年实现利润 6000 万元,1993 年和 1994 年利润都超过 2 亿元。短短几年,飞龙集团可谓牛气冲天。但自 1995 年 6 月飞龙集团突然在报纸上登出一则广告——飞龙集团进入休整期,然后便不见踪迹了。这是为什么?1997 年 6 月,姜伟坦率地承认飞龙的失败是人才管理的失误。

飞龙集团除 1992 年向社会严格招聘营销人才外,从来没有对人才结构认真地进行过战略性设计。随机招收人员、凭人情招收人员。作为已经发展成为国内医药保健品前几名的公司,外人或许难以想象,公司竟没有一个完整的人才结构,竟没有一个完整的选择和培养人才的规章制度。公司人员素质偏低,人才结构不合理等。从 1993 年开始,飞龙集团在无人才结构设计的前提下,盲目地大量招收中医药方向的专业人才,并且安插在企业所有部门和机构,造成企业高层、中层知识结构单一,导致企业人才结构不合理,严重地阻碍了一个大型企业的发展。1992年3月,一位高层领导的失误造成营销中心主任离开公司,营销中心一度陷入混乱状态。这样一来,实际上就造成了无法管理和不管理的问题。

问题:用人力资源管理的规划与招聘理论来分析导致飞龙集团管理失误的原因。

案例解析:

市场经济的本质是人才的竞争。飞龙集团的失误,是在人才招聘、规划管理方面的失误,最主要的是人才通常不流动和只靠自己培养人才这两个失误。这也是我国大部分企业在相当长的一段时期内,将会碰到的一个"致命的问题"。其主要原因是:

(1) 没有一个长远的人才战略规划。

(2) 人才机制没有市场化。

(3) 单一的人才结构。

(4) 人才选拔不畅等。

为了解决这一"致命问题",我们认为,企业在选人、用人的过程中,至少应做好以下三个方面的工作:

(1) 企业决策集体应真正树立市场化选人、用人的观念,确立正确的人才选拔标准、原则。市场竞争是残酷的,只有拥有优秀的人才时,才能使企业的市场竞争具有勃勃生机。为了求得优秀人才,避免"武大郎开店"的不良心态作用,树立一种"能者上,平者让,庸者下"的观念是十分必要的。

一般来说,公司从一开始组建就应把选人放在首位,并且提出简单、明确的选人标准:

①任人唯贤。不能因为认识某位领导就得到好的差事,要做到唯才是用。

②一专多能。尽量发挥人的潜能,使一个人能顶几摊事,既避免了部门繁杂、管理重复,又使得真正有才之人尽显其能,达到提高效率的目的。

③严格选拔,加强培训。在选拔人员时,从多角度多侧面选出具有真才实学的人,同时对每一位员工加强职业培训,不断提高业务水平。

④增强后备,面向未来。对新一代年轻人培训其对民族文化的兴趣,使之认识到中药品不仅是治病救人的良剂,而且是养身保健的主体。

(2) 按照科学的程序选拔人才,把人才选拔作为一门科学来对待。

一般来说,人才的选拔主要有三个阶段:

①准备阶段。在这一阶段主要是通过调查研究、工作分析、人员分析等,明确某一用人工作岗位的工作特性,及这一工作岗位工作人员应具备的生理、心理品质,确定最佳的人才选拔程序。

②实施阶段。这是正式进行人员挑选的阶段。为了保证能从众多的求职者中选择出企业所需要的合格人才,择优录取,需要经过心理测验和测评等技术来进行严格的筛选。国外企业一般把此选择工作分为六个步骤,即初步面试、填写申请表、进行心理测验、最后面试、获取证明材料、体格检查等,逐步淘汰不合格者,六个步骤全部通过考核者,录用为新员工。

③招聘总结及检验效度阶段。新人员录用后,人力资源管理部门和心理学家还要进行总结,进一步探讨整个选择程序的预测效度。

在实际的人才招聘工作中这些步骤会有一定的变化,如我国大部分企业在招聘人才时,就采用筹划与准备阶段、宣传与报名阶段、考核与录用阶段、入厂教育与工作安置阶段等,但本质上是一致的,它能有效地保证人才招聘的科学、准确、客观、合理等。

(3) 作为主管人力资源招聘工作的人员,应熟练掌握人力资源招聘技术,如工作分析、人员分析、面试技巧、心理测试、情景模拟测验等。企业在招聘高级管理人员时,经常使用面试、标准化的心理测试和情景模拟测验等招聘技术。

案例 4-5

RB 公司是一家皮鞋制造企业,拥有近 400 名员工。针对公司生产线频频出现质量事故、质量检查员疏忽大意、管理部门质量意识淡薄等一系列问题,公司领导决定举办专门的质量管理培训课程来解决这些问题。

质量管理的培训课程被安排在每周五晚上 7 点至 9 点时进行,为期 10 周。员工可以自愿听课,公司不给员工支付额外的工资。但是公司主管表示,如果员工能积极地参加培训,那么其培训的考核结果将记入个人档案,作为公司以后提职或加薪的重要依据。

培训课程由质量监控部门的李工程师主讲。培训形式包括讲座,放映有关质量管理的录像片及一些专题讨论。内容包括质量管理的必要性、影响质量的客观条件、质量检验标准、检查的程序和方法、质量统计方法、抽样检查以及程序控制等内容。公司里所有对此感兴趣的员工和管理人员都可以去听课。

课程刚开始时,听课人数平均在 60 人左右。在课程快要结束时,听课人数下降到 30 人左右。而且,因为课程是安排在周五的晚上,所以听课的人员都显得心不在焉,有一部分离家远的人员课听到一半就提前回家了。

在总结这次培训的时候,人力资源部经理说:"李工程师的课讲得不错,内容充实,知识系统,而且幽默风趣,引人入胜。至于听课人数的减少并不是他的过错。"

问题 1:你认为这次培训在组织和管理上有哪些不合理的地方?

RB 公司的这项培训不合理的地方有以下几点:

(1) 没有对员工进行培训需求调查与分析,使得培训工作的目标不是很明确,也不了解员工对培训项目的认知情况。

(2) 没有详细的培训计划,具体表现在对受训员工的对待问题上,没有"制度性"的规定,不利于提高受训员工学习的积极性。

(3) 培训时间安排不合理,在周五晚上进行培训,学员心不在焉,影响培训效果。

(4) 没有对培训进行全程的监控,不能及时发现问题,解决问题。

(5) 对培训工作的总结程度不够,没有对培训的效果(结果)进行评估。

问题 2:如果你是 RB 公司的人力资源部经理,你会怎样安排这个培训项目?

作为 RR 公司的人力资源部经理,在此次培训工作中应该做到:

(1) 首先进行培训需求分析,了解员工对质量监管培训的认识,了解员工对质量管理培训的意见和要求。

(2) 制订培训计划,做出培训费预算,合理地确定培训时间、地点、场地以及需要配置的器具设施和设备。

(3) 选择合适的管理人员对培训的全过程进行监控,及时发现问题、解决问题。

(4) 培训结束时,对受训人员进行培训考核,以了解培训工作的效果。

(5) 对培训的总过程以及结果进行总结,保留优点踢除问题缺点,为下一次培训积累经验。

案例 4-6

一年前，A 公司的训练主管小王在看到国外许多 E-Learning（在线学习）的成功案例后，决定要替公司导入 E-Learning。小王在询问了公司的管理信息部门后，开始采购在线学习平台，用以处理在线学习开课时的相关事宜。MIS（管理信息系统）协助评估了功能最强大的教学管理平台与内部系统，在与一家系统公司完成采购 3 个月后，在线学习平台顺利建立起来了。小王很高兴地向总经理报告：我们企业已有 E-Learning 了。总经理疑惑地询问：那员工要利用 E-Learning 上哪些课程呢？于是小王开始将内部的文件与教材规划上线，但是他发现，原来线上课程的设计制作并不是那么简单的。只把文件和档案放在平台上，学员的浏览和学习意愿却始终不高。学员希望课程必须符合有趣、互动、多媒体等特性。若要自己来制作设计课程，没那么多时间；若要找厂商制作，必须花费大笔财力不说，课程的设计又无法兼顾学习重点。半年之后，小王发现 E-Learning 不但未能替企业省下钱，反而花了更多的人力与预算去推动，于是他向总经理汇报将 E-Learning 计划暂时搁置。

问题：小王的误区是什么？应考虑什么因素？实施过程中要注意哪些方面？

（1）小王在花了大笔财力引进了 E-Learning 之后才发现，一个平台是不足以推动在线学习的。丰富、多样、实用且切合企业需求的在线课程才应是主角。而小王在导入 E-Learning 初期，并没有事先评估企业引进 E-Learning 的目的是什么？希望达成的效益是什么？也没有一套推动的时间表，以及事先规划人员、预算来搭配组织的经营目标与训练计划。课程的规划上也没有寻找到一套简易的工具能利用公司原有的讲师与专家来分担。

（2）实施前应考虑以下一些因素：培训需求、时间安排、软/硬件环境、人员素质、培训预算、公司规模、培训范围。

（3）实施中应注意的方面：

①确定培训对象。

②确定 E-Learning 项目的实施规划。

③确定培训内容的优先顺序。

④E-Learning 项目试点。

⑤确定如何评估 E-Learning 的效果。

⑥根据小范围的反馈意见，对项目实施改进。

⑦争取领导的认可和支持。

案例 4-7

G 是某企业生产部门的主管，今天他终于费尽心思地完成了对下属人员的绩效考评，并准备把考评表格交给人力资源部。绩效考评表格表明了工作的数量和质量以及合作态度等情况。表中的每一个特征，都分为五等：优秀、良好、一般、及格和不及格。所有的职工都完成了本职工作。除了 S 和 L，大部分还顺利完成了 G 交给的额外工作。考虑到 S 和 L 是新员工，他们两人的额外工作量又偏多，G 给所有员工的工作量都打了"优秀"。X 曾经对 G 做出的一个决定表示过不同意见，在"合作态度"一栏，X 被记为"一般"，因为意见分歧只是工作方式方面的问题，所以 G 没有在表格的评价栏上记录。另外，D 家庭比较困难，G 就有意识地提高了对他的评价，他想通过这种方式让 D 多拿绩效工资，把帮助落到实处。此外，C 的工作质量不好，也就是及格，但为了避免难堪，G 把他的评价提到"一般"。这样，员工的评价分布于"优秀""良好""一般"，没有"及格"和"不及格"了。G 觉得这样做，可以使员工不至于因发现绩效考评差而产生不满；同时，上级考评时，自己的下级工作做得好，对自己的绩效考评,成绩也差不了。

问题:案例中,G在考评时存在哪些问题?你认为该如何加以改进?

(1) 案例中暴露出来的问题:

①评估者的人为误差有趋中误差、压力误差等。

②考评主体单一。这里只由G对下属进行评价,很容易造成主观性,失去了评估的公平性。

③缺乏对评估结果进行适当的比例控制。

④考评中缺乏沟通的环节。

⑤对考评者缺乏监督机制。

(2) 应该改进的方面:绩效评估中的指标设置必须科学。绩效评估指标的设置科学,是指绩效指标应该遵循SMART原则,也就是指标应该:

①明确具体,不能模棱两可。

②指标应该可以测量,同时尽可能量化。

③设置的指标员工应该可以达到,指标的设置应该与员工的职责相匹配,不能设置过高或过低。

④指标应该具有相关性,与员工的主要职责相关,而不应把重点放在与员工职责关系不大的指标上。

⑤指标应该有时效性,应该根据员工职责的变化不断进行调整。

绩效评估中应加强对考评者的监督。沟通是有效的绩效评估中必不可少的环节。绩效评估需要不断地总结。

思 考 题

1. 巧排队列。

24个人排成6列,要求每5个人为一列,请问该怎么排列好呢?

2. 升斗量水。

一长方形的升斗,它的容积是1升。有人也称之为立升或公升。现在要求你只使用这个升斗,准确地量出0.5升的水。请问应该怎样办才能做到这一点呢?

3. 违纪开车。

在美国城市街道的交叉路口上,明文规定着,有步行者横过公路时,车辆就应停在人行道前等待。可是偏偏有个汽车司机,当交叉路口上还有很多人横过马路时,他却突然撞进人群中,全速向前跑。这时旁边的警察看了也无所谓,并没有责怪他。你说这是为什么?

4. 变换方位。

在桌子上并排放有3张数字卡片组成三位数字216。如果把这3张卡片的方位变换一下,则组成了另一个三位数,这个三位数恰好用43除尽。是什么数?怎样变换的?

5. 月球飞鸟

月球上的重力只有地球上的1/6。有一种鸟在地球上飞20公里要用1小时,如果把它放到月球上,飞20公里要多少时间?

6. 诚实与说谎。

A、B、C、D 4个孩子在院子里踢足球,把一户人家的玻璃打碎了。可是当房主人问他们是谁踢的球把玻璃打碎的,他们谁也不承认是自己打碎的。房主人问A,A说:"是C打的。"C则说:"A说的不符合事实。"房主人又问B,B说:"不是我打的。"再问D,D说:"是A打的。"已经知道这4个孩子当中有1个很老实、不会说假话,其余3个都不老实,都说的是假话。请你帮助分析一下这个说真话的孩子是谁,打碎玻璃的又是谁?

7. 最后一个字母。

英语字母表的第一个字母是A。B的前面当然是A。那么最后一个字母是什么?

8. 沉船。

某人有过这样一次经历:他乘坐的船驶到海上后就慢慢地沉下去了,但是,船上所有的乘客都很镇静,既没有人去穿救生衣,也没有人跳海逃命,却眼睁睁地看着这条船全部沉没。

9. 火车过隧道。

两条火车轨道除了在隧道内的一段外都是平行铺设的。由于隧道的宽度不足以铺设双轨,因此,在隧道内只能铺设单轨。一天下午,一列火车从某一方向驶入隧道,另一列火车从相反方向驶入隧道。两列火车都以最高的速度行驶,然而,它们并未相撞。这是为什么?

10. 车祸。

车祸发生后不久,第一批警察和救护车已赶到现场,发现翻覆的车子内外都是血迹斑斑,却没有见到死者和伤者,为什么?

11. 吊在半空中的管理员。

当夜总会的侍者上班的时候,他听到顶楼传来了呼叫声。他奔到顶楼,发现管理员腰部束了一根绳子被吊在顶梁上。

管理员对侍者说:"快点把我放下来,去叫警察,我们被抢劫了。"管理员把经过情形告诉了警察,昨夜停止营业以后,进来两个强盗把钱全抢去了。然后把我带到顶楼,用绳子将我吊在梁上。警察对此深信不疑,因为顶楼房里空无一人,他无法把自己吊在那么高的梁上,那里也没有垫脚之物。有一部梯子曾被这伙盗贼用过,但它却放在门外。

然而,没过几个星期,管理员因偷盗而被抓了起来。你能否说明一下,没有任何人的帮助,管理员是怎样把自己吊在半空中的?

12. 一个商人骑一头驴要穿越1000公里长的沙漠,去卖3000根胡萝卜。已知驴一次性可驮1000根胡萝卜,但每走一公里又要吃掉一根胡萝卜。问:商人共可卖出多少根胡萝卜?

13. 你让工人为你工作7天,给工人的回报是一根金条。金条平分成相连的7段,你必须在每天结束时都付费,如果只许你2次把金条弄断,你如何给你的工人付费?

第五章 创新中国

承前启后,继往开来,中国社会已经进入了新的阶段,站在了世界舞台的中央。新时代的蓬勃活力让千千万万人感受着生活的便利和美好。重塑创新体系、激发创新活力、培育新兴业态,这些不仅提升着人们生活的幸福感,也在为经济社会各领域转型升级注入新能量。

创新意味着引领时代,在全球创新浪潮的驱动下,一大批中国科技企业正凭借创新与实干成功崛起,并走向全球市场,无论是海外资源布局,还是在海外建立研发中心集聚全球人才,中国企业走出去的新时代正在逐渐到来。与众不同的市场,巨大的机会,是最好的时代,也是最具挑战的时代。创新被时代强烈召唤;创新需要颠覆,创新也在不断进化。我们清晰地看到,创新催生了以高科技、大健康、教育和专业服务为主导的新经济,这是创新带给未来的一份礼物。这份礼物带给我们很多的灵感和激发,也让我们去思考金融行业应该如何更好地去迎接新时代的到来。

创新是一种基因,它不可量化和复制,更不存在绝对的因果关系,但商业是有经验可循的。

第一节 中国人工智能产业

人工智能技术旨在根据数据和分析赋予计算机像人类一样思维与判断的能力。该领域的研究包括机器人、语音识别、图像识别、自然语言处理和专家系统等。

一、人工智能产业发展宏观分析

(一)发展背景

2017年的科技领域,人工智能仍然呼声高涨,其技术开始越来越多地应用到日常生活中的方方面面,AlphaGo Zero碾压AlphaGo,实现自我学习,百度无人汽车上路,iPhoneX开启Face ID,阿里、小米先后发布智能音箱,肯德基上线人脸支付……这些背后都是人工智能技术巨大的驱动力。

伴随着普通消费者对人工智能的关注,人工智能领域的多个企业正借助东风快速发展。Google、微软、苹果、IBM、Intel等世界巨头加大研发力度,并通过收购等方式,进一步领跑全球人工智能市场;国内阿里巴巴、百度、腾讯、京东等企业也从自身角度入手,通过建立实验室、布局生态链等形式入驻人工智能领域;科大讯飞、思必驰、旷视科技等企业深耕技术;特斯联、小米等公司搭建平台,带动AI+IoT的发展。

算法、算力与大数据的提升将人工智能从科幻作品带入到日常生活中,人工智能开始影响传统的金融、医疗、安防、家电等多个行业,助力多个场景下的智能化。现阶段的智能化水平仍处于相对低智能阶段,作为里程碑的语音识别97%的准确率也是在相对安静、明晰的实验室说话环境中,人工智能进入日常生活场景中体验与之相比还有较大的差距,仍具有巨大的发展空间。

(二)人工智能概念的兴起

人工智能的定义可以分为两部分,即"人工"和"智能"。"人工"比较好理解,争议性也不大。有时我们会考虑什么是人力所能及制造的,或者人自身的智能程度有没有高到可以创造人工智能的地步,等等。但总的来说,人工系统就是通常意义下的人工系统。

人工智能的传说可以追溯到古埃及,但随着1941年以来电子计算机的发展,技术已最终可以创造出机器智能,人工智能(artificial intelligence,AI)一词最初是在1956年达特茅斯学院的夏季研讨学会上提出的,从那以后,研究者们发展了众多理论和原理,人工智能的概念也随之扩展,在它还不长的历史中,人工智能的发展比预想的要慢,但一直在前进,从出现至今,已经出现了许多AI程序,并且它们也影响到了其他技术的发展。

人工智能是一门前沿交叉学科,目前还没有统一的定义。人工智能是研究如何让计算机去完成以往需要人的智力才能胜任的工作,也就是研究如何应用计算机的软硬件来模拟人类某些智能行为的基本理论、方法和技术,包括计算机视觉、语音语义识别、机器学习等。

(三)人工智能产业发展历程分析

1. 人工智能发展历程分析

12岁那年,约翰·麦卡锡读到了埃里克·坦普尔·贝尔的《数学大师》一书,于是确定了自己一生的职业。数年过后,在申请大学材料中描述未来计划时,他只写了简单的一句话:"我打算成为一名数学教授。"当他前往普林斯顿大学读研究生时,便迅速拜访了应用数学家、物理学家约翰·冯·诺依曼,后者在现代计算机基本设计的定义中起到了关键作用。

当时,人工智能的概念已经在约翰·麦卡锡的头脑中发酵,只不过那时的他还没有找到合适的词来形容这一概念,这个词等到5年之后,也就是1956年才出现。在加州理工学院参加"希克森关于行为中的脑机制研讨会"时,他第一次产生了这样的概念。

1952年夏,约翰·麦卡锡和马文·明斯基加入了埃里克·坦普尔·贝尔实验室,成了被誉为"信息论之父"的数学家兼电气工程师克劳德·香农的研究助理。在这里,他接触了对生物生长模拟的程序——自动机,并对此产生了浓厚的兴趣,只不过"自动机"这个词却让约翰·麦卡锡有些无奈,因为这听起来似乎远离了智慧的范畴。

1956年,在约翰·麦卡锡帮助组织、由洛克菲勒基金会赞助的"达特茅斯暑期人工智能项目"中,约翰·麦卡锡支持使用"人工智能"一词。而一个令人意想不到的后果是,这个词暗示了用机器代替人类头脑的想法,这在后来导致科研人员分成了人工智能和智能增强(intelligence augmentation,IA)两大阵营。事实上,这一学科的其他候选名字包括:控制论、自动机研究、复杂信息处理以及机器智能。

约翰·麦卡锡曾指出,达特茅斯学院夏季研讨学会的提案并不涉及对人类行为研究的批评,"因为(他)认为这两者是不相关的"。约翰·麦卡锡认为"人工智能"一词与人类行为几乎毫无关系,它唯一可能暗示的是机器可以去执行类似人类执行的任务。

20世纪80年代,专家系统开始由理论研究走向实际应用,人工智能进入第二次繁荣。专家系统一般采用人工智能中的知识表示和知识推理的技术来模拟通常由领域专家才能解决的复杂问题。1980年卡内基梅隆大学为DEC(Digital Equipment Corporation,美国数字设备公司,后被康柏收购)设计了一个名为XCON的专家系统,取得了巨大的成功,在那个时期,它每年可为该公司节省4000万美元。但是由于XCON等最初大获成功的专家系统的实用性仅仅局限于某些特定场景,而且难以升级,维护费用也居高不下,导致第二波浪潮迅速由热转冷。

互联网兴起产生的海量数据,以及摩尔定律带来的计算力的突飞猛进,推动了深度学习技术在人工智能领域的普及,促进了语音识别、图像识别等技术快速发展并且迅速产业化。1993年至今,AI快速发展;1994年,美国科学家Jonathan Schaeffer的人工智能程序Chinook第一次战胜西洋跳棋世界冠军;1997年,IBM公司的"深蓝"超级电脑战胜国际象棋世界冠军Garry Kasparov;2006年,Geoffrey Hinton提出"深度学习"神经网络;2011年,IBM沃森参加Jeopardy!节目,最终打败了人类选手;2016年,AlphaGo击败韩国九段围棋选手李世石,AI彻底走入大众的视野。

2. 人工智能发展阶段分析

人工智能的目标是能够胜任一些通常需要人类智能才能完成的复杂工作,帮助人类以更高效的方式进行思考与决策。

按照人工智能的"智能"程度,人工智能分成狭义智能、广义智能、超级智能三个大的发展阶段。狭义智能包括计算智能和感知智能两个子阶段。计算智能指的是机器开始具备计算与传递信息的功能;感知智能指机器开始具备"眼睛"和"耳朵",即具备图像识别与语音识别的能力。现阶段的图像与语音识别水平标志着人类已经基本实现狭义智能,正在向广义智能的阶段迈进。广义智能指机器开始具备认知能力,能像人类一样获取信息后主动思考并主动采取行动。在这个阶段,机器可以全面辅助或代替人类工作。最后机器将发展到超级智能阶段,在这个阶段的机器已经完成了对人类现有工作的替代,甚至于在多个领域超过人类。

美国未来学家雷·库兹韦尔说:"2045年左右,人工智能将来到一个'奇点',跨越这个临界点,人工智能将超越人类智慧,人们需要重新审视自己和机器的关系。"在现阶段,人工智能已经在多个场景中实现对人力的替代,并强化人类的听觉和视觉等多种感知。将人类的智能进行数字化演变,并进一步延伸其能力。人工智能究竟是人类智能的增强还是人类智能的替代,还需要进一步思考。

(四)中国人工智能产业政策环境分析

政策推动人工智能发展,人工智能的发展离不开政策的支持,中国这一波人工智能热潮除了技术驱动之外,也有赖于中国政府的大力推动。国家先后出台多项制度,从国家政策角度推动国内人工智能产业的发展。

2015年5月,国务院印发《中国制造2025》,其中"智能制造"被定位为中国制造的主攻方向。

2015年7月,国务院印发《关于积极推进"互联网+"行动的指导意见》,将人工智能列为重点布局的11个领域之一。

2016年3月,《国民经济和社会发展第十三个五年规划纲要(草案)》发布,国务院提出,要重点突破新兴领域的人工智能技术。

2016年5月,发改委、科技部、工信部和中央网信办联合印发《"互联网+"人工智能三年行动实施方案》,提出"形成千亿级的人工智能市场应用规模"。该方案表示,到2018年,中国基本建立人工智能产业体系、创新服务体系和标准化体系,培育若干全球领先的人工智能骨干企业,形成千亿级的人工智能市场应用规模。

2017年3月,人工智能首次被写入国务院的政府工作报告,正式进入国家战略层面。

2017年7月,国务院印发《新一代人工智能发展规划》,提出了"三步走"的战略目标,宣布举全国之力在2030年中国人工智能产业竞争力达到国际领先水平。

2017年中国共产党第十九次全国代表大会召开,习近平总书记再次提出加快建设制造强国,加快发展先进制造业,推动互联网、大数据、人工智能和实体经济深度融合。

可以看出自2015年以来人工智能政策密集出台,在全球竞争的背景下,人工智能已经上升为国家意志。

1)"中国制造"助力人工智能

2015年5月,国务院印发《中国制造2025》,其中"智能制造"被定位为中国制造的主攻方向,高档数控机床和机器人等领域归于十大重点领域中。

智能制造是基于物联网、云计算、大数据等新一代信息技术,贯穿于设计、生产、管理、服务等制造活动各个环节,具有信息深度自感知、智慧优化自决策、精准控制自执行等功能的先进制造过程、系统和模式的总称。在国际金融危机之后,欧美国家先后将"再工业化"列为国家战略,美国制订了先进制造业国家战略计划,德国推出了"工业4.0"战略,将智能制造与工业生产相结合,从国家战略的角度促进人工智能产业的发展。而中国"工业4.0"和"智能制造"发展方向的提出,也从国家战略的角度推动工业智能化发展。人工智能被称为第四次工业革命,驱动传统制造业更加智能化,而智能化成为各国核心竞争力的发力点,《中国制造2025》的提出将推动中国制造向智能制造方向发展。

2)"互联网+"促进人工智能发展

2000年互联网+概念提出,中国互联网快速发展,移动互联网网民数量急速扩张,伴随着智能手机等智能硬件的渗透,多个行业正面临着互联网转型,互联网服务正从多个维度颠覆传统行业。

互联网的发展使用户从线下场景迁入线上场景,进入流量为王、数据为王的时代,伴随着海量数据以及服务的不断优化,传统的需要面对面调研才能获取的用户数据被各类APP及数据分析取代,而数据的使用为人工智能发展奠定了基础。通过数据分析用户需求并实现个性化服务成为互联网+的主要路径。

另一方面,互联网化带来了产品的革新,在线上线下服务结合的同时,智能化产品开始越来越多地为用户提供服务,用户对智能化、个性化的需求越来越强烈。

在用户诉求及产品创新的共同推动下,互联网产品进入技术驱动、算法驱动时代,比如今日头条通过算法为用户提供千人千面的个性化推荐,又如特斯联智能通行等产品接入人脸识别、指纹识别等功能,在办公楼及社区生活中提供安防服务。

互联网+将裹挟着更多的企业及行业进入互联网化的浪潮中,而互联网的发展恰恰为物联网奠定了基础,在传感器、数据、人工智能技术的大力发展之下,物联网时代正逐步到来。

二、人工智能产业发展现状分析

(一)人工智能产业图谱

人工智能覆盖的产业相对较广,包括基础层、技术层和应用层,涵盖多种不同的技术及应用场景。当前国内人工智能领域产业格局尚未成熟,上中下游均具有较大的发展空间。但在中国人工智能市场中,核心基础设施层面仍依赖国外市场,芯片、算法等核心技术掌握在国外厂商手中,国内也看到市场中的不足,寒武纪科技、地平线机器人、图灵机器人等企业积极进军基础层,有望实现弯道超车。

中国人工智能产品生态图谱如图 5-1 所示。

图 5-1　中国人工智能产业生态图谱

在技术层中,集中了大量深耕垂直细分领域的创业公司,现阶段主要技术以机器学习、语音识别/自然语音处理和计算机视觉最为火热,创业公司与科技巨头共同发力,推动技术升级,扩展行业应用场景。

应用层领域涉及多个行业多个场景,包括智能驾驶、智能家居、智能医疗等,人工智能技术将与传统行业结合,影响行业变革。

(二)人工智能产业链分析

互联网和科技巨头是人工智能产业发展最重要的力量,具备数据、技术、资本等优势,结合自主研发和兼并收购,在 AI 领域进行全方位跨层次布局,引领行业发展。其中,具有综合数据优势的互联网企业如 Google、百度等,全面布局人工智能产业;基于场景的互联网企业如 Facebook、苹果、亚马逊、阿里巴巴、腾讯等,将人工智能与自身业务深度结合,不断提升产品功能和用户体验;传统科技巨头企业,如 IBM、微软等,面向企业级用户搭建智能平台系统;硬件巨头企业如英特尔、英伟达等,具有较强的行业壁垒,积极布局产业链下游。

人工智能产业链分为基础层、技术层、应用层。其中,基础层包括芯片、大数据、算法系统、网络等多项基础设施,为人工智能产业奠定网络、算法、硬件铺设、数据获取等基础,英伟达等上游厂商正大力发展相关技术,从而入驻人工智能产业,并建立开源平台。更为用户所熟知的是人工智能技术层,包括目前发展势头较盛的计算机视觉、语音语义识别、机器学习、知识图谱等,多数人工智能技术公司以某一或多个技术细分领域为切入点,深耕技术实力。而最终人工智能技术能否落地且产生巨大的商业效益,还需要应用层中多个场景的应用。目前人工智能技术已经应用到多个场景中,覆盖多个行业,包括金融、安防、智能家居、医疗、机器人、智能驾驶、新零售等多个场景。

在人工智能产业链中,基础层把控在巨头手中,占据先发优势,技术层细分领域竞争激烈,头部厂商技术差别逐渐缩小,技术无优势的企业逐渐被淘汰。应用层市场空间大,参与企业众多,通过整合技术、软件等多种资源,发展垂直应用,解决行业痛点,实现场景落地。其中以 Google、亚马逊、微软、百度为代表的科技巨头在上中下游产业链中都有所布局,利用本身的数据、技术、人才、资本优势,通过收购、投资、自主研发等形式,实现全方位跨层次布局,而巨头的入驻将进一步盘活市场资源,打通行业壁垒,试验新的商业模式,从而带动整个行业的发展。

(三)人工智能产业生态分析

1. 基础资源支持层

1)芯片

由于人脑的机理尚未被完全揭示,类人脑计算机只能采用现有的芯片和软件技术来模拟,但是其运行机理已完全不同于传统的计算机,芯片正式成为计算机的核心,是人工智能的"大脑"。

在机器智能中,芯片是承载计算功能的基础部件,随着深度神经网络的发展和应用,其多层级特点的计算需求已不能通过传统的 CPU(中央处理器)来满足,而 GPU(图形处理器)具有适合深度学习所需的并行计算能力,关注度日益提高。除此之外,TPU(张量处理器)以及 FPGA 芯片也成为目前发展较快的人工智能芯片。在芯片上布局的厂商以英伟达、英特尔、高通、ARM、苹果、华为等厂商为主。

英伟达通过 GPU 在深度学习中的出色性能迅速切入人工智能领域,又通过打造英伟达运算平台大大提升其编程效率、开放性和丰富性,建立了包含 CNN(卷积神经网络)、DNN(深度神经网络)、深度感知网络、RNN(循环神经网络)、LSTM(长短记忆网络)以及强化学习网络等算法的平台。如今,英伟达的芯片越来越多地被应用在计算机以外的设备上,如 VR(虚拟现实)设备、无人机、机器人、无人驾驶汽车,更重要的是其逐渐成为人工智能服务器的新核心。

2016 年 8 月,英特尔收购美国创业公司,其深度学习芯片 Engine 的处理速度是 GPU 的 10 倍。2017 年 GPU 技术大会上,英伟达公布了新一代处理器架构 Volta,以及使用这一架构的深度学习加速卡。

2016 年年底,AMD 发布了三款针对深度学习的处理器加速解决方案。2017 年英国 ARM 公司发布了 AI 进行优化的 DynamIQ 技术,实现了在单一计算集群上进行大小核配置,对每一个处理器进行独立的频率控制以及开、关、休眠状态的控制,可以实现在不同任务间的高效无缝切换。

2016 年 5 月,Google 发布专门为机器学习优化的专用处理器 TPU,并宣布 AlphaGo 的计算硬件核心便来自于此。高通在 2016 年发布了神经处理引擎 SDK 包,支持主流的深度学习框架 Caffe、TensorFlow 等,在高端芯片上提供人工智能所需要的计算能力,并继续发力手机和汽车。2017 年,通信设备制造商华为发布手机人工智能芯片麒麟 970。

同时一些没有芯片研发背景的公司也纷纷加入战局,2015 年,微软开始实践 CPU + FPGA 组合的应用。2016 年,亚马逊 AWS 推出基于 FPGA 的云服务器产品。百度与浪潮合作设计专用的芯片服务器主板,阿里云对外宣布为其人工智能系统储备了英特尔和赛灵思等芯片厂商 FPGA 产品。创业公司中地平线以"BPU"命名其人工智能芯片产品,并提供人工智能解决方案;寒武纪科技拥有 100 多件专利和自己的指令集系统。

人工智能应用场景将不再是单一类型的终端设备,嵌入式人工智能设备对高性能计算的要求更加急迫,比如自动驾驶汽车、处理监控视频的交通安防领域计算平台、机器人、无人机、智能家居等产品都需要芯片的支持,这都对芯片公司提出了新的要求,芯片未来将能够提供更为多元化的服务。

　　2）大数据

　　海量数据是人工智能发展的基础,各类硬件和传感器的数据是未来大数据的核心,伴随着物联网的发展,数据开始以指数级规模增长,大量数据应用到人工智能算法模型的训练中,AI 得以快速发展。而人工智能的技术也快速应用到大数据分析中,通过 AI 挖掘丰富数据背后的价值,数据科学家的部分工作将会越来越自动化,从而可以极大地提高生产力。同时,应用于营销、监测等方向的 BI(商务智能)平台日趋多样,也带动了分析层的不断完善。

　　在应用层面,随着一些核心基础设施问题的解决,大数据应用层正在快速构建。一方面,专门的大数据应用几乎在任何一个垂直行业都有出现。另一方面,在企业内部,已经出现了各种工具来帮助横跨多个核心职能的企业用户。例如,销售和营销的大数据应用通过处理大规模的内外部数据来帮助找出哪位客户可能会购买、续约或者流失,且速度越来越实时化;人力应用帮助找出如何吸引和挽留最好的员工等。越来越多的大数据使用者已经无须了解大数据底层部署技术而直接使用。

　　大数据与人工智能相辅相成,在人工智能的加持下,海量的大数据对算法模型不断训练,又在结果输出上进行优化,从而使人工智能向更为智能化的方向进步,大数据与人工智能的结合将在更多领域中突破人类所能够做到的极限。

　　3）开源平台

　　深度学习系统一方面需要利用庞大的数据对其进行训练,另一方面系统中存在上万个参数需要调整,因此需要平台对现有数据及参数进行整合,向开发者开放,实现技术应用价值的最大化,因此在芯片和大数据之外,IT 巨头争相开源人工智能平台,各种开源深度学习框架层出不穷。2015 年以来,全球人工智能顶尖巨头陆续开源自身最核心的人工智能平台,其中包括:Caffe、CNTK、MXNet、Neon、TensorFlow、Theano 等。

　　人工智能技术正在逐渐发展,距离真正的成熟期还有很长的路要走,而单单依靠有限的企业去推动整个技术的发展,力量相对有限,通过开源人工智能平台,能够群策群力,将更多的优秀人才调动到人工智能系统的开发中。

　　开源人工智能平台可以增强云计算业务的吸引力和竞争力,比如用户使用 Google 开源的 TensorFlow 平台训练和导出自己所需要的人工智能模型,然后把模型导入 TensorFlow Serving 对外提供预测类云服务,实质上是将开源深度学习工具用户直接变为其云计算服务的用户,现阶段包括阿里、亚马逊在内的云计算服务商都将机器学习平台嵌入其中作为增强其竞争实力和吸引更多用户的方式,同时开放的开发平台将带来下游应用的蓬勃发展。

　　Google 作为人工智能领域的科技巨头,在软硬件领域都有布局,通过结合开源平台、智能芯片和相关硬件,Google 建立了完整的人工智能生态。其中 Google 自主研发的深度学习开源平台 TensorFlow,可编写并编译执行机器学习算法代码,并将机器学习算法变成符号表达的各类图表。

　　2. 技术实现路径层

　　技术层指在基础层之上,结合软硬件能力所实现的针对不同细分应用开发的技术。主要技术领域包括图像识别、语音识别、自然语言处理和其他深度学习应用等。涉及的领域包括机器视觉、指纹识别、人脸识别、视网膜识别、虹膜识别、掌纹识别、专家系统、自动规划、智能搜索、定理证明、博弈、自动程序设计、智能控制、机器人学习、语言和图像理解、遗传编程等。除综合性科技巨头外，创业企业也依赖自身技术积累和细分领域的积累快速崛起，目前技术层企业在计算机视觉、语音识别等领域竞争激烈。

技术层涵盖的厂商以科技巨头、传统科研机构及新兴技术创业公司为主。在发展路径上以 2B、2C 或 2B2C 为主。一方面面向企业级用户，为应用层厂商提供技术支持，一方面研发相应的软件及硬件产品，直接面对消费者，或是提供车载、家居等产品的人机交互技术，从而满足用户需求。

科技巨头仍然掌握技术、数据、资金优势，生态链相对完整。科大讯飞等传统技术厂商，具有强大的科研背景，掌握一定的研发能力，同时获得政府的支持，与相关政府机构合作获取大量的数据来源，强化人工智能技术。创业公司深耕垂直领域，创始团队多是技术专家，掌握研发技术，通过融资等方式弥补资本不足，逐渐积累资金、人才、技术实力，专攻细分领域，可以快速实现技术的落地，而其技术上的创新也弥补了传统技术提供商及科技巨头的不足，能够在竞争中实现技术的成熟。

1）机器学习

2015 年以来，人工智能开始大爆发。一方面是由于巨头整合了开源平台和芯片，技术快速发展，GPU 的广泛应用，使得并行计算变得更快、更便宜、更有效。另一方面在于云计算、云存储的发展和当下海量数据的爆发，各类图像数据、文本数据、交易数据等为机器学习奠定了基础。机器学习利用大量的数据来"训练"，通过各种算法从数据中学习如何完成任务，使用算法来解析数据、从中学习，然后对真实世界中的事件做出决策和预测。

深度学习（deep learning）是机器学习的重要分支，作为新一代的计算模式，深度学习力图通过分层组合多个非线性函数，来模拟人类神经系统的工作过程，其技术的突破掀起了人工智能的新一轮发展浪潮。深度学习的人工神经网络算法与传统计算模式不同，深度学习本质上是多层次的人工神经网络算法，即模仿人脑的神经网络，从最基本的单元上模拟了人类大脑的运行机制，它能够从输入的大量数据中自发地总结出规律，再举一反三，应用到其他的场景中。因此，它不需要人为提取所需解决问题的特征或者总结规律来进行编程。

深度学习的典型代表就是 Google AlphaGo。AlphaGo Zero 采用纯强化学习的方法进一步扩展了人工智能技术，不需要人类的样例或指导，不提供基本规则以外的任何领域知识，在它自我对弈的过程中，神经网络被调整、更新，以预测下一个落子位置以及对局的最终赢家，并以 100∶0 的战绩击败 AlphaGo。

深度学习使得机器学习能够实现众多的应用，使所有的机器辅助功能成为可能，拓展了人工智能的领域范围。

2）自然语言处理/语音识别处理

语音识别与自然语言处理是机器能够"听懂"用户的主要技术基础，其中语音识别注重用户语言的感知，目前在中文语音识别上国内已经达到 97% 的语音识别准确率。语音识别是机器感知用户的基础，

在听到用户的指令之后，更为重要的是如何让机器懂得指令的意义，这就需要自然语言处理将用户的语音转化为机器能够反应过来的机器指令，包括自然语言理解、多轮对话理解、机器翻译技术等。

对于语音识别技术而言，率先发展起来的服务机器人和语音助手已占据数据积累的领

先地位,在家居、出行、运动等多个场景中,语音交互将率先迎来爆发,智能音箱、智能车载、智能手表等产品中,通过接入语音交互技术,实现随身陪伴、语音助理的功能。国内现已涌现出一批发展较好的智能语音相关企业,其中技术领先和产品成熟的企业主要有科大讯飞、百度、思必驰、出门问问等。

智能音箱的远场语音识别和语音助手的近场语音识别都有所进步,语音识别经过几年的技术积累已相对成熟,厂商仍在发展方言识别等更为精准的识别方式。在自然语言处理领域,多轮对话理解日益完善,但语义理解仍然具有一定的缺陷,距离机器理解人类,实现自然的人机交互还有很长的路要走。此外,在语音合成、声纹识别等领域中,厂商也在逐步布局。

3)计算机视觉应用

计算机视觉指利用计算机来模拟人的视觉功能,是机器能够"看懂"周围环境的计算基础,从技术流程来看,包括目标检测、目标识别和行为识别三部分。根据识别的种类不同又分为图像识别、人脸识别、文字识别等。通过计算机视觉技术可以对图片、实物或视频中的物体进行特征提取和分析,从而为后续动作提供关键的感知信息,目前计算机视觉人脸识别技术在静态场景准确率可达99.9%。

近年来,与计算机视觉相关的视频监控和身份识别等行业市场规模均逐渐扩大。伴随着技术的发展,计算机视觉技术和应用逐渐趋于成熟,被广泛应用到金融、安防、电商等场景中,技术进一步实现场景化落地。计算机视觉也成为目前人工智能领域最为火热和应用最为广泛的领域之一。国内企业,尤其是创业公司深耕技术能力,已具备国际领先的技术水平,这些典型企业包括旷视科技、商汤科技、依图科技、格林深瞳、云从科技等。

计算机视觉厂商主要走技术和解决方案提供商的路径,通过研究通用型的技术,深耕图像处理和图像分析,提供软硬件全套服务,开放程序接口供其他厂商使用,比如商汤科技、旷视科技。另外一部分厂商走技术应用的路径,将技术接入不同的领域和场景中,以技术为基础实现场景化落地,为用户提供服务,比如特斯联的未来城市人口管理系统。

计算机视觉应用场景分析如图5-2所示。

随着计算机技术的发展,人类开始能够进行复杂的信息处理,并通过计算机实现不同模式(文字、声音、人物、物体等)的自动识别。但当前不存在一种单一模型和单一技术能够实现对所有的模式识别问题的解决,而是需要在具体场景中使用多种算法和模型。

3. 应用实现路径层

人工智能利用其技术可以为多个行业赋能,实现人工智能与行业的深度结合,包括AI+金融、AI+医疗、AI+安防、AI+家居、AI+教育等,实现传统行业的智能化。金融、医疗、安防等行业与用户生活息息相关,且存在大量耗费人力和物力、可程序化、可优化的工作内容,因此在相关领域和场景中,率先实现AI+。

各垂直领域中,传统厂商具备产业链、渠道、用户数据优势,正通过接入互联网和AI搭载人工智能的浪潮进行转型。创业公司深耕垂直领域快速崛起,出门问问、优必选、特斯联等独角兽企业引领各自领域中的市场发展,致力于推动技术进步、场景落地,并搭建平台,不断接入更多厂商,强强结合,提供更为完善的服务。

应用层厂商更多直接面对用户,或者是遵循2B2C的发展路径,相较于技术层和基础层,具有更多的用户数据,也需要进一步打磨产品,满足用户需求。

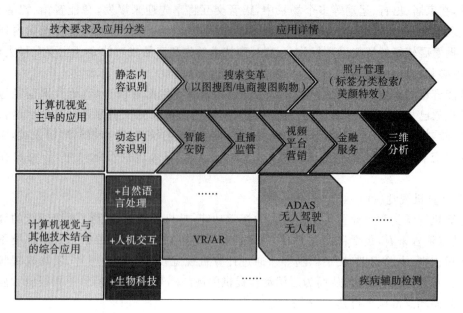

图 5-2 计算机视觉应用场景分析

三、人工智能技术主要应用领域分析

人工智能技术日益成熟,商业化场景逐渐落地,智能家居、金融、医疗、驾驶、安防等多个行业成为其主要的应用场景,本次分析将分析重点落在安防、金融、智能家居、医疗四个部分,详细分析不同场景下人工智能技术的发展和应用。

(一)安防领域

1. 安防领域急需人工智能技术协助

安防行业的发展经历了几个阶段,首先是传统的模拟监控,安防系统用户主要以政府部门为主,随着国民生活水平的提高,数字监控应运而生,安防用户逐渐增多,图像实现数字化储存,之后又发展到高清化监控,视频监控系统与用户业务系统开始进一步融合。

随着物联网技术的发展,传统简单被动的安防形式已无法满足日常多样化的生活和工作场景,在大数据、人工智能等技术的带动下,安防向城市化、综合化、主动安防方向发展,智能安防成为当前发展的主流趋势,其应用覆盖了金融、交通、教育等行业,囊括银行机构、政府、学校等公共场所和家庭场所。通过无线移动、跟踪定位等手段实现全方位的立体安防,同时与整体城市管理系统、环境监测系统、交通管理系统、应急指挥系统等多个系统相互作用,最终实现万物互联下的全方位安防体系。

从安防手段的应用来看,主要分为政府主导的治安监控、交通监控以及商用的办公楼监控和个人/家用的家庭住宅安防布局。比如利用人脸识别技术对海关、机场等场所的出入境人员进行监控,防范犯罪分子;在金融信贷、支付等领域通过人脸识别实现个人信息的管理和交易等。以视频、光学为核心的安防技术已经广泛应用到各行各业,泛安防时代已经到来。

2. "人工智能+安防"之图像识别

在视频监控飞速发展的今天,安防产品不断增多,视频监控画面的信息已成海量,远远超过了人力所能进行的有效处理范围。传统的采用人工回放录像取证的方式具有效率低下,容易出错的缺点。而人工智能技术恰好具有处理海量信息的能力,也能在技术的基础上实现实时监控、基准判断。

图像识别技术不仅可以实现静态识别,也可以完成动态识别。通过对图像内容的迅速分析,信息分析平台可以监测出可视范围内的人群数量,并且捕捉每个个体的行为动作,形成重点场所及区域的面状布防。

智能视频分析(intelligent video analysis,IVA)技术是解决海量视频数据处理的有效途径。IVA 采用计算机视觉方式,主要应用于两个方面:一是基于特征的识别,主要在于车牌识别、人脸识别;二是行为分析技术,包括人数管控、个体追踪、禁区管控、异常行为分析等,可以应用到监测交通规则的遵守、周界防范、物品遗留丢失检测、人员密度检测等。通过对视频内的图像序列进行定位、识别和追踪,智能视频分析能够做出有效分析和判断,从而实现实时监控并上报异常。

3. "人工智能+安防"之人脸识别

人脸识别是基于人的脸部特征信息进行身份识别的一种识别技术。人脸识别技术被广泛应用于金融、安防、交通、教育等相关领域,主要应用场景包括企业、住宅的安全管理;公安、司法和刑侦的安全系统;自助服务等。刷脸支付、刷脸进站等项目逐渐实现。

人脸识别包括1∶1的人脸对比和1∶N 的人脸对比。1∶1 人脸对比主要指用户真实脸部信息与用户提交的身份证信息进行比对,常见于银行等金融机构和公安系统。1∶N 人脸对比更常见于刑侦和国家安防领域,能够通过与 face ID 库的对比,快速找到犯罪分子或失踪人员,1∶N 人脸识别精度难度要远远高于1∶1 人脸识别。厂商也针对1∶N 人脸识别的精确度做了技术深耕,百度曾宣布百度大脑的1∶N 人脸识别检测准确率已达 99.7%。目前,人脸关键点检测技术可以精确定位面部的关键区域,还可以做到支持一定程度遮挡以及多角度人脸,活体检测及红外光识别技术有效阻挡了照片、手机视频等二维人像的作弊行为,使 3D 人脸识别准确率大幅度提升。但双胞胎识别、整容易容前后的识别依然是人脸识别的难点,因此需要虹膜识别等其他识别技术进行补充。

人脸识别技术的另一个关键层面在于 face ID 库的建立,3D 人脸识别数据采集相对困难,采集数据量十分巨大,对计算机计算存储能力要求较高,face ID 库的数据量是人脸识别技术算法训练的基础,数据量越大,准确度越高。各厂商仍需继续扩充自身的 face ID 库规模。

4. "人工智能+安防"之国家安防

从下游应用领域来看,目前平安城市、智能交通仍然是安防行业最大的下游应用领域,与政府公安相关的交通、道路视频监控仍然是安防行业最重要的应用环节。

作为关系到百姓日常生活的重要部门,公安及安防行业的信息化、智能化提升迫在眉睫。而伴随着人工智能技术的发展,国家对公安及安防相关部门持续投入并建设大规模的基础设施,同时在人工智能技术迭代下,技术厂商需要大量的数据进行算法训练,因此,双方需求实现有效结合,人工智能技术快速在国家安防领域落地开花。

计算机视觉广泛应用于飞机场、火车站等公共场合,在大规模视频监控系统中可实现实时抓拍人脸、布控报警、属性识别、统计分析、重点人员轨迹还原等功能,并做出及时有效的智能预警,且对抓获有作案前科的惯犯帮助很大,目前多应用于公安事前、事中、事后敏感人员布控、失踪人员查找等。安全布防需要消耗大量的警力资源,尤其是运动会、国家会议、演唱会等重点区域和重点活动的安防,在这些领域,已经开始出现人工智能产品的身影,包括实时监测系统、巡逻机器人、排爆机器人等,未来这些机器人也将会更多地替代传统安防体系中重复且低效的工作,节省警力资源。

5. "人工智能+安防"之民用安防

随着网络建设的完善、视频监控的高清化、硬件产品的发展和云端的成熟,安防领域进入快速发展期,从传统前端基础建设向后端进行深化应用,安防进入智能安防时代。行业化细分明显,厂商推出多行业的综合解决方案和个性化定制方案。

2016年国家提出开放式住宅小区建设,安防产品逐步民用化,包括在小区、办公楼等场景下的监控、楼宇对讲、智能家居等产品,民用安防市场发展空间巨大。企业安防及家庭安防关乎个人的生命、财产安全,通过门禁、监控设置的铺设,人口密集区建立起完善的安防体系。而现有的摄像头、智能门锁、闸机等硬件的发展,为立体安防奠定了基础。

6. "人工智能+安防"的未来发展趋势

1) 安防产品不断迭代和创新,立体安防体系将逐渐形成

门锁、摄像头等安防产品向智能化发展,而芯片的发展、人工智能技术的发展将推动现有安防产品功能的完善,包括智能IPC、智能DVR和智能NVR等产品。设备的优化及组网的灵活有利于安防产品大规模部署,未来安防体系将更为完善。智能门锁与报警器、监控、门禁等多种安防产品相互配合,共享数据,形成较为立体、实时的安防体系。视频图像的联网调度和信息资源共享,使得安防由被动防范向提前预警方向发展,随着数据资源在不同安防云端的共享,安防产品将实现对危险分子的主动识别,安防行为由被动向主动转变。

2) 智能安防将逐渐云端化

4K摄像机及4K监控系统不断发展,特征识别与视频智能分析应用于安防体系中,提高了安防的时效性、安全性和精准度。随着安防产品的增多及清晰度的增加,安防体系中存储的信息将呈指数级增长,云端成为安防体系的必要基础设施,一方面存储大量的视频及用户信息,另一方面在云端进行数据处理,优化图像识别等算法。

未来,安防产品的服务将越来越多,通用型安防产品及服务逐渐兴起,智能化安防产品将以服务模块的方式服务于不同的行业和不同的场景,从而实现资源按需分配,进而满足客户需求,并提高资源利用率。

(二)金融领域

人工智能基于智能增强和简易劳动力替代的发展逻辑可以满足金融领域的多种刚需,解决其多个痛点,有利于提升金融企业的工作效率,进一步降低成本。近年来,无论是传统金融机构、互联网巨头,抑或是创业公司纷纷开启"人工智能+金融"应用的探索实践,摩根大通、花旗银行、招商银行、亚马逊、谷歌、蚂蚁金融服务、百度、京东金融等全球范围内的领先机构不断加大改善用户服务、增加收入的人工智能技术的应用。

1. 人工智能技术应用于金融行业迎多层利好

人工智能技术在金融行业的应用,无论是在政策环境、经济环境、技术环境还是在社会环境层面,都迎来诸多利好,助力人工智能技术与金融行业的深度融合。

1) 政策环境方面

国家出台系列支持人工智能技术发展的顶层规划,助力人工智能技术的发展,推进人工智能技术与产业融合创新。同时,基于普惠金融等需求,国家对金融行业提出自动化、智能

化发展要求。

2) 社会环境方面

随着中国经济的持续发展,居民人均可支配收入大幅增长,2016年全国居民人均可支配收入实际增长7.4%,居民对金融资产的配置需求加大,传统理财市场规模增长迅速,长尾客户需求提升,要求金融机构能够提供差异化财富管理方式,以降低资管门槛和运营成本,提升投资效率和回报率。

3) 经济环境方面

随着中国产业结构的持续升级,降低企业融资成本、提升资金利用率成为金融改革的要求。而在金融科技领域,2016年中国金融科技领域共发生46起投资案例,投资总额为46 000万美元,资本支持助推行业发展。

4) 技术环境方面

人工智能技术不断成熟,深度学习、计算机视觉、自然语言处理等技术的突破,为人工智能与金融的结合创造了技术基础。金融行业与整个社会存在巨大的交织网络,在长期的发展过程中,沉淀了海量数据,如客户身份数据、资产负债情况数据、交易信息数据等,金融业对数据的强依赖性为人工智能技术应用到金融领域做好了准备。

按金融业务执行前端、中端、后端模块来看,人工智能在金融领域的应用场景主要有智能客服、智能身份识别、智能营销、智能风控、智能投顾、智能量化交易等。这里简要分析智能身份识别、智能风控、智能投顾三类应用场景,并以"人工智能+金融"综合应用人工智能理财进行详细分析。

2. "人工智能+金融"之智能身份识别

身份识别主要通过人脸识别、指纹识别、声纹识别、虹膜识别等生物识别技术快速提取客户特征。近年来,金融机构对远程身份识别、远程获客需求日益增加,而人脸信息凭借易于采集、较难复制和盗取、自然直观等优势,在金融行业中的应用不断增加。人脸识别的流程主要包括:人脸检测、人脸特征提取、人脸匹配三部分。

人脸识别可实现客户"刷脸"即可开户、登录账户、发放贷款等,让金融机构远程获客和营销成为可能。在互联网金融领域,"刷脸"也可以应用到刷脸登录、刷脸验证、刷脸支付等诸多领域。同时,人脸识别亦可以成为银行安全防控手段的有效选择。银行安防的难点之一,是在动态场景下完成多个移动目标的实时监控,人脸识别技术在银行营业厅等人员密集的区域可有效实现多目标实时在线检索、比对,在ATM自助设备、银行库区等多个场景下都可应用。

3. "人工智能+金融"之智能风控

人工智能技术可以助力金融行业形成标准化、模型化、智能化、精准化的风险控制系统,帮助金融机构、金融平台及相关监管层对存在的金融风险进行及时有效的识别和防范。人工智能应用于金融风险控制的流程主要包括:数据收集、行为建模、用户画像及风险定价。

智能风控可以协助金融监管机构防范系统性金融风险。人工智能+大数据分析技术,可以助力金融监管机构建立国家金融大数据库,防范系统性金融风险。

在消费金融领域,自然语言处理、知识图谱及机器学习等人工智能技术,可提供更深入、有效的借款人、企业间、行业间不同主体的多维有效信息关联,并深度挖掘企业子母公司、产业链上下游合作伙伴、竞争对手、高管信息等关键信息,减少认知偏差,降低风控成本。

在信贷领域,智能风控可以应用到贷前、贷中、贷后全流程。贷前,助力信贷机构进行信息核验、信用评估、实现反欺诈;贷中,可以实现实时交易监控、资金路径关联分析、动态风险预警等;贷后,可以助力信贷机构进行催收、不良资产等价等。

4. "人工智能+金融"之智能投顾

智能投顾是指通过使用特定算法模式管理账户,结合投资者风险偏好、财产状况与理财目标,为用户提供自动化的资产配置建议。

根据美国金融业监管局提出的标准,智能投顾的主要流程包括客户分析、资产配置、投资组合选择、交易执行、组合再选择、税收规划和组合分析。客户分析主要通过问询式调研和问卷调查等方式收集客户的相关信息,推断出客户的风险偏好以及投资期限偏好等因素,再根据这些因素为客户量身定制完善的资产管理计划,并根据市场变化以及投资者偏好等变化进行自动调整。智能投顾将有效降低投融资双方信息不对称与交易成本。

智能投顾发展的两大核心要素:一是自动化挖掘客户金融需求技术,帮助投资顾问更深入地挖掘客户的金融需求,智能投顾产品设计更智能化,与客户的个性化需求更贴近,弥补投资顾问在深度了解客户方面的不足;二是投资引擎技术,在了解客户金融需求之后,利用投资引擎为客户提供金融规划和资产配置方案,提供更合理、个性化的理财产品。

5. "人工智能+金融"之综合应用——人工智能理财

人工智能理财是通过算法和数据模型驱动,以用户偏好、财务状况等为基础,围绕客户生命周期的精细化管理、投资策略建议、客户服务、投后跟踪等一系列自动化、智能化、个性化的理财人工智能决策系统。

1) 人工智能理财是 AI 在金融领域的综合应用,以用户金融需求全生命周期为核心

人工智能理财涉及智能客服、智能投顾、智能风控等多个场景,是人工智能技术在金融领域的综合应用之一。人工智能理财以用户金融需求全生命周期为核心,有利于保障用户参与度,提升生命周期中每个节点的转化率,提升企业运营活动的必要性和有效性。

2) 人工智能理财产业结构相对清晰,标准的操作流程推动投资服务工具化

人工智能理财产业结构相对清晰,且相互渗透门槛较高,从类别上,包括提供数据资源、计算能力和硬件平台的基础层和着重于算法、模型及应用开发的技术层,而连接众多业务场景,实现数据及技术价值的商业化的应用层,形式有机器人投顾、虚拟个人助手、虚拟客服、语音输入法、人脸识别等。

在人工智能理财中,多种厂商发挥不同的价值。基础 IT 供应商集中在基础技术层,成为金融公司处理日常需要的科技,如邮件系统、财务系统等的供应商,在核心数据层,数据类服务商能够结合客户的消费偏好、资产、教育背景等,整合海量数据对其进行分析,从而实现全方位信息的获取、预测客户的消费趋向,并进一步向客户推荐合适的金融产品。在商业应用层,人工智能理财服务商成为金融产品销售提供第三方服务的科技平台。

目前,人工智能理财已经形成不同的服务模式,主要有利用 AI 技术进行客户识别分析,进行产品匹配的服务模式,以及利用 AI 技术进行产品组合优选的服务模式。

随着越来越多的人工智能理财机构的出现,人工智能理财在用户操作流程上有一定的趋同性。对用户理财认知及基本信息进行测评是应用服务开展的基础,进而在用户选择不同投资方向后,根据计算结果做出个性化推荐。

3) 人工智能理财发展趋势

目前,中国人工智能理财已经形成清晰的产业架构、不同服务模式及较为标准的操作流程,但结合目前中国国内金融理财市场的情况,人工智能理财也将面临诸多挑战。例如国内理

财产品与美国相比丰富程度不足,除了要考虑资产配置,还要考虑交易时间和成本。加上金融市场特殊的环境开放性程度以及信息不对称和实时高频的交易等特征,应用到人工智能领域的计算能力和大数据能力需要经得起多方磨合。

未来,在人工智能理财领域,单一的生态循环将被打破,开放平台将成为趋势。人工智能理财对精确数据的诉求会愈发强烈,驱动着人工智能理财开放平台的建立,各个巨头们将打破单一的生态循环,将更多的渠道和产品纳入自己的开发平台之中,以便获取更多的数据去帮助 AI 多维度地理解用户的需求,并做出相应的匹配,从而完成对数据的整合、加工。当应用层面更多用户以及更多的用户的需求被满足后,流量等附加价值显现,又能够对整个开放平台提供更多的有价值的数据,从而形成更加良性的生态循环。

6. "人工智能+金融"的未来发展趋势

1) 金融服务企业将向更高阶智能化方向演进

金融行业具有重复动作多、数据分析工作多以及安全隐患大的突出特点。如资料归档、业务咨询、固定业务办理等简单、重复、固定程序的工作,会耗费较多的人力与物力;在与数据分析相关的业务工作中,需要对客户数据、行业数据进行优化整合,提供更为精准的金融服务;在安全工作中,各类银行网点等金融系统的风险监控不容忽视。随着人工智能技术的发展,人工智能在金融行业的应用逐渐深入,未来,金融服务企业将向更高阶智能化方向演进,语音交互、计算机视觉、机器学习等人工智能技术将应用到智能客服、身份识别、风险控制、精准营销、量化投资、理财等各个金融服务环节。

金融服务企业演化方向分析如图 5-3 所示。

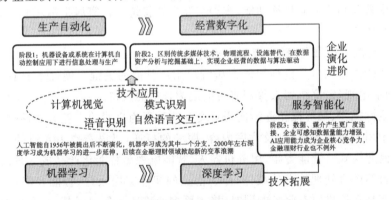

图 5-3　金融服务企业演化方向分析

2) 金融科技能力保障数据资产价值挖掘,将成为金融企业核心竞争力

金融在风险定价、流程规范等多方面具有明显的数字化特征,经营过程中产生的数据资产无疑是各企业的基础性资产,在此基础上,通过量化金融模型以及智能化算法可以更好地判别用户真实的风险承受水平、预期收益目标以及投资风格偏好等市场痛点,满足当前用户对新型金融服务的诉求,发力金融科技将会是移动金融平台的核心竞争力所在。

用户的交易数据、行为数据、资产数据、基本信息、位置信息等成为金融机构主要的用户价值,金融科技将通过人工智能技术提供隐私保护、智能投顾、身份认知、手机防盗量化技术等技术服务。

随着移动互联网的普及,线上交易行为增多,用户信用资产内涵逐渐拓宽,覆盖大量线上用户群体的平台将拥有独特优势,企业发力金融科技的最终目的是以数据为基础、技术为手段,协助优化金融行业的成本结构和收入结构,而企业的金融科技能力首先会在内部应用成型,未来进一步在开放平台策略下进行服务输出。

（三）智能家居领域

1. 人工智能在智能家居行业的应用背景

智能家居是以住宅为平台,基于物联网技术,由硬件(智能家电、智能硬件、安防控制设备、家具等)软件系统、云计算平台构成的一个家居生态圈,实现人远程控制设备、设备间互联互通、设备自我学习等功能,并通过收集、分析用户行为数据为用户提供个性化生活服务,使家居生活安全、舒适、节能、高效、便捷。智能家居包括家居生活中的多种产品,涵盖多个家居生活场景。

2. "人工智能＋家居"提升智能家居产品交互体验

语音交流更倾向于日常交流方式:通过人类的语言给机器下指令,从而完成自己的目的,而无须进行其他操作,这一过程将更为自然。同时语音交互在特定的场景中具有优势,比如远程操纵、在行车过程中等,能够实现在特定场景中解放双手,在家居相对封闭的环境中,语音识别成为主流的人机交互方式。

计算机视觉、手势识别等交互方式成为语音交互的辅助,Echo 在新推出的 Echo Show 产品中已搭载屏幕,而智能电视除语音交互之外,通过计算机视觉分析视频内容,并对内容相关的资料进行下一步操作,包括短视频剪辑、边看边买等,比如 Yi＋搭载在天猫魔盒中的"瞄一下"功能。再比如在智能冰箱中,通过计算机视觉实现对冰箱内食品的分析,以及衍生出的用户健康管理和线上购物等功能,多种交互方式将统一在家居生活场景中,从而提供更为自然的交互体验。

3. "人工智能＋家居"实现内容和服务的拓展

找到合适的语音入口是挖掘智能家居背后用户价值的关键。硬件本身具有入口价值,智能音箱、智能电视、家庭机器人等都有可能成为合适的入口。

传统的鼠标操作、触屏操作逐渐向语音交互这种更为自然的交互方式演进,语音交互的未来价值在于用户数据挖掘,以及背后内容、服务的打通,以语音作为入口的物联网时代将会产生新的商业模式。智能音箱、服务机器人、智能电视等智能化产品成为现阶段搭载语音识别技术和自然语言处理技术的载体,作为潜在的智能家居入口,智能音箱、服务机器人和智能电视等产品在提供原有服务的同时,接入更多的移动互联网服务,并实现对其他智能家居产品的控制。这些产品为付费内容、第三方服务、电商等资源开拓了新的流量入口,用户多方数据被记录分析,厂商将服务嫁接到生活中不同的场景中,数据成为基础,服务更为人性化。

4. "人工智能＋家居"的未来发展趋势

1) "人工智能＋家居"将带来更好的智能化、更高体验的人机交互

从最早的 WiFi 联网控制到如今的指纹识别、语音识别,人机交互性能大大提升,智能家居产品正在由弱智能化向智能化发展。而智能家居产品受众也将从尝鲜者转向更为普通的用户,甚至包括老人和小孩。更智能化的技术应用、更复杂的用户结构和更广泛的用户覆盖等因素必将促使智能家居产品趋于简单实用。

2) 智能家居将趋于系统化

搭载人工智能的多款产品都有望成为智能家居的核心,包括机器人、智能音箱、智能电

视等产品,提供儿童教育、老人陪伴、生活助理、健康监测等服务,智能家居系统将逐步实现家居自我学习与控制,从而提供针对不同用户的个性化服务。

目前智能家居仍处于从手机控制向多控制结合的过渡阶段,手机 APP 仍是智能家居的主要控制方式,但基于人工智能技术开发出来的语音助手、搭载语音交互的产品等软硬件产品已经开始进行市场教育,通过语音控制,多产品联动的使用场景逐步变为现实。未来人工智能将推动智能家居从多控制结合向感应式控制再向机器自我学习自主决策阶段发展。

(四)医疗领域

1. 人工智能在医疗行业的应用背景

目前,医疗行业存在医疗资源不足、医疗资源区域分布不均、医生培养周期长、医疗成本高、医疗误诊率高等诸多痛点。同时,随着人口老龄化逐渐加剧、慢性疾病增长,对医疗服务的需求增加。待解决的医疗痛点及逐渐增加的医疗服务需求成为人工智能技术应用于医疗行业的现实需求。

另一方面,政策在积极推动"人工智能+医疗"应用进程。2016 年 6 月,《国务院办公厅关于促进和规范健康医疗大数据应用发展的指导意见》提出健康医疗大数据是国家重要的基础性战略资源,需要规范和推动健康医疗大数据融合,支持研发健康医疗相关的人工智能、生物三维打印技术、医用机器人及可穿戴设备等。《国务院办公厅关于促进和规范健康医疗大数据应用发展的指导意见》的出台有利于进一步促进医疗大数据的规范化、标准化,进一步释放医疗大数据的价值,助力"人工智能+医疗"产业化提速。2017 年 7 月 8 日,国务院发布《新一代人工智能发展规划》,提出发展便捷高效的智能服务,围绕教育、医疗、养老等需求,加快人工智能创新应用。提出推广人工智能治疗新模式新手段,建立智能医疗体系开发人机协同的手术机器人、智能诊疗助手等,实现智能影像识别、病理分型和智能多学科会诊。智能健康和养老方面,提出加强群体智能健康管理,突破健康大数据分析、物联网等技术,构建安全便捷的智能化养老基础设施体系,加强老年人产品智能化和智能产品适老化等。

在医疗领域,人工智能技术应用前景广泛。从全球企业实践来看,"人工智能+医疗"具体应用场景主要有医学影像、辅助诊疗、虚拟助理、新药研发、健康管理、可穿戴设备、急救室和医院管理、洞察与风险管理、营养管理及病理学、生活方式管理与监督等。

2. "人工智能+医学影像"

人工智能+医学影像,是将人工智能技术应用在医学影像的诊断上,实际上是模仿人类医生的阅片模式。人工智能技术应用于医学影像的流程主要包括数据预处理、图像分割、特征提取和匹配判断四个流程。

"人工智能+医学影像"在阅片速度、准确度等方面优势明显。传统的医学影像中,影像科医生受读片速度的限制,读片量有限,阅片压力大。同时影像科医生多数情况下是凭经验进行判读,容易出现误判情况。人工智能强大的图像识别和深度学习能力有助于解决传统医学影像中存在的工作效率低、准确度低、工作量大的问题,弥补影像科医生不足,提升读片准确度,提高医生工作效率,缓解放射科医生压力。同时技术手段助力疾病早筛,及早为患者发现病灶,提高患者存活率。虽然影像识别在单病种的市场空间不大,但在政策推动背景下,影像科、检验科等科室市场化运营,成立病理中心,高端诊断服务将成为影像识别技术的巨大机会。

3."人工智能＋辅助诊疗"

"人工智能＋辅助诊疗"就是将人工智能技术应用于辅助诊疗中,让机器学习专家医生的医疗知识,通过模拟医生的思维和诊断推理来解释病症原因,最后给出可靠的诊断和治疗方案。在诊断中,人工智能需要获取患者病症,解释病症,通过推理判断疾病原因及发展走向,形成有效的治疗方案。辅助诊疗的一般模式为:获取病症信息,做出假设,制订治疗方案。

国外最早将人工智能应用于辅助诊疗的是MYCIN专家系统。中国从20世纪70年代末开始研制基于人工智能的专家系统,早期有北京中医学院(现改名为"北京中医大学")研制的"关幼波肝炎医疗专家系统"。20世纪80年代初,福建中医学院(现改名为"福建中医药大学")与福建省超级计算机中心成功研制林如高骨伤计算机诊疗系统。IBM Watson融合了认知技术、推理技术、自然语言处理技术、机器学习及信息检索等技术,是目前"人工智能＋辅助诊疗"应用中最为成熟的案例。IBM Watson已经通过了美国职业医师资格考试,并在美国多家医院提供辅助诊疗服务,IBM Watson可以在17秒钟内阅读3469本医学专著、248 000篇论文、69种治疗方案、61 540次试验数据、106 000份临床报告。

2017年8月20日,科大讯飞与安徽省立医院联合挂牌"安徽省立智慧医院(人工智能辅助诊疗中心)",这也预示着国内首家人工智能辅助诊疗中心正式投入使用。康夫子推出的智能问诊机器人已经进入三甲医院,各种信号预示着,在不远的将来,利用人工智能就诊时代将到来。

"人工智能＋辅助诊疗"服务基于电子处方、医学文献、医学影像等数据,寻找疾病与解决方案之间的对应关系,构建医学知识图谱,在诊断决策层面有效提高医生诊断效率。未来"人工智能＋辅助诊疗"市场空间巨大,尤其在基层常见病诊疗方面将发挥较大效能,有效提高基层医疗效率,降低医疗成本。

4."人工智能＋药物挖掘"

"人工智能＋药物挖掘"是将人工智能技术应用于药物临床前研究,快速、准确地筛选合适的化合物或生物,进而缩短药物研发周期,控制研发成本,提高新药研发效率。"人工智能＋药物挖掘"主要通过深度学习、自然语言处理技术分析和处理大量的生物科学信息,利用深度学习算法分析信息,找出关联并提出相应的候选药物,进一步筛选对某些特定疾病有效的分子结构。

"人工智能＋药物挖掘"模式分析如图5-4所示。

据塔夫茨大学统计,新药研发的整个流程大约需要10年,花费约为26亿美元。从时间和成本维度来看,新药研发流程存在巨大的优化空间。目前,人工智能技术在新药研发领域的应用主要集中在临床前研究和临床研究阶段。临床前研究阶段,主要集中在候选药物筛选和靶点发现阶段,通过深度学习、大数据分析等技术可以提高筛选效率,减少临床试验失败的概率,也有利于节省后续测试的时间和开支。在临床研究阶段,可以结合医院大数据,快速找到符合条件的患者。

"人工智能＋药物挖掘"有利于缩短新药研发周期,降低研发成本,提升研发效率。未来,通过低成本、高效率的药物挖掘研发有针对性的个性化药物将成为可能。

5."人工智能＋医疗"的未来发展趋势

1)"人工智能＋医疗"面临诸多挑战

首先,患者信任体系建立方面,患者的信任度是人工智能应用于诊疗环境的主要阻碍,

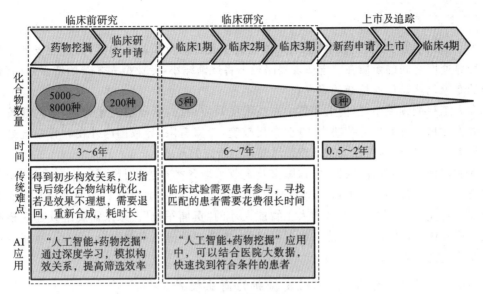

图 5-4 "人工智能＋药物挖掘"模式分析

如何构建一个合理的伦理道德与保障体系将成为行业重要命题。

其次,数据的获取与积累方面,机器学习对数据质量有一定的要求,人工智能在各领域的发展与数据在体量与广度上的积累是人工智能在健康管理领域应用的一大阻碍。

最后,认证与监管方面,较长的 CFDA 认证周期、严格的医疗器械监管,在一定程度上阻碍了企业的技术创新、产品落地。

2) 人工智能广泛应用于医疗领域

人工智能广泛应用于医疗领域,有助于企业降低运营成本,提高运营效率,解决现阶段医疗领域存在的诸多痛点。移动互联网时代,我国医疗行业现阶段核心痛点从信息不透明转移到了优质医疗资源不足,同时伴随着医疗成本高、人才培养周期较长等问题,人工智能高效计算能力有效提高了医疗行业产能。人工智能广泛应用于医疗领域有助于带动基层医疗服务。"人工智能＋医疗"有望成为一种可复制的医疗资源,提高基层医生的诊断精准度。

四、人工智能未来的发展趋势

(一) 平台崛起,技术、硬件、内容多方面资源进一步整合

人工智能覆盖的行业及场景巨大,单一企业无法涉及人工智能产业的方方面面,厂商基于自身优势切入产业链条,并与其他厂商进行合作,技术、硬件、内容多方面资源进行整合,共同推动人工智能技术落地。在技术、内容及硬件的发展下,平台进一步崛起,生态化布局日益重要。

(二) 人工智能技术继续向垂直行业下沉

通用型人工智能技术已不能满足各行业的需求,不同行业在应用侧重点上有所不同,数据资源也同样不同,需要市场从业者针对行业特点,设计不同的行业解决方案,人工智能技术将继续从场景出发实现技术落地,在垂直行业中,医疗、金融、安防、教育、家居等行业已粗具规模,未来发展前景巨大。

(三) 产学研相结合,人才仍是抢夺的重点

AI、物联网成为主流的发展趋势,人才在其中发挥的价值越来越大,而产业发展速度与人才培养速度之间的矛盾在产学研发展路径下将逐渐缩小,专业型人才开始增多,具有核心知识的专家仍然是厂商抢夺的重点。

在人工智能领域中,国内人才集中在技术层及应用层,基础层人才薄弱,国内高校在人工智能人才培养方面也持续缺失,专业布局较晚,专家有限,导致国内外在教育系统之间的差距较大,这也导致国内在人工智能领域基础层研究的薄弱。

在意识到人才方面的缺失之后,国家及企业采取各类措施进行追赶,比如采用"千人计划""新一代人工智能发展规划"等政策吸引优秀专业人才回国,"BAT"企业围绕其核心业务抢夺人工智能人才,百度成为国内人工智能人才的"黄埔军校"。未来需要继续建立核心技术人才培养体系,加强人工智能一级学科建设,实现产学研的有效融合,为人工智能产业持续不断输送优质人才。

(四) 厂商进入卡位战,不断发掘新的商业模式

人工智能将通过 AI+ 的形式影响各行各业,技术厂商崛起,但应用才是技术落地的关键。技术被集成到各类产品中,技术厂商本身议价能力不强,所获得的利益有限,因此技术厂商积极搭建平台,或发展硬件,布局生态,以集成商的角色获取更多的行业红利。

软件以及互联网对传统商业的冲击已呈颠覆之势,而 AI 所覆盖的领域更为庞大,冲击也更甚。随着人工智能的发展,由软件和互联网打造的流量价值被打破,数据为王成为新趋势,场景化消费成为用户诉求,云端服务、后端收费等依托智能硬件而发展起来的新兴服务模式逐渐兴起。人工智能产业中的入驻者需要在推动技术落地的同时不断发掘新的商业机会。

(五) 中国仍需加大在算力、算法、大数据领域的发展,弥补技术弱势

人工智能底层基础层技术仍旧掌握在欧美国家手中,尤其是芯片、先进半导体等核心零部件,以及算法、开源框架等核心技术,这些技术将直接影响人工智能技术的发展进程。虽然国家通过"中国制造2025"等战略推动先进技术的研发,但是国内研发基础相对薄弱,在基础算法研究领域仍处于劣势。教育不完善、人才短缺、研究领域集中、数据开放不足等问题成为限制中国人工智能发展的重要因素。因此中国仍需加大在算法、算力、大数据领域的布局,掌握核心技术能力。

第二节 科技、传媒和电信行业

科技进步有时也会令人生畏:有关科技进步负面影响的信息正通过网络以空前的速度传播。科技进步是对我们的工作和生活方式构成威胁的因素,还是极大地提升人类体验的开端?

不可否认,技术的确仍然只是由人类创造并被赋予了(更优秀或更糟糕的)人类特征的产物,技术完全脱离人类控制还为时尚早。目前有感知能力的机器仍然只存在于科幻电影中。

人们利用数字化技术提升生活质量,例如通过智能手机购买和销售票券,或通过移动网

络更加快速地传播事件信息。

2017年,在智能手机诞生10周年之际,不少智能手机看起来较前一年的手机没有什么区别。这一现象引发了大家的思考:智能手机行业是否进入了发展高原期?

未来智能手机用户群将变得更加庞大,使用频率也将越来越高。智能手机的用途将进一步拓展,可用于实用领域、信息传播及娱乐消遣。这一趋势引发了智能手机使用是否过度的质疑。事实上,智能手机和其他技术一样,只是一种工具,工具能否得到恰当使用取决于社会和个人。

一、增强现实:从虚拟到真实

AR本质上是一种将数字图像叠加于现实环境的特效技术。AR技术以各种形式部署已有数十年,直到近年AR内容创作功能才发展成为主流趋势,虽然目前的形势较为简单。过去几年来,AR逐渐成为广受欢迎的智能手机应用,常用于人脸交换、面部毛发添加和实时人脸滤镜等娱乐性质的应用。到目前为止,大部分智能手机的AR创作基本为照片或简单的动画,人工痕迹明显,趋于卡通化。

软件和硬件技术的进步,使实现真实照片的AR效果逐渐成为可能。其中最重要的是智能手机操作系统内嵌式专用AR框架的推出。苹果公司的框架ARKit内置于其推出的iOS 11中,可在iPhone 6s及更新款的手机上使用。谷歌公司的框架名为ARCore,运行于高端安卓设备。这些框架均为具有简单二平面检测的视觉惯性里程计系统(VIO)。

VIO利用摄像头以30次每秒的速度获取数据并结合每秒可进行1000次数据读取的惯性测量单元(IMU,将加速度计和陀螺仪结合),实现对设备使用者物理位置的实时跟踪。平面检测能够识别地面或桌面等平直表面,实现将物体放置于观看者预期中的地方。AR内容的创建要求具有强大的计算性能,智能手机处理器和图形处理单元的性能愈强大,能效愈高,合成视频的观感便愈流畅,电池消耗也愈低。

AR框架的可用性对内容创作的影响最大。标准操作系统内嵌的专用AR支持框架降低了开发AR应用的成本。例如,有了AR框架后,开发者不再需要第三方工具来创作AR效果,从而可将资源专注于创造具有吸引力的内容,并可配备更多初级员工开展技术实施。此外,小规模开发团队甚至是个人亦能利用AR支持功能开发相关应用。

IMU技术近年的发展使设备能够以更高的精确度感应出设备相对于摄像头指向所移动的距离。这种方式仅利用一个手机摄像头便可实现立体三维信息的提取,大大降低了对设备配置的要求。

若用户手持智能手机移动手臂,摄像头将以每秒钟30张以上的速度拍摄照片,并基于含有加速度计和陀螺仪的IMU的精确估算移动的距离。精确的测量要求对部分硬件进行修改,尤其是所有相关感应器的时钟同步。只有在摄像头和IMU同步获得各次测量的时间,两者才能共同测算出精确的三维空间距离。

二、现场直播欣欣向荣

2018年,现场直播创造了5450亿美元的直接收入,较2017年上涨了一个百分点。绝大部分实时活动收入均来自传统行业(见图5-5),其余来自视频直播与电子竞技。虽然节目点播日益便捷,远程参与亦愈加频繁,现场直播依然风生水起。虽然当今媒体只关注"观众何时何地想了解什么",对于观众而言,重要的是"此时此刻",因为直播现场不仅精彩刺激,还方便快捷。从多个层面来看，数字化将催生更多的实时内容，从而实现更大的利润。

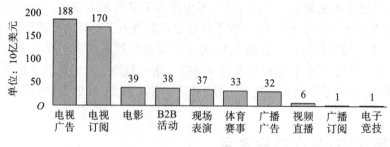

图 5-5　2018 年现场直播收入

（一）电视直播

数字化平台不仅能按需点播节目，还可发布直播内容。2016 年，推特购买了 10 场 NFL 比赛直播权。2017 年 5 月，推特宣布已签署 16 项直播协议，包括演唱会、体育赛事以及戏剧表演等。推特还与英国 BBC 合作，将直播 5 场大选特别节目。YouTube 携手 BT Sport 直播欧冠足球比赛，包括欧冠决赛。Hulu 自 2006 年起在美国提供付费视频点播服务，最近全新推出了电视直播服务。视频点播服务费用为每月 7.99 美元起，电视直播服务费用为每月 39.99 美元起。在中国，热门电视剧均开启网台联动模式，各电视台也推出网络直播，年轻观众更倾向于上网观看电视。

（二）现场活动

2018 年，现场活动收入由 50 亿美元增长至 1460 亿美元，包括演唱会与表演（360 亿美元）、展览与会议（380 亿美元）、体育赛事（330 亿美元）以及电影（390 亿美元）。

随着现场活动的举办，食品饮料、周边商品，以及旅游出行亦将产生源源不断的收入。有些情况下，这些附带消费可能高于门票收入。例如，2015 年，逾 75 万境外游客在英国旅行时参加了当地的演唱会或音乐节，这些游客产生了住宿、旅行、饮食及其他景点费用。在美国，63% 的百老汇观众不是纽约当地人，且其中大多数会在纽约留宿。在中国，2016 年仅天津草莓音乐节就有超过 6 万人次参加。

（三）现场表演

演唱会是实时表演的重头戏，占该板块总收入的 50% 以上。另一重头戏是戏剧表演，主要集中在美国百老汇（2015—2016 年观看人次达 1330 万）与伦敦西区（2016 年观看人次达 1430 万），均创下了高额收益。2018 年，最大规模的巡回演唱会产生了 2 亿多美元的门票收入。U2 乐队"Joshua Tree 2017"巡演在首月即创下 6270 万美元的收入，仅在欧美地区便售出 240 万张门票。2017 年上半年，枪与玫瑰的实时表演收入为 1.511 亿美元，其中同一场地的两晚表演就创造了 1710 万美元的收入。

（四）B2B 活动——展览与会议

最大规模的贸易展览与会议可吸引数十万人齐聚一堂。2017 年中国进出口商品交易会吸引了 196 490 名客商到场，参展商品包括纺织品、服装、日用品与家用电器。巴塞罗那世界移动通信大会是欧洲规模最大的技术会议之一，2012 年参会人数为 6 700 041，到 2017 年已增长至 10 800 042。

在中国,大型展览和会议也具有很大的发展潜力,这主要得益于中国企业技术水平快速提升,甚至在一些技术上成为原创者,产品在国外的市场份额逐年扩大,吸引了众多国外的厂商。

(五)体育赛事

虽然赛事转播广为盛行,比分结果快速传遍网络,但现场体育赛事仍极具市场。目前已有 50 项体育联赛,观赛人数总计 100 多万人次。其中足球联赛最多,共 29 项,其次是橄榄球和棒球,分别为 7 项与 4 项。亚洲设有 7 项联赛,亦呈现最快增速。

2015—2016 年,欧洲足球比赛(国家与地区锦标赛)的观赛人数已超过 1.7 亿,同比增长 260 万人。其中德英两国足球俱乐部共吸引 5500 万球迷观赛。另外,中超联赛在 2017 年赛季现场观看人数超过 570 万,场均观众达到 2.4 万人次。随着赛事转播权的价格水涨船高,对人才的投入亦不断攀升,这将进一步提升比赛当天的上座率。

(六)电影

电影是一种拥有百余年历史的实时娱乐形式,票房虽呈下跌趋势,但票价不断上涨,因此仍具备极大的商业价值。过去 10 年来,每年的票房收入几乎保持不变。2016 年,全球票房收入达 386 亿美元,上涨了 1 个百分点。近年来,全球电影市场变化显著,中国几乎占据了全球票房收入的半壁江山。

2017 年上半年,7 部大片在中国的票房收入几乎占其全球票房的 50%。中国消费者观影需求增加,更愿意为优质内容付费,制片方在政策与资金的支持下更加注重"质"的竞争,这两个方面的因素共同推动了中国电影票房收入在全球占比的上升。

(七)视频直播与电子竞技

虽然实时活动收入几乎全部源自传统业态,但以视频直播与电子竞技为主的新兴业态也正异军突起,即便起点相对较低。

打赏是视频直播的主要收入模式,即由观众向主播付费。YY 直播是中国较大的直播平台之一,月活跃用户达 1.17 亿,直播间数量逾 1000 万。2017 年第二季度,YY 直播的净收入为 3.848 亿美元,较 2016 年第二季度增长 31.7%。付费形式通常是赠送虚拟物品,如虚拟鲜花、棒棒糖甚至轿车等。这些物品在 Up 直播平台的标价为 30 美分至 148 美元不等。随着中资企业的发展,中国视频直播的打赏模式极有可能被引进其他市场。

电子竞技市场的收入来源于电竞直播与电竞比赛。近年来,电子竞技市场飞速扩张,市场规模从 2015 年的 3.25 亿美元增长至 2018 年的近 10 亿美元。2016 年,全球电竞节目观看时长跃增至 60 亿小时,是 2010 年的 5 倍。随着时间的推移,电竞市场收入还将继续增长。

三、上升通道:数字内容订阅量攀高

由于媒体行业的蓬勃发展,在线媒体订阅量以及人均和每户平均订阅数量上升超过 20%,并在未来一段时间内保持增长。但要注意到,除了视频与音乐之外,线上订阅用户的总数并不多,像新闻的订阅用户只有几千万。

我们进一步预测,将有 1/5 的发达国家成年人购买或使用至少 5 项付费的数字内容服务,到 2020 年年底,这一数字将增加到 10 项。到 2020 年,他们平均每月用于购买数字内容服务的总花费将超过100美元。

除传统的媒体订阅服务外，上述数字内容订阅服务还包括在线访问功能，例如，付费电视或报纸订阅服务通常会有1个或多个访问密码。

尽管多种在线数字媒体订阅刚兴起不久，但多种媒体服务订阅已屡见不鲜。在线媒体订阅是上一代消费者行为的数字化更新和升级。以前很多家庭会订阅多种媒体服务，包括报纸（晨报和晚报）、杂志、书籍（成人和儿童读物；科幻小说到工具书）、模拟有线电视、音乐以及DVD。

那为什么人们不再订阅了呢？一个重要原因是20世纪90年代中期发生了网络革命以及随后出现了一种观念：向数以亿计的受众投放网络广告内容所产生的利润肯定比数字订阅多。由于如此大量的内容，尤其是新闻，变为免费，媒体公司及其投资者开始采用一些指标来衡量成功，如全球月度浏览人数（浏览某网页的人数），并且认为关注度将带动收入增长。

截至2018年，媒体网站的月度浏览人数可能达到数亿。这对于此前业务局限于当地市场的新闻出版机构而言，是非常惊人的业绩。

但随着业务范围的扩展，每位浏览者收入、访问次数、印象、网页浏览人数或点击率都将逐步下降。因此，对于某些出版机构而言，仅靠网络广告赚取足够的收入是没用的。

随着流量的增加，广告的每次印象收入下降，但收取佣金的中介机构数量却不断增加。为了抵消这一影响，网页内充斥着越来越多的横幅广告和视频广告。为了解决广告泛滥的问题，数亿的网络消费者安装了广告拦截器，反过来，没有安装广告拦截器的网页将遭到更多广告的侵扰。

为此，越来越多的内容创作者开始着手增加在线数字订阅业务收入，提供更多样化、更有吸引力的数字订阅套餐服务。渐渐地，消费者越来越愿意购买数字内容，尽管有时候通过其他合法或非法途径也能免费获取同样的内容。

纵观各类在线媒体形式，我们发现在线媒体订阅的崛起主要存在以下原因：

（1）供应端。越来越多的公司开始提供在线媒体订阅，在线媒体内容呈现碎片化趋势。例如，某运动队的赛事转播权由两家或多家供应商拆分，观众必须订阅多项服务；或者戏剧迷需要购买两项或以上的订阅服务才能观看他们想看的所有节目。此外，订阅捆绑也开始兴起；亚马逊Prime服务是最知名的案例，它在配送的基础上捆绑了一系列包括视频服务在内的附加功能。英国《每日电讯报》决定向亚马逊Prime会员免费提供在线订阅服务，在美国，订阅Hulu网站服务的学生可获得Spotify的高级会员待遇。

（2）需求端。消费者越来越愿意购买在线内容，而非消费广告商赞助的内容。这种趋势，尤其在新闻领域，一部分是因为消费者逐渐意识到新闻内容质量参差不齐。此外，对某些内容来说，线上模式已经比原有的传统方法更加引人注目。订阅用户可以根据自身需求定制音乐服务，获取上千万首歌曲和数十万个歌单。对很多人来说，这比数字或实物音乐库好得多。在一些市场，消费者可以直接取消付费电视订阅服务或缩减订阅套餐，以节约成本。在某些情况下，这些消费者会用订阅视频点播服务代替所有或部分电视内容。

此外，一些技术因素也让在线订阅更加简便可行。

宽带网速稳步提升使在线订阅人数增长。10年前，只有少数发达国家家庭拥有稳定的宽带网络，可下载网络视频到电视上。数千万的家庭使用宽带网络下载视频，并享用4K或超高清流媒体服务。4G网络的发展已经使连接移动网络的音乐流媒体服务（如轿车或公交车内)更加稳定。截至2016年年底,全球约60%的人口使用4G网络。

(一)在线影视服务

随着更多制作公司和内容提供商开始提供OTT(通过互联网传输)服务,每个家庭拥有的订阅视频点播服务数量可能在10年内出现增长。

预计到2020年年底,在发展成熟的订阅视频点播市场中,如美国,个人用户将能订阅或观看多种电视节目服务,包括戏剧、喜剧、体育运动以及儿童节目等。例如,在美国,体育迷可以按主要体育项目(足球、曲棍球、棒球和篮球)订阅多项OTT服务。

在英国,由于足球赛事播放权被两家供应商瓜分,球迷需要订阅两项OTT服务。如果免费电视频道不能提供完整赛事报道,那么球迷可能会再订阅一项OTT服务。长期从事数字电视节目播放的传统付费电视供应商可能会提供更多的OTT服务,以弥补或替代目前的服务。

随着节目制作成本不断上涨,已有几部电视连续剧的单集成本超过1000万美元(每小时的成本有可能达到2000万美元)。同时,体育赛事转播费用也持续上涨。由于供应商将缩减节目组合的规模,重点投资少数大制作,因此供应商数量可能不会再增加。

在中国,视频网站的会员数量呈现激增。中国有43%的网络视频用户曾经为观看视频付费,每月支出40元以上的付费会员从2016年的20%增加到了2017年的26%。2015年6月爱奇艺会员数为502万;到2016年6月,会员数突破了2000万。通过"会员抢先看""会员独享"等方式,中国观众的付费习惯已经逐步形成,视频付费用户数量不断增加,为视频网站带来了大量的收入,2017年6月,爱奇艺的会员付费收入与广告收入比例达到了1∶1。

(二)网络新闻

由于新闻供应商常年依赖广告收入而面临多方面挑战,为了增加广告收入,德勤全球预测新闻供应商将越来越关注利用订阅服务赚取收入。2012年,订阅服务收入与广告收入之比为1∶9,预计到2020年,这一比例将变为1∶1。

新闻出版机构对订阅服务越来越重视还因为部分读者逐渐意识到新闻质量参差不齐。调研结果显示,2017年,美国读者最愿意为新闻付费,其中18～34岁阶段的"千禧一代"表现的购买意愿最强。某研究表明,愿意付费购买网络新闻的人数已从2009年的9%增长至2017年的16%。

包括《纽约时报》和《华盛顿邮报》在内的多家美国新闻出版机构已发现18～34岁阶段读者的订阅量出现激增。

出版商已经更善于发现读者转变为订阅用户的"触发点",以及确定付费内容的类型和比例,并向不同年龄阶段或者不同身份的用户提供多样化的服务。例如,发生重大新闻时,可降低收费鼓励人们阅读新闻内容。某些曾读过新闻内容的读者会在价格降低时订阅服务。研究发现,重大新闻播报期间是新闻出版商赚取订阅费用的最佳时机。在某些情况下,提供视频直播服务也能帮助增加订阅量。

如上所述,过去2年内,依靠订阅用户(包括数字和纸质媒体)赚取固定收入的出版物数量已出现明显增长。

《金融时报》长期以来一直对用户收费,2016年年底有65万数字订阅用户,同比增加14%。截至2016年6月底,《泰晤士报》和《星期日泰晤士报》合计拥有41.36万订阅用户,其中18.25万是数字订阅用户。《卫报》同时提供订阅和会员服务,2016年7月,其有5万名会员,每名会员每月平均花费5英镑(相当于每月111位独立网页浏览者)至30英镑(相当于每月666位独立网页浏览者)。截至2017年3月,会员数量达到20万,新增订阅用户18.5万。2016年11月,《每日电讯报》更改了针对一系列订阅服务的计量收费模式,对数字订阅服务按每周最低2英镑收费。

出版商纷纷着手发展一系列多样化的在线和纸质出版物订阅服务。例如,《商业内幕》开设情报订阅服务,每年收取2500美元(企业级别客户每年收取15万美元),预计订阅用户规模为7500人。《商业内幕》走差异化发展道路的原因是,它意识到了业务发展不能只依靠独立用户(2017年3月,独立用户规模为5400万)。

(三)音乐

与视频订阅服务不同的是,很少有用户会购买多项音乐订阅服务,因为每一项音乐订阅服务都包含上千万音轨。但如果某些平台拥有主流艺人作品的独家播放权,服务将被细化,那样粉丝就不得不(也许不情愿地)订购多项音乐服务。每月的音乐服务订购费用约为购买一张CD的价格(在美国约10美元,欧洲约10欧元,英国约10英镑)。

在中国,由于中华人民共和国国家版权局的要求,网络音乐服务商从2015年起向用户征收听授权音乐的费用,听众的版权意识和付费意识逐渐增强。2017年中国音乐付费听众数量与2012年相比增长了113%。中国音乐应用的主要收费模式是包月会员+数字专辑,其中数字专辑凭借其实惠的价格、收听的方便性以及与实体专辑差异不大的音质受到听众的欢迎。未来数字专辑将继续吸引大批以90后为主的听众,成为粉丝支持偶像的主要方式之一。各大音乐平台在探索新的商业模式,包括扶持独立音乐人,利用音乐人的个性吸引听众购买专辑或者打赏音乐;或者将在线音乐与演出票务结合,建设垂直平台。

音乐行业利用当前的主流数字工具(包括智能手机、固定和移动宽带网络连接、搜索、超链接信息以及云储存)打造了一款产品,实现了里程碑式的成就。相比以往的音乐格式,音乐订阅服务更好地融合了简便易用、即时接入以及社交功能等多种特征。

(四)游戏

估计很少有人订阅1个以上的电子游戏网络,因为大部分玩家都只有一个游戏机,且不同平台的游戏网络互不兼容。

电子游戏订阅用户数量看起来不多,但值得注意的是,到2018年年底游戏机的总量可能仍不到1亿台。此外,3500万订阅用户每月支付5美元,预计每年能产生21亿美元的收入,比售卖游戏和游戏机的利润更可观。

中国拥有全球最大的游戏市场,以275亿美元的收入排在全球第一。游戏下载免费而道具收费的模式是中国目前最常见的游戏付费模式,这种模式中玩家参与游戏门槛低,来自道具和英雄皮肤的收入具有可持续性。《王者荣耀》2017年第一季度的月收入超过30亿元,收入主要来自英雄皮肤的销售,其中赵云皮肤曾创造日收入1.5亿元的记录。预计未来移动电竞游戏产生的收入会继续攀升:一方面因为电子竞技被中华人民共和国国家体育总局纳入体育项目,移动电竞游戏凭借其游戏时间碎片化优势,会吸引更多新玩家加入;另一方面移动电竞游戏在中国各种游戏类型中,玩家参与程度和游戏付费率最高。

四、"隐形创新":智能手机的微创新时代

根据预测,2023年智能手机用户每天使用手机的频率平均达到65次,较2018年增长了

20%。这就意味着主流智能手机用户将使用更多的应用程序。

智能手机的使用频率将明显高于任何其他数字设备,推动升级并将最终拉动总体销量增长以及价值提升,同时还将促进更多以智能手机为中心的内容创作以及流程重新设计。

德勤全球预计零售价格为1000美元或以上的智能手机销量约为1.8亿台,而仅此一类的智能手机将创造2000亿美元的收入,并且按照台数和美元计算,将远大于整个平板电脑市场。2017年第三季度,西欧1/8的智能手机销售超过900美元,这部分手机销量较2016年前翻了一番。

德勤全球预测2023年智能手机的平均售价为350美元,总市场价值将达到6500亿美元。2016—2017年全球智能手机收入增长10%,从4340亿美元跃增至4780亿美元。智能手机的平均售价从2015年的305美元上升至2017年的324美元(2012—2015年的平均售价有所下降)。德勤全球预计,随着用户手持电话价值的增加,平均售价也将继续上升(见图5-6)。

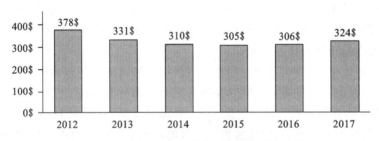

图5-6　2012—2017年智能手机平均售价变动

总之,德勤全球预测未来5年中,智能手机市场的渗透率、使用率、单位出货量、总价值以及平均售价均将持续上升。

此外,尽管2023年的智能手机外观与2018年机型非常相似,智能手机仍将巩固其作为连接数字设备和内容的主要途径的地位。2023年绝大部分出货的机型将具备5英寸或6英寸的单一高分辨率矩形触摸屏、双摄像头、130~200克重,其锂离子电池的容量与目前的智能手机大致相似。

未来5年智能手机成功的秘诀将是大量创新技术的实现,这些创新对用户来说基本是隐形的,但能提供的更高易用性(如基于深度图的面部识别)或改进的功能(如地图和照片),让人切实感受到它们的综合影响力。

（一）智能手机将迎来隐形升级

由于联网、处理器、传感器、软件、人工智能和存储技术的完善,2023年智能手机将为各种商业和消费应用程序提供优越性能。

到2023年,大多数发达市场将推出5G网络,提供更大容量以及更快的联网速度。预计到2023年,仅中国的5G用户将超过10亿人。此外,大部分余下的市场将提供先进的4G网络,支持超过1吉比特每秒钟的下载峰值速度。

到2023年,人工智能专用芯片将成为智能手机的标配,并将最常用于支持机器学习型应用程序,从而降低CPU处理任务的负载。2017年是高端智能手机(约3亿台,该年出货量的20%)开始应用人工智能芯片的元年。

随着配有人工智能专用芯片的智能手机基础不断扩大,机器学习型应用程序的范围和使用率也将稳步提升。

正如采用最强大的 CPU 和 GPU,高端手机总是配备最新的人工智能芯片。现场可编程门阵列(FPGA)芯片也将成为标配(FPGA 芯片可被多次编程,能在出厂后执行特定任务)。FPGA 能够降低主处理器完成特定任务的负载,例如优化蜂窝网络的接收效果,尤其是在人口稠密地区。

随着其他更多专用芯片的开发,未来 5 年内智能手机内的 CPU 和 GPU 将定期升级。

2023 年智能手机中配置的传感器种类将增多,现有传感器也将升级。前置红外摄像头是可能在未来几年内成为主流的另外一种传感器。保留指纹传感器的智能手机将安装升级元件,在 2023 年还将配置超声波,使这些传感器能够借助玻璃和金属运行,即使手指潮湿或油腻。智能手机中的 GPS 接收器也将升级,能够传输更准确的定位信息,误差在 30 厘米内,而 2017 年的误差是 5 米。

到 2023 年,借助更优质软件提供的人工智能将会更广泛地应用于所有智能手机应用程序,并成为更卓越的关键功能。人工智能的主要优点将在于促进应用程序更灵活地运行,例如提供更好的路线推荐、更真实的增强现实或更具吸引力的照片。尽管人工智能本身无法触摸,但将成为占据市场的核心功能。

截至 2017 年年中,机器学习型应用程序的使用率和认知度仍较有限,但德勤全球预计,随着人工智能功能的不断完善,到 2023 年这两个指标将有所提高。

2023 年售出的普通智能手机将配置 128 GB 或更高储存,而 2018 年约为 32 GB。大部分空间存储的将是照片和视频,但还将提供更大的存储容量安装应用程序,其中部分应用的大小将为数个 GB。随机存储器(RAM)内存将达到 2～16 GB。两种存储升级将提升智能手机的用处和价值。

而创造更优化的新电池则是一项不可能实现的升级。到 2023 年,锂电池仍将是几乎所有智能手机电池的基础。截至 2017 年年末,仍未出现足够稳定和成熟的电池技术,可以经受测试并进入供应链,取代锂电池。

(二)人工智能与智能手机

语音识别应用程序的认知度和使用率存在巨大差距。德勤全球预计随着应用程序质量的提高,由于算法、数据集以及人工智能硬件的改进,用户将越来越依赖内置人工智能的工具。例如,2017 年 1/4 的智能手机用户使用路线推荐。据德勤全球预测,智能手机能够提供更个性化、更快捷的建议(部分是由于内置人工智能芯片,能够了解设备用户每天具体时间的步行速度),以及更为准确的推荐(提供更优质的数据集和定位跟踪功能),因此到 2023 年这一使用比例将超过 60%。

(三)智能手机应用程序增多

这些隐形创新将推动智能手机继续吸纳更多实物的功能,并且进一步取代电脑成为更多数字应用程序的首选设备。

英国智能手机用户规模不断扩大。2016—2017 年,智能手机成为所有用户首选的视频电话设备、18～34 岁人群首选的搜索设备、45～54 岁人群浏览新闻的首选设备。但并非全都如此,男性玩视频游戏的首选设备是游戏机,这可能反映出最新一代游戏机的市场渗透率在不断提升。

到 2023 年末,智能手机将配置多种非电脑的其他功能,可充当钥匙、办公室门卡、信用卡、借记卡以及其他储值卡(包括交通卡)。因此,智能手机将越来越多地用于验证进入实体或数字环境的权限,包括家、办公室和酒店房间,汽车、公交车、火车和飞机,企业信息系统,以及电商和银行网站。

(四) 智能手机应用类型增加

除了因新的功能而被使用外,将会有更多人使用智能手机,通常是因为智能手机拥有的功能:作为 MP3 和 CD 的播放机、GPS 导航系统和地图、健身手环和计步器、轻便相机和单反相机、手提游戏机和益智书、登机证和娱乐门票。

到 2023 年,智能手机拍摄的照片和视频质量将稳步改进,使装置在消费者和商业领域的使用率和效用增加。中期而言,无论是选择优质或廉价,还是全新或二手的手机,主要因素(对某些人而言是基本因素)很有可能是照片应用程序和硬件的质量。截至 2017 年年中,发达国家中 18% 的智能手机用户最少每天拍照,另外 44% 最少每周拍照。由于智能手机的拍照性能稳步提升,且拍出低质照片(不值得分享的照片)的可能性降低,上述比例应随时间增加。

随着智能手机的地图应用程序出行选项类别(例如驾驶、步行和公共交通)扩展,此功能很有可能更被大家使用和依赖。在未来 5 年,德勤全球预计智能手机地图应用程序将整合更多大型室内地点(例如购物中心、办公大楼和交通枢纽),并且变得更为精确(有赖来自 WiFi 热点、无线电信标台和蜂窝塔的额外地点数据点)。机器学习也很有可能发挥主要作用,帮助各用户生成更好的路线。

(五) 智能手机彻底改变办公环境

智能手机使用率和价值增加的另一主要动因,是其在商业领域更为广泛和深入的用途。

过去 10 年,智能手机已重新界定人们的生活和交流方式;未来 5 年,企业很有可能更为频繁地使用移动装置,以彻底改变零售商店业务、医疗保健、餐厅、推销、现场维护及至数十种其他服务和流程等不同范畴的办事方式。

德勤全球估计仅就欧洲联盟而言,45% 的劳动力(约 1 亿人)可利用 1 台移动装置作为主要(或唯一)工作装置。

截至 2017 年年中,发达国家约一半在职人员使用智能手机发邮件和通电话,但分别只有 7% 和 5% 以手机呈交工时表和填报费用,也只有 10% 以手机登入公司内网。

对于岗位要求较多步行或者无须坐在办公桌的在职人员——从零售销售人员到交通警察——若携带笔记本电脑或平板电脑,可能会对其造成障碍,且可能不需要全键盘或个人计算机的处理功能。在大部分市场,最少一半员工甚少坐在办公桌或从不坐在办公桌。

由于许多职业的工作性质不大可能在未来 5 年发生本质上的变化——修理屋顶的工人将修理屋顶,厨师将做菜——科技的作用可能将更为偏重于改进现有流程,而非重新设计流程。对修理屋顶的工人而言,一个设计完善的移动应用程序的好处之一,是能够更快地提交信息更齐备的发票(例如显示完工照片),而不用待他们回到设有个人计算机的办公室才可开具发票。在小型餐厅内,厨师最普遍的需要之一是订购材料;同样地,这时可以通过一个设计完善的网站或应用程序处理,而不需要个人计算机。

然而,正如某些职业(如送货服务)显示,当前移动装置有更为深入的机遇。数以百计的企业以旧模式运营,部分员工不需要受限于个人工作区或销售终端装置。在大部分情况下,移动装置应该能够通过更佳的效能来提升企业的竞争力,但是在一些情况下,移动装置将使整个业务模式得到彻底改造,并使行业能够实现本质上的颠覆性改革。

五、用之有度:智能手机的利与弊

全球 45% 的成年用户担心自己过度使用智能手机,45% 的成年用户已尝试各种方法减少手机使用,如安装可监测或减少手机使用的高科技应用程序,以及将手机锁进抽屉等。此外,德勤全球认为年轻用户对过度使用手机的担忧程度最高,近 2/3 的 18~24 岁的年轻用户表示自己过度使用手机,半数以上年轻用户试图限制手机使用。

在中国,智能手机更多地侵入年轻人的日常生活,处于 18~24 岁、25~34 岁年龄段的重度消费者比重明显较高,分别达到 29% 与 30%,而 35~50 岁年龄段比重则较低。同时,超过七成用户尝试或愿意尝试限制自身手机的使用,然而限制手机使用的方式各不相同,晚上关机这一手段占比最多,达到 37%。

虽然"手机上瘾"是媒体的常用措辞,但真正使用手机成瘾的用户为数甚少,不足 3%。医学对上瘾与依赖有明确的界定,几乎没有成年用户真正对手机上瘾。近来,不少媒体文章将平板电脑、手机以及游戏机称为"数字鸦片",因其可导致人体多巴胺含量上升。诚然如此,但相较成瘾药物,电子游戏以及食物的影响程度相差甚远,如图 5-7 所示。

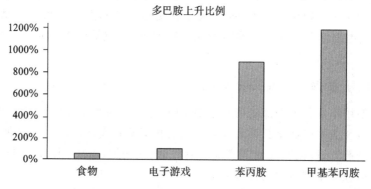

图 5-7　多巴胺上升情况:食物、电子游戏和药品

对手机的使用,我们在措辞时应慎用手机上瘾,同样地,也应慎用手机"依赖症"。2018 年,智能手机就像一把集多重功能于一身的瑞士军刀,取代了 10 年前的多项设备。如今,智能手机具备手表、广播、电视、计算机、照相机、摄像机、地图、报纸、游戏机、杂志等诸多功能。从这个层面上来讲,每天查看手机 50 多次并不意味着过度使用手机,只能说明手机是一个功能强大的多用途设备。至于每次查看手机是否有用,往往难以判断,这是因为每次确认时间、拍摄照片、查看社交媒体或电子邮件可能有切实用途,也可能是无意为之。

据德勤全球研究,2017 年,智能手机用户认为其每天平均查看手机 50 次。如图 5-8 所示,全世界 25% 的成年用户每天查看 50 多次手机,这一比例在 18~24 岁年轻用户中为 40%。与此同时,45% 的成年用户以及 58% 的 18~24 岁年轻用户认为自己过度使用手机,持有这一想法的用户中,42% 的成年用户及 47% 的 18~24 岁年轻用户试图减少手机使用。另有 10% 的成年用户与 20% 的 18~24 岁年轻用户正考虑减少手机使用,虽然尚未采取实质行动。

除了不同年龄段的用户以外,不同性别的用户在手机使用和对过度使用的认知方面也呈现巨大差异。基于 2017 年数据,近 49% 的女性成年用户认为自己过度使用手机,仅 41%

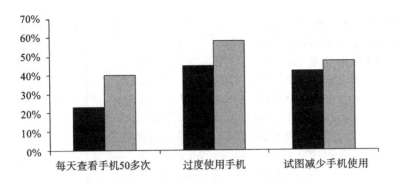

图 5-8　2017 年手机使用与过度使用情况

的男性用户持相同看法。

手机使用情况通常不一而足。观看电视、电影时，通勤途中或购物期间查看手机并无伤大雅，人们在探讨减少手机使用时往往不涉及上述情况。因使用手机而分心：成年用户（18～75 岁）及 18～24 岁年轻用户的手机使用情况如图 5-9 所示。

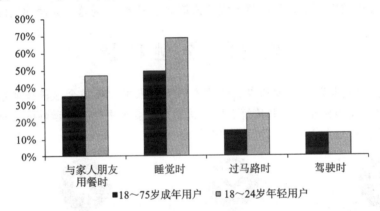

图 5-9　因使用手机而分心：成年用户（18～75 岁）及 18～24 岁年轻用户的手机使用情况

事实上，随着智能手机日益取代电视成为观众首选观影设备，取代计算机成为主要办公设备，同时电商也进一步向手机端倾斜，德勤全球认为人们每天查看手机的次数还将增加，这未必是好事，但也未必是坏事。

首要目标是帮助消费者控制特定情形下的手机使用频次，做到不应使用手机时不查看手机。手机制造商、软件与应用程序开发员以及网络运营商应通力合作，帮助消费者在睡觉、驾驶、走路以及与家人朋友团聚时尽可能不因手机而分心。这些措施不仅可以提升生活质量，还将切实挽救生命。例如，美国的车辆管理网站发布了一系列应用程序，以协助避免分心驾驶。

如图 5-10 所示，试图全面减少手机使用（而非在驾驶等特定活动期间）的用户往往并未运用先进的软件技术，或其他任何技术。全球仅 4% 的受访者表示借助应用程序对手机使用情况进行监测或限制，通常的做法是关机或关闭消息通知。最常用的方法是将手机放入包或口袋中。

近年来，不断有人发出社交媒体会毁了孩子的警告，10 年前，搜索引擎是众矢之的。在此之前，互联网、电子游戏/计算机游戏以及计算机本身均被视为危害之物。1954 年，美国

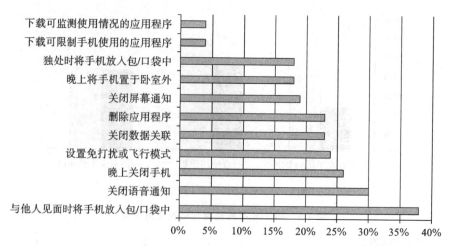

图 5-10　减少手机使用的常用措施

参议院司法委员会彻查了漫画对年轻人的影响，1956 年又将矛头指向摇滚乐。继续往前推，同样的警告还围绕着(按时间倒序)电视、广播、留声机、学校、小说、印刷书本(16 世纪)。古希腊时期，苏格拉底甚至认为小孩不应该依赖文字记录，因为这会妨碍他们的记忆力。

第三节　金融科技

零售银行、投资及财富管理和资金转移支付将是未来 5 年被金融科技颠覆程度最高的领域，电商平台、大型科技公司和传统金融机构是这场变革中最具颠覆性的力量。

金融科技将从三个方面带来机遇，如图 5-11 所示。

图 5-11　金融科技将从三个方面带来机遇

金融科技的发展也面临三个方面的挑战，如图 5-12 所示。

金融科技的浪潮中，"合"是大势所趋，金融机构正在从三个维度应对变革，如图 5-13 所示。

未来的三项创新科技(见图 5-14)，将给金融业带来深远的变化。尽快掌握这些科技，并围绕其落实相应的配套技能，将使金融机构在竞争中脱颖而出。

金融科技首要立足于"金融"的本质，而金融服务的变化与实体经济的发展息息相关。随着实体经济向信息化、智能化和个性化的商业模式和生活模式演变，未来的金融服务模式也将向 3.0 转型，而科技将是这个"新金融"模式的重要支柱。

竞争
- 竞争的加剧在所难免，不过比这个更重要的是，在互联网和科技行业存在的"赢家通吃"的模式，在金融业是否可行

监管
- 监管是一把双刃剑，法规不仅需要与时俱进，更关键的是如何在鼓励创新和控制金融风险间取得平衡

人才
- 在金融科技的竞争浪潮中，想要获得优势，需要的是复合型人才。金融机构应如何培养面向未来的人才

图 5-12　金融科技的发展也面临三个方面的挑战

战略与理念
- 未来3~5年，金融机构倾向于通过加强内部研发和与金融科技公司合作来落实创新

资源投入
- 金融机构对新兴科技的热情非常高涨，它们愿意将接近1/3的资源分配到金融科技相关项目中

行动方案
- 金融机构和金融科技公司有增强合作的主观意愿，但在合作中仍需进一步磨合，解决信息科技系统和商业模式差异等挑战

图 5-13　金融机构从三个维度应对变革

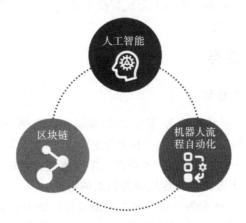

图 5-14　金融业未来三项创新科技

一、一个充满潜力的产业

金融科技这个在中国被称为"互联网金融"的行业正在飞速发展，且已在许多方面都处于世界领先的地位。中国移动支付规模占据了全球的半壁江山，P2P网络借贷（网贷）的余额更是占了全球总量的3/4。

互联网金融的发展虽然令人兴奋,这个行业目前却正处于一个关键时期。网贷平台的违约事件时有发生,各类非法集资活动也被包装成金融创新出现在市场上,导致风险不断积聚,监管机构对互联网金融的态度逐渐起了变化。尽管如此,我们相信监管部门对互联网金融的态度没有根本性的转变,总体上仍然支持和鼓励金融创新。整个行业也仍然充满机遇。

调查显示,中国受访者对金融科技所带来的机遇是全球各个国家和地区中最乐观的(见图 5-15)。这种自信来源于国内广大且不断增长的互联网使用群体。以金融相关移动应用(APP)的渗透率为例,移动支付(67.5%)、移动银行(48%),特别是移动股票交易和财富管理(7%)都存在巨大的潜力。

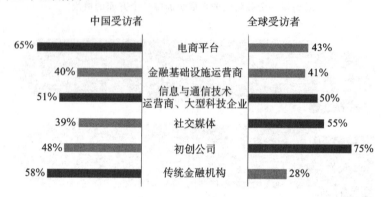

图 5-15　最具有颠覆性的机构

调查还表明,中国的传统金融机构也把自己作为一股重要的颠覆性力量,并致力于将大数据分析、人工智能、移动科技、机器人流程自动化等新兴科技应用到业务中。

中国金融机构自我转变的需要比其他各个国家和地区都要迫切,转型的速度也是前所未有,这是大势所趋。另一方面,金融科技在中国的发展路径也不完全与其他国家和地区一致:受访者关注得更多的是应用先进技术形成解决方案,以及合作共赢。监管如何做到与时俱进也是迫切需要解决的问题。

二、机遇与挑战并存

(一)金融科技带来的机遇

调查结果显示,中国的受访者认为"扩大产品和服务的范围"和"拓宽客户基础"是金融科技的前两大主要机遇,其次是"更好地分析和利用现有的数据"。金融科技带来的机遇如图 5-16 所示,下文将从客户、产品与服务和渠道三个维度进行阐述。

1. 客户:服务对象扩大至未获得金融服务覆盖的群体

中国受访者相信金融科技作为一种新的商业模式将有助于扩大客户基础。调查结果显示,支付、个人贷款和资金转移是中国消费者目前通过金融科技获取的前三大金融服务类别。截至 2016 年年末,P2P 网贷余额为人民币 2.6 万亿元,相当于人民币新增贷款总额 16% 以上,份额较 2015 年增长了一倍。非银行(第三方)网上支付量也以惊人的速度增长,其在非现金支付交易中的市场份额几乎已由 2015 年的 1.4% 增至 2016 年的近 2.7%。

再过 5 年,趋势又将有所不同。除了个人贷款和支付业务将继续流向金融科技公司,其他类型的金融业务,例如个人理财、助学贷款、财富管理也将流向金融科技公司。

金融科技低成本和无远弗届的特点,将使服务供应商得以将客户群体扩大至从前未获

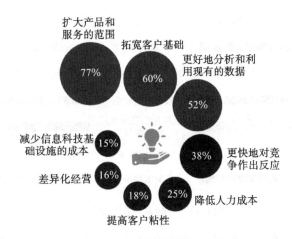

图 5-16 金融科技带来的机遇

得金融服务覆盖的人群:从大型企业、城市居民和富裕阶层,扩大至中小型企业、个体商户和农村消费者。

2. 产品与服务:体验至上

在金融科技的竞争环境中,受访者认为留住客户的最重要因素包括:"随时都能获得服务"、"易用和直观的产品设计"和"更快速的服务"。这表明中国顾客的期望已从对产品的追求向体验至上转变。由此可见,金融机构提供的产品和服务的重点,将从简单和标准化转变为创造个性化的体验。

在新兴技术的驱动下,金融科技公司让金融服务实现了跨越式的发展。例如,创新的移动支付和资金转移解决方案已方便到让现金和借记卡不再是日常交易必需的媒介。一些电商平台推出的消费金融产品,如"白条"与灵活的还款安排,也挑战了信用卡的地位。

国内领先的电商平台,一直在挖掘零售银行领域的机遇,但金融机构也不必太过担心。金融机构仍是行业的主导者,拥有大部分的资本、人才和技术,还有(也是最重要的)公众信任。关键是它们是否有足够的决心挑战自我,由内而外地实现转型。

3. 渠道:移动为王

金融科技到目前为止给中国金融业带来的最深远的颠覆性影响之一,在于对渠道的颠覆。调查显示,虽然实体分支机构(如分行)仍是目前最主要的客户服务渠道,在未来5年里,它的重要性将逐年下降。而电子渠道,尤其是移动应用才是"王道"。我们已经领略到了移动支付和网贷的惊人增长动力,未来其他类型的金融服务也将赶上"移动化"势头。金融机构需要尽快做好应对变化的准备。

(二)金融科技面临的挑战

金融科技在给行业带来众多机遇之余,也面临一些挑战(见图5-17)。下文也将从三个层面进行阐述,分别为:竞争、监管和人才。

1. 竞争:"赢家通吃"的模式在金融业是否可行?

调查结果显示,谈到金融科技带来的威胁时,中国受访者的主要担忧均与市场竞争相关。而全球的调查结果表明,除了竞争以外,信息安全和隐私是另一个挑战。中国受访者认为激烈的价格战、丢失市场份额和客户流失加剧是三大主要威胁,这个结果可能是因为科技企业、线上到线下(O2O)服务模式在其他行业的颠覆性效应,让他们深感焦虑。

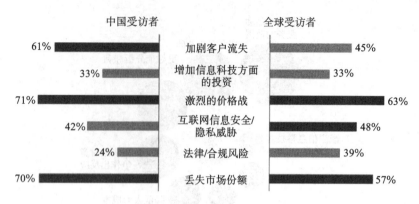

图 5-17 金融科技面临的挑战

竞争的加剧在所难免,不过比这个更重要的是,科技颠覆让一些行业的竞争逻辑和模式发生了变化,"赢家通吃"越来越成为一种趋势。在金融领域内也有类似的苗头,例如支付业。这种在其他行业内出现的模式,在金融业是否可行值得进一步反思。

2. 监管:如何在鼓励创新和控制金融风险间取得平衡?

互联网金融在中国发展至今,已成功地提高了整个金融体系的效率。但发展过程并不是一帆风顺的。网贷平台的违约事件时有发生,各类非法集资活动也被包装成金融创新出现在市场上,导致风险不断积聚。越来越多的投资者维权行为影响了社会稳定,促使政府不得不有所行动。

监管是一把双刃剑,既可以是催化剂,确保一个健康的市场环境,鼓励良好的行为,也能成为限制行业发展的障碍。因此,监管法规不仅需要与时俱进,更关键的是在鼓励创新和控制金融风险之间取得平衡。

中国监管机构已经意识到这一点。除了专项整治,互联网金融监管的长效机制也在逐步成型。负责监管网贷业务的中国银行业监督管理委员会(现改为"中国银行保险监督管理委员会")在整治期间已先后发布两项规定,将网贷平台定性为信息中介,并发布了客户资金存管的具体指引;中国人民银行则早在 2015 年 12 月,已经发布了网络支付业务管理办法。其他金融监管机构,如中国证券监督管理委员会、中国保险监督管理委员会(现改为"中国银行保险监督管理委员会")也都在制定和完善各自职责范围内的互联网金融监管规定。

3. 人才:如何培养复合型人才?

关于人才,调查呈现出的结果令人喜忧参半。在招聘和留住具有创新精神的人才方面,认为"非常难"的中国受访者比例相对全球较少,"无困难"的比例则相对全球较高,表明他们在创新人才储备方面似乎比全球更乐观。

然而,当评估他们所在机构自身的创新能力时,中国受访者在调查问及的每一项能力中都不如全球(指受访者认为相关能力"好"和"非常好"的比例)。

在金融科技的竞争浪潮中,想要获得优势,金融机构需要的是复合型人才,数字技能、商业头脑、管理能力缺一不可。如何培养面向未来的人才,是金融机构需要解决的问题。

三、应对变革:"合"是大势所趋

科技进步一日千里,跟不上市场发展的步伐将导致收入和客户流失,甚至无法在业内生存下去。调查结果显示,金融科技的浪潮中,合作变得越来越重要。

(一)战略与理念:共同协作创新

如何通过战略推动创新?调查显示,未来3~5年,中国金融机构倾向于通过加强"内部研发"和"与金融科技公司合作"来落实创新。

"收购金融科技公司"也是落实创新的一种方式,但这个选项仅排在第三。且预计收购力度"维持不变"的受访者比例与"增加"的比例差不多,表明金融机构对收购的态度还是比较审慎的。

(二)资源投入:专注于关键科技

中国金融机构对新兴科技的热情非常高涨。调查结果显示,它们愿意将接近1/3的资源分配到金融科技相关项目中,该比例高出全球的一倍以上。愿意投资固然是好事,但在创新过程中有的放矢相当重要,先了解市场需求再有选择地投放资源,才是明智之举。建立一个在全球范围内专门关注新兴科技的团队,才能充分掌握它们的颠覆性力量。

投入越多,期望自然也就越高。调查结果显示,中国受访者对金融科技项目的预期年投资回报率,比全球其他国家和地区都要高,高出全球水平(20%)近一倍(见图5-18)。乐观是好事,但管理投资的预期也很重要。

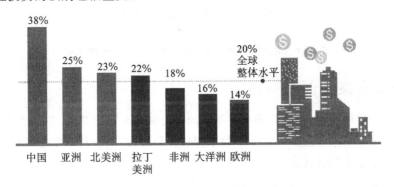

图 5-18 对金融科技项目的预期年投资回报率

对关键科技的偏好方面,中国受访者倾向于投资的前三项依次为"大数据分析"、"人工智能"和"移动科技"。

金融机构对新兴科技的追逐,需要跟上金融科技公司的节奏。目前,金融机构正专注于系统升级,重点在于提升与大数据分析和移动科技的兼容性——它们还停留在数据的整合和管理、提供数字化客户服务体验的阶段。然而,金融科技公司已着眼于更前沿的科技,相关的解决方案不仅旨在提高客户服务质量,也有助于提升效率、降低成本、强化安全性,使流程更灵活。

(三)行动方案:多种方式合作

如上文所述,"合"是金融科技的大势所趋。中国金融机构与金融科技公司的业务往来,主要以"购买金融科技公司服务提高运营和服务"和"合作伙伴关系"为主。从战略上来看,未来3~5年它们也愿意增加合作。

当然,在"合"的大趋势下,金融机构与金融科技公司的合作模式可以是多种多样的。除了建立合作伙伴关系之外,金融机构也可以向金融科技公司提供服务,甚至由金融机构建立相关风险投资基金为后者提供资金,又或者由金融机构建立相关孵化项目等。选择双方都适合的模式是关键。

然而,在战术层面,金融机构和金融科技公司在与对方的合作中都存在一定的问题。"信息科技的安全性"和"监管的不确定性"是双方共同指出的挑战。除此之外,金融机构认为"信息科技系统的兼容性"也是一个主要的挑战,金融科技公司则表示"商业模式的差异"是一个问题(见图5-19)。可见双方之间的合作虽然有良好的主观意愿,过程仍需进一步磨合。

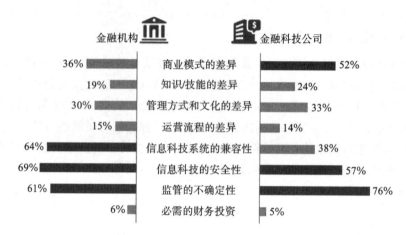

图5-19　金融机构与金融科技公司合作并非一帆风顺

四、面向未来的创新科技

科技进步的滚滚洪流,正在影响金融服务的方方面面。人工智能、机器人流程自动化和区块链将给金融业带来深远的变化。尽快掌握这些科技,并围绕其落实相应的配套技能,将使金融机构在竞争中脱颖而出。

(一)人工智能

人工智能是指开发和应用相应的计算机系统,来执行通常需要人类智力才能完成的任务,例如视觉感知、语音识别、手势控制、机器学习和语言处理等。目前,人工智能在金融业的应用上正在增加,尤其是在需要大量的数据处理上做出决策。人工智能使得金融产品和服务能够更个性化,如智能钱包(监测和了解用户的习惯和需求)、保险中的承保系统(自动核保和利用更详细的信息促进更优的决策)和定制的投资研究(分析海量信息,提供个性化的财务建议,计算和预测)。

根据普华永道会计师事务所的观察,人工智能在不同金融领域的应用场景各有特色。例如,保险公司正在使用人工智能处理索赔、简化流程和打击欺诈;银行使用聊天机器人来改善客户体验;在资产和财富管理方面,人工智能主要被用于智能投顾。

(二)机器人流程自动化

机器人流程自动化是一套采用程序来模拟一系列动作的解决方案,尤其应用在需要人机互动的工作上。机器人流程自动化让业务流程得以快速实现数字化,在短时间内通过降低风险提升价值。

机器人流程自动化在改善用户体验、降低成本和提高治理水平、合规性和可审计性等方面都有应用价值。具体来说,其有助于减少70%的手动过程,并缩短90%的工艺周期。它也可以显著将错误率降低到0.05%。机器人流程自动化在金融服务的应用大多是劳动密集型、重复性的领域,或是需要处理大量的数据的工序,例如信贷处理、合规相关的流程、自动排队等。

普华永道会计师事务所预计未来机器人流程自动化的应用将会迅速增加。不仅在核心金融业务上,其应用也将推广到非核心的后台职能,例如人力资源(记录保存)和财务(汇报)等。

（三）区块链

区块链是一种在分布式网络中,通过数字化手段识别和跟踪交易的数据结构类型。数据信息在分布式网络中的计算机之间共享,形成一个分布式、相互信任的网络。区块链所对应的分布式账簿技术,为资产所有权的追踪和转让提供了一个透明和安全的方式。

调查结果表明,中国受访者认为交易结算、数字身份管理、支付和资金转移的基础设施是区块链最有应用价值的领域。这与我们的观察是一致的。区块链适用于一系列证券交易（如股票、债券、衍生品、回购、贷款和资产支持证券等）和交易的结算、清算和托管等环节。区块链在参与者之间共享和同步的特点,使得各个独立的分账簿之间不再需要进行协调,从而改善了工作流程。该技术的另一个应用领域智能合同,则减少了人工操作。

区块链技术的应用如图5-20所示。

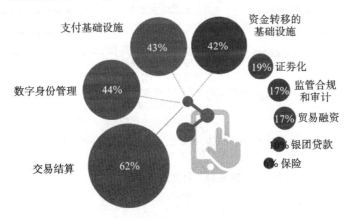

图 5-20　区块链技术的应用

尽管中国受访者尚未意识到,区块链在再保险行业内也有很大的应用价值:它能让数据处理更高效,减少理赔疏漏并防范欺诈,预计能为再保险行业节省20%。

谈到区块链,人们也习惯了将其与比特币挂钩,未来区块链在这方面的应用也许能超越虚拟货币。中国人民银行自2014年以来就开始探索数字货币,并取得了阶段性进展。根据中国人民银行的评估,发行数字货币可以降低传统纸币发行、流通的高昂成本,提升经济交易活动的便利性和透明度,减少洗钱、逃漏税等违法犯罪行为,提升中央银行对货币供给和货币流通的控制力,更好地支持经济和社会的发展,助力普惠金融的全面实现。在中国香港特别行政区行使中央银行职能的金融管理局,近日也透露其正连同当地三家发钞银行和其他行业团体,就发行数字货币展开研究。随着各地的中央银行继续探索数字货币,区块链作为其关键技术支撑,也将变得越来越重要。

过去一年多,国内对区块链及其在金融领域的应用已经有了广泛和深入的讨论。然而,本次调查结果显示：中国受访者对区块链的认识仍然大幅度落后于全球；只有很小一部分受访者认为其对该技术"极其熟悉"或"非常熟悉"；表示对该技术"中度熟悉"的受访者比例才达到了24%；表示对该技术"完全不熟悉"的中国受访者的比例也明显高于全球（见图5-21）。

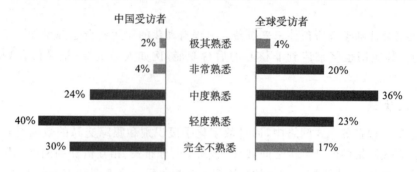

图 5-21 对区块链的认识

尽管认识有限，调查结果表明：中国的受访者对应用区块链的热情，与全球同行相比却有过之而无不及；近60%的受访者已经将区块链包括在战略规划内，或正在评估战略和潜在的技术合作伙伴，处于相同阶段的全球受访者仅略高于40%（见图5-22）。这可能是因为区块链作为关键科技之一，已被中国政府写入"十三五"规划中。

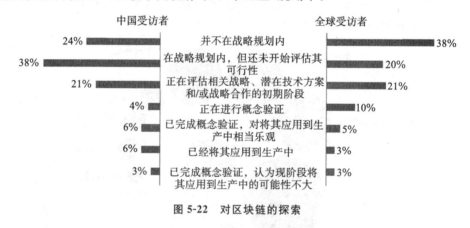

图 5-22 对区块链的探索

第四节 汽车电子行业

一、汽车电子：千亿蓝海，策马飞舆

（一）汽车电子：汽车工业＋电子工业

汽车电子产业是汽车工业与电子工业的结合，目前普遍应用的汽车电子控制技术可分为四大类：动力总成电子控制系统、底盘电子控制系统、车身电子控制系统、车载电子信息系统。

（1）动力总成电子控制系统包括发动机电子控制系统、变速器控制系统以及动力传动总成的综合电子控制系统等。

（2）底盘电子控制系统包括防抱死制动控制系统（ABS）、驱动防滑控制系统（ASR）、主动悬挂控制系统、动力转向控制系统（ECPS）、巡航控制系统等。

（3）车身电子控制系统包括乘员保护系统（SRS）、汽车空调系统（AC）、灯光控制系统等。

（4）车载电子信息系统又称为车载信息娱乐系统，基于车身总线系统和互联网服务，实现三维导航、实时路况、辅助驾驶等功能。

汽车电子构成如图 5-23 所示。

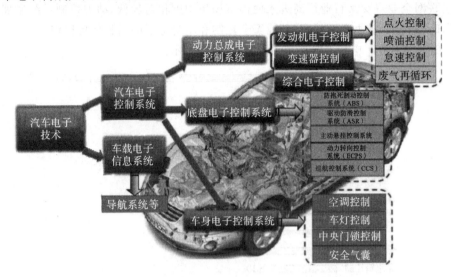

图 5-23　汽车电子构成

汽车电子技术发展历程大致可分为电子电路控制、微机控制、车载局域网控制三个阶段。根据控制功能，汽车电子控制系统也可分为动力性、安全性、舒适性、信息和娱乐通信控制四个类别。随着 AI 技术、互联网技术和电子技术的快速发展，电动化、智能化、轻量化、汽车共享将成为未来汽车行业的主要发展趋势，驱动汽车电子需求快速增长、汽车电子市场规模不断扩大。

汽车电控系统分类如图 5-24 所示。

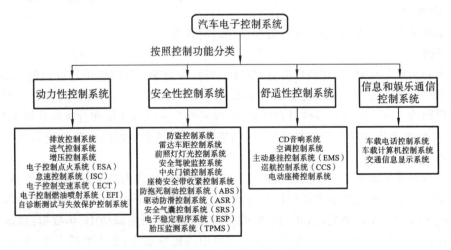

图 5-24　汽车电控系统分类

(二)全球汽车电子产业链格局稳定

按照产品的功能和应用领域,中国汽车电子市场可分为动力控制产品、底盘控制与安全产品、车身电子产品和车载电子产品四个细分领域。2008年动力控制、底盘控制与安全系统产品分别占据了29.5%和27.9%的市场份额,位列市场第一和第二位。近年来,随着客户对车辆的安全性能、舒适便捷、互联通信的需求提升,安全驾驶辅助系统和车载电子快速增长,互联网企业等交叉行业厂商进入使得市场集中度相对较低;动力控制系统发展较为完善,技术门槛高,市场集中度较高;其他安全控制和车身电子的增长保持稳定。

2016年中国汽车电子产品产值占比如图5-25所示。

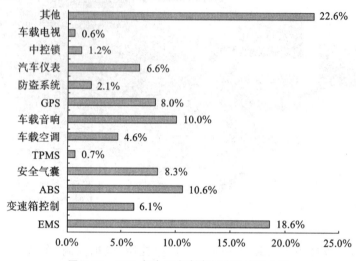

图 5-25　2016年中国汽车电子产品产值占比

汽车电子产业链主要由三个层级构成。

1. 上游

电子元件供应商:包括车用半导体与IC业者,代表厂商有恩智浦半导体(NXP)、瑞萨电子(Renesas)、英飞凌等。

2. 中游

汽车电子系统厂商,代表厂商有博世、大陆、电装等。

3. 下游

整车制造厂与维修厂,代表厂商有:奔驰、宝马、大众等。汽车电子行业内的AEC-Q100标准和ISO-26262标准对汽车电子的安全性和可靠性要求极高,厂商进入整车厂配套体系的认证周期为2~3年;汽车零件升级换代慢,周期为5~6年,认证和升级换代周期长,行业壁垒高,导致汽车电子产业链格局稳定,市场集中度高,博世、大陆、电装等国际寡头占据大部分市场份额。

汽车电子在整车成本中占比逐步提高。近几年智能化成为汽车发展的重要趋势,驱动汽车电子器件在整车元件中占比持续提升,自诊断系统、电子稳定系统、导航设备等电控设备逐步成为高端车型标准配置,并向中低端车型渗透。智研咨询2016年数据:目前在不同档次和科技含量的车型中,汽车电子在整车成本中占比分别为:紧凑型轿车15%、中高档轿车28%、混动轿车47%、纯电动轿车65%。未来随着混动、纯电动等新能源汽车产量逐渐增加,乘用车汽车电子单车产值仍将持续提升,2020年有望达到平均占整车成本50%以上。

(三)千亿蓝海,扬帆远航

全球汽车电子市场规模不断扩大。2016年全球汽车电子市场规模突破2000亿美元,达到2348亿美元,2012—2016年CAGR达10%。前瞻产业研究院预计2020年全球汽车电子市场规模将达到3025亿美元,2015—2020年CAGR约为7%。

2020年汽车电子技术智能驾驶系统乘用车渗透率将达到61%。2015年中国汽车产量约为2484万辆,占全球汽车产量的27%,2015年中国的汽车市场总销量约为2456万辆,成为世界第一大汽车市场,市场规模超7000亿元。2016年中国汽车产、销量分别为2819万辆和2803万辆,全国汽车总保有量达2.05亿辆,汽车市场步入稳定发展期,中国汽车工业协会预计2020年中国汽车总销量将突破3000万辆,2016—2020年CAGR近2%。受国家政策驱动和客户需求上升影响,国内汽车电子技术的整车渗透率不断提高。其中智能驾驶系统2014年乘用车渗透率为11%,2016年乘用车渗透率增至20%,智研咨询预计2020年乘用车渗透率将达到61%(见图5-26)。

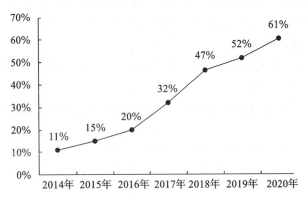

图5-26 中国智能驾驶系统乘用车渗透率

我国汽车电子市场在国内汽车整车市场高速发展和汽车电子技术渗透率不断提高的刺激下,市场规模持续扩大。2014年和2015年国内汽车电子市场总规模同比分别增长13.8%和13.4%,达579.2亿美元和657亿美元。2016年国内汽车电子市场总规模增长率为12.6%,达740亿美元,占全球市场规模的32%。智研咨询预测国内汽车电子市场未来5年CAGR约为10%,2019年中国汽车电子市场规模接近千亿美元。

二、行业成长两大驱动力:电动化和智能化

(一)驱动因素一:电动化

1. 动力源的更替是汽车发展史上最重要的变革

汽车行业发展最重要的变革是动力源的更替。在第一次工业革命之前,人力、畜力是车辆工具的动力源;18世纪末期,随着蒸汽机技术的逐步成熟,真正意义上的汽车开始出现,汽车行业的机械化大幕正式拉开;进入19世纪之后,电动汽车和内燃机汽车相继被发明;20世纪以来,内燃机汽车快速发展,成为汽车市场最为重要的组成部分。回顾过去200多年的发展历史,动力源的更替是汽车发展史上最重要的变革。

2. 新能源汽车产业化势在必行

国内燃油车保有量持续提升,石油自给压力增大。截至2017年6月,我国汽车保有量

达到3.04亿辆,同比2007年增长1倍。石油资源的消耗也在急剧增加,其中汽车用汽柴油的消费占比也已经达到50%以上。2016年,国内原油及油品合计进口4.09亿吨,同比增长11.9%,对外依存度达到64.2%,且未来将继续提升。从以上数据可以看出,燃油车保有量的增长给我国的石油供应带来了巨大的压力。

传统燃油车污染物排放量维持高位,环保压力巨大。2016年,全国机动车四项污染物(一氧化碳、碳氢化合物、氮氧化物、颗粒物)排放总量为4472.5万吨,近5年以来并未出现明显的下降趋势。机动车排放是PM2.5最重要的来源之一。总体来看,随着国内燃油车保有量的增长,汽车尾气排放已成为城市大气污染的重要来源。

从政府的角度来看,新能源汽车产业链本土化的意义重大。根据中国汽车工业协会和其他各国公布的数据,2016年中国市场汽车销量为2802.8万辆,居全球首位;但2016年全球利润规模排名靠前的汽车厂商中,只有上汽一家自主品牌厂商进入前十名。此外,在发动机等核心零部件领域,国内与欧美、日韩等国家的差距较大,且短期实现超越的可能性较低。但是在新能源汽车领域,国内外差距并不大,中国有相对充足的时间培养自有产业链,作为为数不多的支柱性产业,汽车产业能够提供大量就业岗位和税收。

3. 汽车电动化浪潮席卷全球

新能源汽车行业涉及国家能源安全、环保以及汽车产业兴衰等,因此世界主要汽车大国也相继进行了一系列战略布局。

(1) 美国:主要围绕"摆脱对石油的严重依赖,推进再工业化"的展开,扶持政策工具灵活多样。

(2) 欧洲:围绕绿色发展战略,德国、法国等在2010年前后提出了相应的战略目标。

(3) 日本:基于能源安全与保持产业竞争优势的双重需求,提出"新一代汽车战略2010"。

(4) 韩国:提出2020年国内电动车普及率占小型车的10%。

(5) 中国:提出到2020年,纯电动汽车和插电式混合动力汽车销量达200万辆,累计产销量超过500万辆。

4. 新能源汽车重构汽车电子新生态

新能源汽车主要包括纯电动汽车、增程式电动汽车、混合动力汽车、氢发动机汽车、其他新能源汽车等。与传统汽车相比,新能源汽车首次购置成本高,但使用成本明显更低;新能源汽车具有尾气和噪音排放量低、能源利用效率高的优势,政策扶持力度大;目前市场保有量仍远低于传统汽车,2017年我国汽车生产2994.2万辆,新能源汽车产量79.4万辆,渗透率为2.7%,从中长期来看,新能源汽车发展空间巨大。

新能源汽车产业空间巨大,目前正从培育期进入成长期。《汽车产业中长期发展规划》及《节能与新能源汽车技术路线图》指出,到2020—2025年,我国要迈入世界汽车强国行列,实现新能源汽车全产业链发展。

(1) 2020年目标:新能源汽车产销量达200万辆,保有量超500万辆,充电站达3600万个,充电桩达5.7万个。

(2) 2025年目标:新能源汽车销量占总销量20%以上,新能源汽车保有量达2000万辆以上,充电站达1.2万个,充电桩超2000万个。

(3) 2030年目标:新能源汽车占汽车总销量40%以上,新能源汽车保有量超8000万辆充电站达 4.8 万个,充电桩超 8000 万个。新能源汽车是全球化的变革浪潮。

新能源汽车重构汽车产业链。新能源汽车产业链包括:正极材料、负极材料、隔膜、电解液、电池管理系统(BMS)、锂电设备、电芯及 PACK、驱动电机、电控、充电桩和整车制造等环节。其中,原材料包括镍、钴、锰等矿产资源。正极材料、负极材料、电解液、隔膜、BMS 等共同构成电芯及 PACK。动力电池、驱动电机、电控三大系统是构成整车的核心部件。此外,其他零部件、汽车设计与汽车电子使整车达到可使用状态,充电桩为整车提供动力支持。

(二) 驱动因素二:智能化

1. 汽车智能化趋势愈行愈近

以自动化、信息化为基础的智能汽车有解决能源、安全和环境问题的巨大潜力。目前对汽车智能化有以下共识:通过采用自动驾驶技术,能够减少 90% 的由于人为操作引起的交通事故;通过车、车通信和智能速度规划,在智能化发展的前期可以将道路通行率提高 10% 以上,在高度自动化阶段可以将道路通行率提高 50%~90%;在节能减排方面,通过经济性驾驶和整体智能交通规划,能源消耗至少能降低 15%~20%。不仅如此,随着近年来电子信息领域新技术的应用,物联网、大数据、移动互联、自动化、智能化技术迅速发展,也为汽车智能化带来了良好的技术条件。

2. 车联网和 ADAS 是汽车电子两大高地

车联网和汽车安全驾驶辅助系统(ADAS)是汽车电子未来发展的两大系统。

(1) 车联网:在车-X(X:车、路、行人及互联网等)之间进行无线通信和信息交换的大系统网络(见图 5-27)。国内车联网渗透率呈上升趋势,2010 年约为 4%,2014 年已达 7.5%。2014—2016 年国内车联网市场规模分别为 31 亿美元、50.4 亿美元、76.7 亿美元,预计 2020 年中国车联网市场规模将达到 338.2 亿美元,年复合增速达 49%。

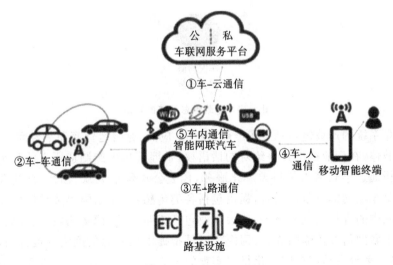

图 5-27 车联网技术

(2) ADAS:利用车身传感器采集环境数据并分析的驾驶辅助系统。2015 年国内 ADAS 的新车渗透率为 2%~4%,远低于发达国家 8% 的 ADAS 新车渗透率。国内整车产销量持续增长和目前较低的 ADAS 渗透水平为 ADAS 提供了广阔的市场空间。

三、三大趋势,电照风行

(一)趋势一:汽车智能化下 5G 利好车载信息系统

车载信息系统是用户与汽车进行信息交互的重要媒介,也是汽车智能化的核心,分为车载娱乐系统和车载信息显示系统两类。

(1) 车载娱乐系统主要包括 CD、VCD、收音机、多媒体等音频设备。

(2) 车载信息显示系统主要包括导航引擎与软件、电子地图、无线广播信息、远程通信等设备。

我国车载信息系统的市场规模巨大,智能驾驶系统领域 2016 年市场规模已超过千亿元,预计 2020 年市场规模将超过 2500 亿元。智能驾驶系统领域的主要应用场景包括智能导航和自主驾驶(见图 5-28)。2014 年,我国智能导航市场规模仅为 250 亿元,自主驾驶市场规模为 228 亿元;2016 年我国智能导航市场规模已达 500 亿元,自主驾驶市场规模已达 490 亿元,合计市场规模超过 1000 亿元。

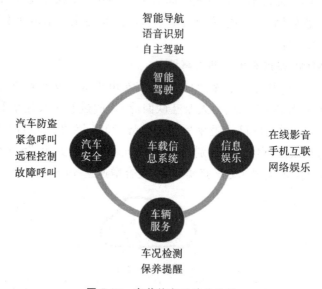

图 5-28 车载信息系统的功能

车载信息系统的产业链包括整车厂商、硬件供应商、通信运营商和平台商。整车厂商是信息系统的载体,在产业链中具备绝对的话语权,掌握着从生产制造所有的关键环节,整车厂商往往希望通过车联网来提供差异化服务,代表公司包括大众、福特、奔驰等汽车厂商。硬件供应商是车联网的设备提供者,提供包括各类传感器、显示屏等关键硬件设备,也是车联网快速发展中的直接受益方之一,代表企业包括盛路通信、德赛西威、旭升股份等。通信运营商提供车联网信息传输的媒介,国内主要是指提供无线通信网络的运营商,包括移动、联通、电信等。平台商是汽车网络化得以实现的核心服务提供者,通过搭载各类应用,提供增值服务,代表企业包括苹果、谷歌等。

随着 5G 网络部署进程的推进,车载信息系统的应用场景也在不断拓展,发展速度将进一步加快。我国运营商于 2019 年开始 5G 的大规模组网试验,预计 2020 年开始 5G 的正式商用。5G 技术的可靠性和低时延能够满足自动驾驶领域的应用需求,比如自动超车、协作式避碰、车辆编队等,完善车载信息系统中的智能驾驶功能;5G 的高带宽可以满足车内乘客对 AR/VR、游戏、电影、移动办公等车载信息娱乐的需求,车载信息娱乐系统的功能将进一步丰富;5G 技术还可以支持高精度高速率的定位地图下载,进行局部地图实时重构,提升车载信息显示系统的用户体验。

(二) 趋势二:强标出台,TPMS 放量蓄势启航

TPMS(胎压监测系统)是继 ABS(防抱死系统)、安全气囊之后的第三大汽车安全产品。TPMS 主要通过实时监测轮胎的气压以降低汽车在行驶过程中因轮胎气压不足或气压过高而爆胎的风险,以保障行车安全。TPMS 产品集中了汽车电子技术、传感器技术、无线通信技术,由发射器(通过气门嘴固定在轮胎内)、控制器(含天线)、显示界面器(通常集成在整车仪表中)三部分构成。TPMS 于 20 世纪 90 年代末作为豪华车型的配置面向市场,因其良好的安全性能、节能环保性能在中高档车型上得到广泛应用,并逐渐成为部分国家、地区的汽车标准配置。

TPMS 市场需求处于迅速增长阶段,以 OEM 市场需求为主。全球 TPMS 市场需求主要分为前装 OEM 和后装 AM 两大市场,前装 OEM 市场需求来自整车厂对新车安全系统的升级,而后装市场需求则来自原有 TPMS 产品电池耗尽后的更换需求。基于目前世界各地新车强制安装 TPMS 的政策陆续出台,TPMS 市场现在仍以新车市场为主,即 OEM 市场为主。2016 年全球 TPMS 的需求量达到 3.32 亿个,装配率达 23.85%。

全球 TPMS 行业竞争区域性比较明显,主要集中在欧美等发达地区市场。从 TPMS 的产业链来看,在上游芯片环节,具备核心竞争力的解决方案基本由英飞凌、NXP 及通用等巨头厂商垄断,而在模组环节,Sensata、Pacific、大陆、Huf、TRW 等厂商基本瓜分主要市场份额。

国内市场潜力巨大,预计国家强制标准实施将显著提升乘用车 TPMS 渗透率。中国 TPMS 行业起步较晚,目前仍处于成长期,竞争较为分散,市场潜力较大。目前国内部分规模较大的 TPMS 生产企业,凭借较强的资金和技术实力,主要在售后市场与大型国际 TPMS 厂商进行竞争,随着国内政策推行、整体成本下降和技术升级,这些企业未来有望提升在 OEM 市场的渗透率,加速国产替代化进程。

国家法规政策是推动 TPMS 行业发展的第一决定因素。从世界各国对于强制立法安装 TPMS 的情况来看,立法及强制推行的时间即为 TPMS 行业出货量大增的时间阶段。美国是世界上最早强制安装 TPMS 的国家,自 2007 年 9 月 1 日起美国所有出厂的轻型车必须安装 TPMS,欧洲联盟也已立法规定从 2014 年 11 月 1 日起对未装配 TPMS 的乘用车不允许销售和注册。我国也于 2017 年 10 月正式发布 TPMS 强制性国家标准,法规规定:从 2019 年 1 月 1 日起,中国市场所有新认证乘用车必须安装 TPMS;从 2020 年 1 月 1 日起,所有在产乘用车开始实施强制安装要求,并且国内 TPMS 强制标准要求高于国际主流。中国目前已成为全球第一大汽车市场,随着强标执行,必将带动全球 TPMS 市场增长,预计到 2020 年全球市场规模将达 120 亿元左右。

(三) 趋势三:汽车轻量化趋势,铝压铸件成长空间巨大

铝铸件是提升新能源汽车续航能力的重要轻量化材料。续航问题成为制约新能源汽车推广的主要因素,提高续航能力的途径无外乎两种:提升电池技术;减轻车身重量。铝合金可替代钢材的汽车部件包括发动机缸体、车轮、悬挂系统零件、车身、热交换器等。汽车每使

用1千克铝,可降低自重2.25千克,减重效应明显。当前受制于成本与技术,以铝制零部件实现汽车轻量化是新能源汽车的发展趋势。出于成本的考虑,当前国内新能源汽车用铝比例仍然较低,未来国内新能源汽车提高铝制零部件比例的空间巨大。

政策红利催生铝铸件需求。国家对汽车油耗有严格的规定,根据2012年6月国务院颁布的《节能与新能源汽车产业发展规划(2012—2020年)》,2015年我国乘用车平均燃料消耗量每一百公里要求降至6.9升;2020年我国乘用车平均燃料消耗量每一百公里要求降至5.0升。从技术层面来看,燃油发动机减排空间有限,通过减少车身自重方式可有效降低油耗。智研咨询数据显示:汽车重量每减少50千克,每升燃油行驶的距离可增加2公里;汽车重量每减轻1%,燃油消耗下降0.6%~1%。铝合金因其较低的密度和优良的性能,成为主要的轻量化手段,有望在排放标准升级的背景下提升在传统燃油车中的应用比例。

第六章 专利基础知识与专利申请

第一节 专利基础知识

一、概述

1978年召开的党的十一届三中全会揭开了我国改革开放伟大事业的序幕,我国的专利制度正是在这一背景下孕育诞生的。1979年,我国启动了制定专利法的准备工作。当时,许多人对专利制度是否适合我国国情尚存在种种疑虑,我国在要不要建立专利制度的问题上经历了长达数年的争论,从最初的强烈反对到最终取得共识,经历了3次曲折,起草了25稿。最终《中华人民共和国专利法》(以下简称《专利法》)于1984年3月12日经第六届全国人民代表大会常务委员会第四次会议审议通过,自1985年4月1日起施行。

作为专利法的配套行政法规——《中华人民共和国专利法实施细则》(以下简称《专利法实施细则》),经国务院批准于1985年1月19日公布,1985年4月1日与《中华人民共和国专利法》一同实施。后经3次修改,形成了当今使用的比较完善的版本。

知识产权是人们对其智力创造成果依法所享有的权利的总称。狭义的知识产权包括工业产权与版权(即著作权)等。工业产权包含专利权、商标权等,版权包括作者权与传播者权(即邻接权)等。

"专利"从字面上来讲,是指专有的利益和权利。专利一词来源于拉丁语,原先的意思是公开的信件或公共文献。

专利一词有三种含义:

一是指专利权,即国家授予的对某项发明创造的独占支配权。

二是指专利技术,是受国家认可并在公开的基础上受法律保护的专有技术。如"这台榨汁机有10项专利",实际上是说这台榨汁机应用了10项获得专利权的技术。

三是指专利局颁发的专利证书或专利文献。如"查专利",就是要检索或查阅专利文献等。

所谓专利权,是指一项发明创造,经申请人向代表国家的专利主管机关提出专利申请,经审查合格后,由该主管机关向专利申请人授予的在规定时间内对该项发明创造享有的专有权。简而言之,专利权是发明创造的合法所有人依法对其发明创造所享有的独占权。

二、专利权的特点

一般而言,专利权具有以下五个特点。

(一)专有性——专利权专属于专利权人所有

专利权具有专有性,也称独占性、排他性或垄断性,也就是说,专利权专属于专利权人所有。《专利法》第十一条规定:发明和实用新型专利权被授予后,除本法另有规定的以外,任何单位或者个人未经专利权人许可,都不得实施其专利,即不得以生产经营为目的制造、使用、许诺销售、销售、进口其专利产品,或者使用其专利方法以及使用、许诺销售、销售、进口依照该专利方法直接获得的产品。

这就是说,专利权人对其权利的客体即发明创造享有占有、使用、收益和处分的权利。未经专利权人许可,其他任何人不得以生产经营为目的实施该项专利,否则就构成法律上的侵权行为。

(二)公开性——专利权的客体是向社会公开的

《专利法》第二十六条指出:"申请发明或者实用新型专利的,应当提交请求书、说明书及其摘要和权利要求书等文件。请求书应当写明发明或者实用新型的名称,发明人的姓名,申请人姓名或者名称、地址,以及其他事项。说明书应当对发明或者实用新型做出清楚、完整的说明,以所属技术领域的技术人员能够实现为准;必要的时候,应当有附图。摘要应当简要说明发明或者实用新型的技术要点。权利要求书应当以说明书为依据,清楚、简要地限定要求专利保护的范围。"

发明创造必须通过专利说明书做到"清楚""完整"和"能够实现",这三条是其要达到公开明示的范围和程度。如果说明书公开不充分就不能授予专利权。所谓的"用公开换保护",就是说只有达到了充分公开的要求,才能获得专利权,得到相应的保护。

有人认为专利是"保密技术",这是一种误解;相反,专利恰恰是通过专利文献将技术特征公之于众。已经被授予专利权的专利技术,任何人都可以从国家知识产权局的网站上,通过专利检索的手段查找并下载专利说明书和权利要求书等申请文件。专利是一种公开的技术。向社会公开发明创造的内容,是申请人取得专利权所必须付出的代价。

换言之,处于保密状态下的技术是不受专利法保护的。各种技术秘密,只能依靠商业秘密保护制度进行保护。

(三)时间性——专利权具有一定的时间限制

专利权并不是一种永恒的权利,专利权只在专利法规定的期限内有效。专利权的期限,各国专利法都有明确的规定。我国《专利法》第四十二条规定:发明专利权的期限为二十年,实用新型专利权和外观设计专利权的期限为十年,均自申请日起计算。

专利权的时间性是指专利权在规定的期限内有效。一旦法定期限届满,权利灭失,专利权人对其发明创造不再享有制造、使用、销售、许诺销售和进口的专有权。该技术进入公有领域,成为社会公共财富,任何单位或者个人都可以无偿使用。

有人利用专利权"时间性"的这个特征,将已经失效的专利加以利用,因为许多失效的专利仍然存在着技术价值,还能产生经济效益。

(四)地域性——专利权在批准的国家或地区内有效

地域性就是对专利权在空间上的限制,即专利权只能在授权的地域范围内有效,完全是独立的,对授权之外的国家或地区不发生法律效力,即专利权无"域外效力"。

专利权由各国或地区的政府主管机关依据法律授予,如果专利权人希望在其他国家或地区获得专利保护,就需要按照该国或地区的法律另行提出申请并获得授权。

大学生可以通过检索专利文献,关注"域外专利",借此了解已有的科学技术,或者通过模仿进行创新,这是一种节约时间,降低成本,提高技术创新能力的途径。

（五）法定授予性——专利权不是由做出发明创造的人自然拥有的

专利权的法定授予性，是说专利权是国家依法授予的权利。专利权必须经过申请，然后由国家专利行政管理机关（国家知识产权局）依照法律规定进行审查后决定授予或者不授予。

是否申请专利是关键环节。申请不申请是自己的事；申请之后授予与否是要经过一套严格的审查、批准程序的。与其他国家一样，我国对专利申请的受理和审查以及专利权的授予统一集中进行。

三、专利的种类

《专利法》将我国的专利分成三类。专利法第二条明确指出："本法所称的发明创造是指发明、实用新型和外观设计。发明，是指对产品、方法或者其改进所提出的新的技术方案。实用新型，是指对产品的形状、构造或者其结合所提出的适于实用的新的技术方案。外观设计，是指对产品的形状、图案或者其结合以及色彩与形状、图案的结合所做出的富有美感并适于工业应用的新设计。"

三种专利证书的样本如图 6-1 所示。

图 6-1　三种专利证书的样本

当两个或两个以上的单位或者个人就同一发明创造分别提出专利申请时，我国采用的是先申请制，即当两个或两个以上的单位或者个人就同一发明创造分别提出专利申请时，专利权授予最先申请的那个人。美国实行的是先发明原则，即同样的发明创造，专利权授予最先发明的那个人，即使他申请时间在后。所以需要根据专利的申请地点，确定专利申请策略。

三类专利授予专利权的条件是，该发明创造须有新颖性、创造性、实用性。判断专利是否具有新颖性、创造性、实用性的方法将在第二节第一部分详细描述。

在审查制度方面，三类专利稍有区别。

发明专利，国家知识产权局对发明专利先进行初步审查，审核递交的文件是否符合要求。经国家知识产权局初步审查符合专利法规定的形式要求的，从申请日起或优先权日起 18 个月内公布发明专利。发明专利公布后，该申请将得到临时保护，申请人可以要求实施其发明的单位或个人支付适当的费用。如果专利申请人需要对专利进行实质审查，申请人应当在中国申请日或优先权日起 3 年内，提交正式的实质审查请求。在此期限内没有请求实质审查的,申请将被视为撤回,即发明专利采用早期公布、延迟审查制。

中国对实用新型和外观设计专利申请实行初步审查制度,不需要对专利进行实质审查。在初步审查过程中,审查员主要审查专利申请是否具备专利法第二十六条规定的文件和其他必要的文件,这些文件是否符合规定的格式,并审查专利主题是否属于专利法规定不予授予专利权的,以及是否有新颖性、创造性、实用性。

在专利保护期限方面,专利法规定发明专利权的有效期为 20 年,实用新型和外观设计专利权的有效期为 10 年,均自申请之日起计算。

三类专利申请程序稍有不同。

发明专利申请程序:申请文件准备(10～30 天)—提交申请(3 天内)—发明专利初步审查—公布—发明专利实质审查—驳回或授权—缴纳费用—颁发专利证书。从提交申请到专利授权时间一般平均 22 个月左右,若申请文件有问题,或需要多轮答复申请,授权时间会相应后延。

实用新型专利申请程序:申请文件准备(10～30 天)—提交申请(3 天内)—实用新型专利初步审查—驳回或授权—缴权缴纳费用—颁发专利证书。从提交申请到专利授权时间一般 6～8 个月,如果审查过程中发现问题,授权时间会相应后延。

外观设计专利申请程序:申请文件准备(3～10 天)—提交申请(3 天内)—外观设计专利初步审查—驳回或授权—缴纳费用—颁发专利证书。从提交申请到专利授权时间一般 6～8 个月。如果在审查期间由于申请文件有问题,需要补正、答辩等,则授权的时间会相应后延。

第二节　专利申请前的准备

一、确定是否申请专利

专利申请是一件相当复杂的事情,要考虑的因素很多。如果提前做好了准备,事情就顺利;反之,如果轻视或忽略事前的准备,那必然会带来很大的问题,甚至彻底失败。所以首先要确定能不能申请专利。

(一)是否属于《专利法》第五条或第二十五条规定的不授予专利权的发明创造

《专利法》第五条和第二十五条从维护国家和社会利益的角度出发,并根据我国的国情,对可授予专利权的主题范围做了某些限制性规定。

《专利法》第五条规定:"对违反法律、社会公德或者妨害公共利益的发明创造,不授予专利权。对违反法律、行政法规的规定获取或者利用遗传资源,并依赖该遗传资源完成的发明创造,不授予专利权。"

《专利法》第二十五条规定对下列各项,不授予专利权:①科学发现;②智力活动的规则和方法;③疾病的诊断和治疗方法;④动物和植物品种(包括动物和植物品种生产方法中的生物学的方法);⑤用原子核变换方法获得的物质(包括原子核变换方法在内);⑥对平面印刷品的图案、色彩或者二者的结合做出的主要起标识作用的设计。

在申请专利之前,必须判断自己的发明创造是否属于上述不授予专利权的范围,如果没有被授权的可能,就不要去申请了。

（二）是否符合《专利法》第二条的规定

《专利法》第二条规定了可以授予专利权的申请应当满足的基本条件，即发明、实用新型、外观设计的定义。

我们重点掌握发明和实用新型的异同。《专利法》规定：发明既可以包括产品，也可以包括方法，而这些产品或方法都是由发明创造的技术方案来体现的；实用新型是指对产品的形状、构造或者其结合所提出的适于实用的新的技术方案。由此可知，实用新型专利只保护产品，所述产品应当是能够通过产业方法制造的、有确定形状且占据一定空间的实体。

在发明和实用新型定义中所说的"新的技术方案"，是对可申请专利保护的发明或者实用新型客体的基本要求。大学生在撰写技术交底书或者专利申请文件时，应当找出这个发明创造是否有"新的技术方案"，先要符合发明或者实用新型的一般性定义。

（三）是否符合《专利法》第二十二条的规定

就是要判断申请的发明和实用新型是否满足实质要件的规定，即是否具备专利"三性"的要求。按照本条规定，授予专利权的发明和实用新型必须具备新颖性、创造性和实用性。

1. 判断是否具有新颖性

以申请发明或实用新型是否属于现有技术为准。因此，要充分了解现有技术的状况，对准备申请专利的项目是否具备新颖性进行较详细的调查。然而，现有技术涵盖范围广，除了专利文献、非专利文献、本专业的权威性期刊和专著等，还包括国内同行业的技术现状，所以，要对现有技术做出全面的调查是一项细致和烦琐的工作。

总之，对现有技术的调查是一个不可或缺的环节。申请人至少要检索一下专利文献，因为专利文献包含了国内外最新的技术情报，又有比较科学的分类方法，可以给申请人较大的帮助。申请人可以自己上网检索，调查国内外现有技术的情况。另外，国家知识产权局下属的检索咨询中心提供有偿检索服务，如果申请人经济上许可，这是调查现有技术最省力的一个方法。

还要当心，有些公开将会丧失专利申请的新颖性。所以在专利申请以前，申请人应当对申请内容保密。如果在发明试验以及鉴定过程中有他人参与，应当要求相关人员也予以保密，必要时可以考虑签订保密协议。不要在申请之前发表论文，不要用于会议交流。对由中国政府主办或者承认的国际展览会上首次展出的、在全国性学术团体组织主办的新技术、新产品鉴定会和技术会议，按照《专利法》第二十四条的规定，在会议后 6 个月之内提出申请的，不丧失新颖性。

2. 判断是否具有创造性

是否符合创造性的标准是指与现有技术相比，该发明是否具有突出的实质性特点和显著的进步，该实用新型是否具有实质性特点和进步。

所谓"突出的实质性特点"，是指发明与现有技术相比具有明显的本质区别，对于发明所属技术领域的普通技术人员来说是"非显而易见"的，不能直接从现有技术中得出构成该发明全部必要的技术特征。假如只是通过逻辑分析、推理或者一般试验而得到，则该发明就不具备突出的实质性特点。

所谓"显著的进步"，是要从发明是否具有有益的技术效果来看，发明与现有技术相比具有更好的效果。具体包括：①发明克服了现有技术中存在的缺点和不足；②为解决某一技术问题提供了一种不同构思的技术方案；③代表某种新的技术发展趋势。

至于实用新型是否符合创造性的标准,相对于发明专利来讲,其要求要低一些。只要具有实质性特点和进步即可,不要求达到"突出"和"显著"。

3. 判断是否具有实用性

实用性是指该发明或者实用新型能够制造或者使用,并且能够产生积极的效果。具体包括:①能够制造或者使用;②能够产生积极的效果;③必须具有再现性。

申请专利以前,要掌握资料,了解现有技术,要做到"知己知彼",对自己的发明创造做出一个分析判断。对明显没有专利性的就不必提出申请了,以免浪费时间、精力和财力。

通过上述三个方面的分析和判断,如果发明创造已经满足了上述的条件,就可以考虑下一个问题了,即确定要不要申请专利。

所谓的"要不要申请",就是要认真评估这个发明创造是否值得我们去申请专利。

发明创造有没有价值:一是看它对未来的影响,例如某些开拓性发明以及有重大影响的发明可以影响到人类社会的发展、科学技术的进步;二是看其应用价值的大小,例如有些发明应用广泛,直接影响到人类的生活。

在申请专利之前,要对发明创造的市场前景和经济收益进行分析、调研和预测,包括:①技术开发和技术市场的前景;②商品市场开拓的空间;③在取得专利权后,能否实施和转让,能否获得经济收益;④如果不去申请专利,可能会带来多大的损失。

如果上述情况弄不清楚就去申请专利的话,即使能够获得专利,也极有可能会做无用功,将造成时间、精力和财力的极大浪费。

申请专利需要从经济投入、申请时机等多方面进行认真考虑。

第一,要算出自己的资金投入。申请专利必须缴纳申请费、审查费;如果被批准,还要缴纳专利登记费、年费(维持专利)等;委托专利代理机构的还要缴纳代理费,这些加起来投资不算小。

第二,要对申请的时机做出选择。有人考虑在自身新产品上市之前(有利于自家的新产品垄断市场);有人考虑在他人新产品上市之前(可以防止他人的市场垄断);有人则选择在对手的新技术出现之前(考虑去抢占潜在的市场)。

第三,选择那些有价值的课题去做。在选择发明课题的时候,就要尽可能评估课题的价值。对那些在任何领域都没有应用价值、没有人去使用的发明,就没有必要去申请专利。

二、申请前专利文献的检索

(一)专利检索的意义

由于全世界专利众多,且具有优先权的特征,任何人都不能保证自己的想法是世界上独一无二的。我们能想到的发明,别人很有可能也会想到,所以任何个人和企业在申请专利前,都应该认真检索,看看自己的想法是否已经被别人实现,是否专利已经出现在世界各大专利局的数据库中而不自知。

专利研究和申请切不能存有侥幸心理。据不完全统计,各国因未查阅专利文献而使研究课题失去价值,每年造成的直接经济损失数以十亿计,间接损失就更大了。我国在20世纪80年代,大中型企业的近万个课题,约有2/3是重复研究。

因此,申请专利前一定要高度重视专利文献的检索。申请专利前专利检索的作用和重要意义有以下几点:

（1）可以评价专利申请获得授权的可能性。
（2）帮助专利申请人更好地起草专利文件。
（3）申请前的初步专利检索还能完善申请方案。
（4）申请前的初步专利检索能节省时间和金钱。

（二）专利检索的范围

专利申请前的检索主要包括专利检索和非专利检索。专利检索主要在专利文献中进行。根据PCT（专利合作条约）组织专利检索最低文献量的规定，PCT最低专利文献量包括1920年以来美国、英国、法国、德国、瑞士、欧洲专利局和世界知识产权组织出版的专利说明书，以及日本和俄罗斯的英文专利文献。PCT最低非专利文献则以PCT国际局公布的最低文献量期刊清单前5年发表的文献内容为范围。

此外，随着数字化技术和网络技术的迅速发展，网络资源作为人类知识宝库的一个重要组成部分，构成了发明技术"公知公用"不可忽略的一个重要组成部分，因此，网络公开的文献资源中与发明技术相关的部分，也可以作为专利检索的一个文献资源。

专利文献检索资源主要由各国政府知识产权局网站提供的各国专利数据库、国际或地区间专利合作组织网站的专利数据库、商业性检索系统的数据库等组成。条件允许的情况下，应首选数据库含量大、检索功能强的商业性检索系统专利数据库，如美国的PQD、欧洲的STN，两者都含有英国Derwent公司的世界专利数据库（WPI）及相关的各国专利数据库。如果不具备使用商业性检索系统的条件，可选用各国政府知识产权局网站、国际或地区间专利合作组织网站提供的公益性专利数据库资源或检索工具，比如中国国家知识产权局政府网站专利库、欧洲专利局网站espacenet专利检索系统、美国专利商标局网站专利检索系统、日本特许厅政府网站专利检索系统等。

（三）专利文献检索的基本方法

文献检索的方法很多，下面介绍常用的几种：

1. 布尔逻辑检索

布尔逻辑检索，也称作布尔搜索。严格意义上的布尔逻辑检索是指利用布尔逻辑运算符连接各个检索词，然后由计算机进行相应逻辑运算，以找出所需信息的方法。布尔逻辑运算符的作用是把检索词连接起来，构成一个逻辑检索式。

1）逻辑"与"

用"AND"或"*"表示。可用来表示其所连接的两个检索项的交叉部分，即交集部分。如果用AND连接检索词A和检索词B，则检索式为A AND B或A*B，表示让系统检索同时包含检索词A和检索词B的信息集合C。

2）逻辑"或"

用"OR"或"＋"表示。用于连接并列关系的检索词，用OR连接检索词A和检索词B，则检索式为A OR B或A＋B，表示让系统查找含有检索词A、B之一，或同时包括检索词A和检索词B的信息。例如，在标题/摘要字段输入car or automobile or vehicle进行检索，可能检索到包含car而不包含automobile或vehicle的专利。

3）逻辑"非"

用"NOT"或"－"表示。用于连接排除关系的检索词，即排除不需要的和影响检索结果的概念。用NOT连接检索词A和检索词B，检索式为A NOT B或A－B，表示检索含有检索词 A 而不含检索词 B 的信息，即将包含检索词 B 的信息集合排除掉。例如，如果想查找关于固定装置的专利，用 nail 进行检索，将生成一个同时还包含与 finger、nail 有关的专利的结果列表。这种情况下，可以在标题/摘要字段中输入 nail NOT finger 以排除这些无关的专利文献。

4）逻辑运算次序

在一个检索式中，可以同时使用多个逻辑运算符，构成一个复合逻辑检索式。复合逻辑检索式中，运算优先级别从高至低依次是 not、and、or，可以使用括号改变运算次序。

2. 截词检索

截词检索是预防漏检、提高查全率的一种常用检索技术，大多数外文数据库都提供截词检索的功能。截词是指在检索词的合适位置进行截断，然后使用截词符进行处理，这样既可节省输入的字符数目，又可达到较高的查全率。在截词检索技术中，较常用的是后截词和中截词两种方法。按所截断的字符数目来分，有无限截词和有限截词两种。截词算符在不同的系统中有不同的表达形式，常用的有"?""$"" * "等。需要说明的是并不是所有的搜索引擎都支持这种技术。

截词检索就是用截断的词的一个局部进行的检索，并认为凡满足这个词局部中的所有字符（串）的文献，都为命中的文献。按截断的位置来分，截词可分为后截词、前截词、中截词和复合截词四种类型：

（1）后截词，前方一致。如：comput 表示 computer、computers、computing 等。

（2）前截词，后方一致。如：computer 表示 minicomputer、microcomputer 等。

（3）中截词，中间不一致。如：organiation 表示 organisation、organization 等。

（4）复合截词，中间一致，如：comput 表示 minicomputer、microcomputers 等。

截断技术可以作为扩大检索范围的手段，具有方便用户、增强检索效果的特点，但一定要合理使用，否则会造成误检。

3. IPC 分类检索

IPC（international patent classification）国际专利分类，根据 1971 年签订的《国际专利分类法的斯特拉斯堡协定》编制，是目前唯一国际通用的专利文献分类和检索工具。国际专利分类法主要是对发明和实用新型专利文献进行分类。用国际专利分类法分类专利文献而得到的分类号，称为国际专利分类号。利用 IPC 分类号可以进行专利文献的分类检索。

IPC 分类表 8 个部涉及的技术范围：

①A 部：生活需要。

②B 部：作业、运输。

③C 部：化学、冶金。

④D 部：纺织、造纸。

⑤E 部：固定建筑物。

⑥F 部：机械工程、照明、加热、爆破。

⑦G 部：物理。

⑧H 部：电学。

一个完整的分类号由代表部、大类、小类、大组或小组的符号构成。例如：A01B1/02。

部 A

大类 A01

小类 A01B

大组 A01B1

小组 A01B1/02

大多数专利数据库提供 IPC 分类导航，即利用 IPC 分类表中各部、大类、小类，逐级查询到感兴趣的类目，点击此类目名称，可得到该类目下的专利检索结果。有的系统在 IPC 分类导航检索的同时提供关键词检索，即在选中某类目下，在发明名称和摘要等范围内再进行关键词检索，可以提高检索的准确性。有的系统可以在 IPC 字段输入分类号直接进行检索，或与其他字段进行组配检索。

4. 字段检索

字段检索和限制检索常常结合使用，字段检索就是限制检索的一种，因为限制检索往往是对字段的限制。一般专利数据库都提供很多检索字段，主要包括主题（题名、关键词、摘要）、名字（发明人、专利权人）、号码（申请号、优先权号、公开号）、日期等，用户可根据已知条件，从多个检索入口做选择，进行单字段检索或多字段逻辑组配检索。

字段限制检索可以用来控制检索结果的相关性，以提高检索效果。

常用专利文献检索字段有：

Number 中文申请日公开

（公告）日优先权号公开

（公告）号 IPC 英文 Application

Date Publication

Date Priority

number Publication

Number IPC 中文代理人省市/国别代码代理机构代码主权项英文 Patent Agent Province/Country

Code Patent Agency

Code claim

字段检索步骤：

第一步：利用待查技术的若干主题词进行初步检索，找出部分文献，确定初步检索效果。

第二步：从文献中找出相关国际专利分类（IPC）号，对照国际专利分类表，找出最相关的 IPC 号。

第三步：根据 IPC 号和相关文献找出同义词、近义词，确定完整的检索式。

第四步：进行逻辑组配，在相关的专利数据库中检索，得到较完整的检索结果。

（四）常用专利数据库及其使用方法

1. 国家知识产权局政府网站专利库

（http://www.cnipa.gov.cn/）

中国的公共检索资源包括专利检索与服务系统（公众部分）、中国专利检索系统、中国专利英文检索系统、中国专利法律状态检索系统、专利公开公告查询系统和中国及多国专利审查信息查询系统（公众查询部分）6 个系统，可以检索 100 多个国家、地区和组织的专利文献，以及中国专利的法律状态、同族、引文、对比文献等信息。

1) 专利检索与服务系统（公众部分）

(http://www.pss-system.gov.cn/)

专利检索与服务系统收录了 100 多个国家、地区和组织的专利数据，检索语言有中文、英文、法文等 9 种，检索中国专利一般用中文，检索外国专利一般用英文，也可以用该系统提供的相应国家的语言。该系统于 2011 年 4 月 26 日开始面向公众提供服务，数据更新频率为周更新（中国专利数据每周六更新；外国专利数据每周三更新）。系统提供专利检索与专利分析两大类服务，其中检索服务提供常规检索、表格检索、批量下载等功能。专利分析服务只能在中文界面下使用。专利检索服务提供中英文两种界面语言，两种语言下的界面、检索数据范围和功能相同。注册用户可以获得更多权限。系统提供了详细的帮助文件，使用者可以在检索前进行系统学习。

图 6-2 所示是专利检索及分析系统表格检索中文界面。检索内容是 2015 年 1 月 1 日以来华为公司为专利权人、专利名称有"基站"的专利。可以从中查看文献的详细信息、法律状态、申请（专利权）人基本情况等信息（见图 6-3）。还可以根据检索出的专利文献与自己的发明创造的相关度决定是否将该文献加入分析库中。

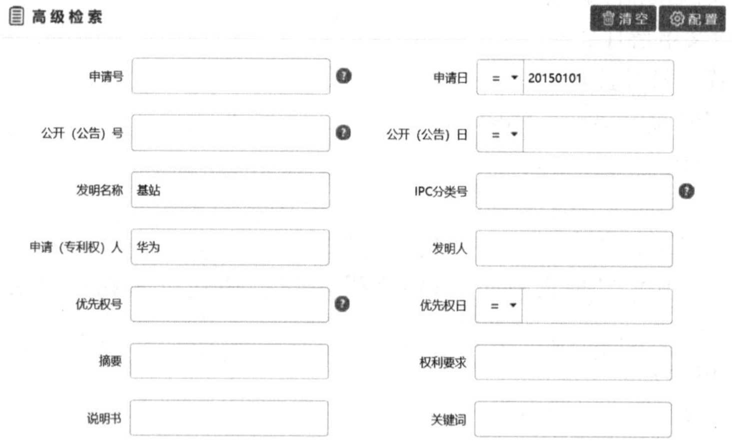

图 6-2　专利检索及分析系统表格检索中文界面

图 6-3　查看文献详细信息

2) 中国专利英文检索系统

(http://211.157.104.77:8080/sipo_EN/search/tabSearch.do?method=init)

中国专利英文检索系统的检索语种为英文。该系统收录 1985 年 9 月 10 日以来公布的中国发明和实用新型专利的著录项目和摘要的英文翻译。该系统提供专利检索、专利著录项目与摘要浏览,以及说明书、权利要求的在线英文机器翻译功能。中国专利英文检索系统提供高级检索和简单检索两种检索方式。首页中间是高级检索区域,页面右侧是简单检索区域。高级检索提供公开(公告)号(Publication Number)、公开(公告)日(Publication Date)、申请号(Application Number)、申请日(Application Date)、名称(Title)、摘要(Abstract)、IPC、申请人(Applicant)、发明人(Inventor)、代理人(Patent Agent)、代理机构代码(Patent Agency Code)、优先权(Priority)、省市/国别代码(Province/Country Code)等13个检索入口。默认检索发明、实用新型两种专利,也可将检索范围限制为其中一种类型。在每个检索入口对应的检索框中输入检索词后即可进行检索,如在多个检索入口输入检索词,默认以逻辑"与"关系进行检索,也可使用布尔逻辑运算符构造检索式。简单检索仅提供单检索入口检索,提供名称(Title)、摘要(Abstract)、申请号(Application Number)、发明人(Inventor)、IPC、申请人(Applicant)等6个检索入口。检索方法请参考系统提供的"help"。中国专利英文检索系统界面如图6-4所示。

图 6-4　中国专利英文检索系统界面

3) 中国及多国专利审查信息查询系统(公众查询部分)
(http://cpquery.cnipa.gov.cn/)

中国及多国专利审查信息查询系统的检索语种为中文(系统提供中文、英文、德文、法文、日文、韩文、俄文及西班牙文8种界面语言,检索只能使用中文)。该系统收录中国国家知识产权局已公布的发明专利申请,或已公告的发明、实用新型及外观设计专利申请的相关信息。申请日在2010年2月10日之后的申请可查看申请文件的图形文档。公众查询部分的数据更新频率为周更新。该系统提供专利申请查询、申请的基本信息、公布公告信息与审查信息浏览功能。

检索字段包括号码类型(申请号、公开号和优先权号)、国别(中国、欧洲专利局、日本、韩国和美国)、文献类型以及验证码,检索结果可以按照申请日和公开日进行排序。

检索结果可以查看专利的申请信息、审查信息、费用信息、发文信息、同组案件信息等。审查信息包括申请文件、中间文件和通知书等。

2. 欧洲专利局网站 Espacenet 专利检索系统

（https://www.epo.org/index.html）

欧洲专利局（EPO）是根据欧洲专利公约，于1977年10月7日正式成立的一个政府间组织。其主要职能是负责欧洲地区的专利审批工作。欧洲专利局现有38个成员国，欧洲专利覆盖了40个国家。依照欧洲专利公约的规定，一项欧洲专利申请，可以指定多国获得保护。一项欧洲专利可以在任何一个或所有成员国中享有国家专利的同等效力。在这种情况下，可以简化在多国单独提交专利申请的手续，节约开支，方便申请人。欧洲专利局是世界上实力最强、最现代化的专利局之一，拥有世界上最完整的专利文献资源、先进的专利信息检索系统和丰富的专利审查、申诉及法律研究方面的经验。

自1998年开始，欧洲专利局在Internet网上建立了Espacenet数据检索系统，用户可以便捷、有效地获取免费的专利信息资源。欧洲专利检索网站还提供专利公报、INPADOC数据库信息及专利文献的修正等。欧洲专利局的检索界面可以使用英文、德文、法文和日文（注：日文仅在Espacenet数据检索系统中使用）四种语言。Espacenet数据检索系统中收录的每个国家的数据范围不同，数据类型也不同。数据类型包括题录数据、文摘、文本式的说明书及权利要求，扫描图像存储的专利说明书的首页、附图、权利要求及全文。

1）专利检索

Espacenet提供3种检索方式，分别为Smart Search（智能检索）、Advanced Search（高级检索）和Classification Search（分类检索）。对于我国检索人来说，更加贴心的是，通过界面中"改变国家"选项，选择"China"，数据库可以提供中文界面，而且还提供中文帮助文件。Espacenet检索结果中文界面如图6-5所示。

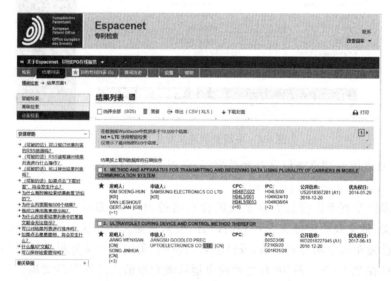

图6-5　Espacenet检索结果中文界面

智能检索可以免费在超过9000万项专利数据库worldwide中进行检索，检索框最多可以输入20个检索词，但是，每个著录项不能超过10个检索词，检索词之间可以用空格或者合适的运算符分隔开。例如将检索式 ti=nail NOT ti=finger 输入智能检索框，可以得到检索结果。只显示前500个检索结果，每页显示25条。

高级检索页面设置了：1个数据库选择项（3个数据库：worldwide、EP、WIPO），默认数据库为 worldwide；10 种检索入口为发明名称中的关键词、发明名称或摘要中的关键词、CPC 分类号、IPC 分类号、申请号、公开号、公开日、优先权号、申请人、发明人。需要注意的是，3 个数据库的检索字段不完全一致。

分类检索使用 CPC（Cooperative Patent Classification）分类，CPC 分类系统自 2013 年 1 月 1 日起投入使用，是由欧洲专利局和美国专利商标局在总结实践经验的基础上共同开发的分类系统。分类检索具体方法，可以参照分类检索页面左侧的"quick help"。

2）检索结果显示

检索完毕，系统在窗口显示的检索结果主要有检索结果列表、使用的数据库及与检索式相匹配的检索结果记录数。检索结果列表页面一次最多显示 25 件专利文献，通过跳转键可以显示更多文献；而用户一次检索只能提取的最大文献量为 500 件；检索结果列表可以选择多种排序方式；检索结果列表中仅能显示发明名称、公开信息、申请人、发明人和 IPC 分类号。

3. 其他外国国家数据库

1）美国专利检索系统

（http：//patft.uspto.gov/）

美国专利商标局网站是美国专利商标局建立的政府性官方网站，该网站向公众提供全方位的专利信息服务。美国专利商标局已将 1790 年以来的美国各种专利的数据在其政府网站上免费提供给世界上的公众查询。该网站针对不同信息用户设置了专利授权数据库、专利申请公布数据库、法律状态检索、专利权转移检索、专利基因序列表检索、撤回专利检索、延长专利保护期检索、专利公报检索及专利分类等。数据内容每周更新一次。

2）日本特许厅政府网站专利检索系统

（http：//www.jpo.go.jp/english/faqs/patent.html）

日本专利局已将自 1885 年以来公布的所有日本专利、实用新型和外观设计电子文献及检索系统通过其网站上的工业产权数字图书馆（IPDL）免费提供给全世界的读者。日本专利局网站中的工业产权数字图书馆被设计成英文版和日文版两种系统。

4. 商业数据库

1）SooPAT 专利数据搜索引擎

（http：//www.soopat.com/）

SooPAT 是一个专利数据搜索引擎。soo 为"搜索"，pat 为"patent"，SooPAT 即为"搜索专利"。SooPAT 本身并不提供数据，而是将所有互联网上免费的专利数据库进行链接、整合，并加以人性化的调整，使之更加符合人们的一般检索习惯。用户注册后，可以使用到 SooPAT 的更多功能，如阅读下载专利文献、向专利行业的专家提问、结交朋友、分享新鲜事，还可随时随地用手机访问，参与互动。个人、企业以及专业人士可以通过淘宝购买的方式成为高级用户；高级用户的资费不同，因而使用功能也不同。

SooPAT 开发了更为强大的专利分析功能，提供各种类型的专利分析，例如可以对专利申请人、申请量、专利号分布等进行分析，用专利图表表示，而且速度非常快。目前，该专利分析功能是免费的。

SooPAT 包括"中国专利"和"世界专利"两部分（见图 6-6）。普通用户可在"中国专利"中检索，并可查看专利的题录、摘要、主权项以及法律状态等信息，注册用户可阅读、下载单篇专利，还可以使用系统提供的专利分析功能，高级用户才可以批量导出或下载专利。

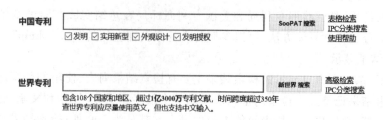

图 6-6　SooPAT 专利检索界面

SooPAT 提供快速检索、表格检索和 IPC 分类检索三种检索方式。IPC 分类检索提供"输关键词查分类号"和"输分类号查含义"两种功能。如在 IPC 分类检索中输入"醋酸酯"就可以得到其分类号(见图 6-7)。

图 6-7　IPC 分类结果输出

2) SooPAT 搜索技巧

(1) 通过申请(专利)号、公开号查询时,直接输入号码,前面不用加 ZL 或 CN。

(2) SooPAT 会忽略"的""地""得"等字词,这类字词不仅无助于缩小查询范围,而且会大大降低搜索速度。这些词和字符称为忽略词。

(3) 在一些情况下,SooPAT 会对查询词进行适当拆分,以防止漏检,比如输入"航空航天动力",会自动转换成"航空 AND 航天 AND 动力"来搜索。如不需要 SooPAT 进行这种自动拆分,只需在查询词上加英文单引号,比如输入"航空航天动力",就不会被拆分开了。

(4) 如果需要将查询词限定在某一字段内,可在这个查询词前加上字段限定符(注意字段后用英文冒号)。SQH:申请号;SQRQ:申请日期;MC:专利名称;ZY:摘要;SQR:申请人;DZ:地址;FMR:发明人;FLH:分类号;ZFLH:主分类号;GKH:公开号;GKRQ:公开日期;ZLDLJG:专利代理机构;DLR:代理人;LeiXing:专利类型。如:ZY:苹果,表示查询摘要里包括"苹果"这个词的专利。MC:塑料 AND FLH:C08F*,表示查询专利名称包含"塑料",且分类号为"C08F"的专利。MC:塑料 AND FMR:许,表示查询专利名称包含"塑料",且发明人包含"许"的专利。

三、技术交底书

技术交底书又称技术交底材料,它是发明人或申请人将自己希望申请专利的发明创造内容以书面形式提交给专利代理机构或是单位专利管理部门的文件。技术交底书是帮助专利代理人理解发明创造的关键,也是写好专利申请文件的基础。技术交底书记载了具体的发明创造名称、发明或实用新型所涉及的技术领域、相关的背景技术、发明内容、附图说明、实施方式等。

技术交底书需要记载其发明创造的原始内容,阐明该技术的关键点,通过技术交底书将发明创造的内容传递给专利代理人。一份能够准确记载发明创造内容的技术交底书,不仅有利于发明人对自己的发明创造形成清楚、系统的认识,而且有利于专利代理人准确理解发明创造的构思,合理设计发明的保护范围,有效缩短申请专利的准备时间。

撰写专利申请文件的代理人通常不是该项技术的专家,对尖端技术不可能有详细的了解。所以,专利代理人只有在发明人撰写的技术交底书的基础上,才能撰写出专利文件。因此,一个发明创造先要由发明人撰写技术交底书,再交给专利代理人加工(中间要与发明人沟通),才能完成专利申请文件的撰写工作。发明人对技术方案很熟悉,但是对专利申请流程不熟悉,而且多数人很难准确把握好专利授权的实质性要求以及答复和修改技术方案的技巧。因此,技术交底书成了发明人和代理人对话、沟通的"桥梁"。

对于专利代理人来说,拿到一份清楚、完整反映发明内容的技术交底书,可以加快对技术内容和发明创新点的理解和把握,减少代理人与发明人之间的沟通次数。专利代理人可以根据技术交底书的"素材"形成技术内容完整、权利要求保护范围恰当的专利申请文件(主要是说明书、权利要求书),使得该发明创造的技术创新成果有可能得到最大限度的保护。总而言之,一份合格的技术交底书可以提高专利代理人的工作效率,同时有利于专利申请的顺利审批。

一份完整的技术交底书,需要发明人提供以下六个方面的素材。

(一) 名称

在技术交底书中,需要明确给出发明或者实用新型的名称。该名称要能体现出主题和类型(产品或方法),反映出用途或者应用的领域,以利于专利申请的分类,例如一件包含拉链产品和该拉链制造方法两项发明的申请,其名称应当写成"拉链及其制造方法"。

采用所属技术领域通用的技术术语,最好采用国际专利分类表中的技术术语,不得采用非技术术语。名称中不得使用人名、地名、商标、型号或者商品名称等,也不得使用商业性宣传用语。一般不得超过 25 个字。

(二) 技术领域

在技术交底书中,应当给出发明创造直接所属的或者直接应用的技术领域,而不是非其所属的或者广义的、相邻的技术领域。例如"荧光灯"属于照明设备领域。

如果对该领域的划分不太熟悉,那就写出本发明创造用于什么地方、起什么作用,便于专利代理人理解。

(三) 背景技术

撰写背景技术时,首先要描述和评价与发明创造相关的现有技术的现状。相关的现有技术可以通过专利检索或者阅读公开资料而得到。如果是专利检索到的专利文件,发明人可以提供相关的专利号或申请号;若是公开资料(如期刊、书籍等),发明人可以提供该资料的标题、详细出处,最好是将该文献的复印件提供给专利代理人。

对背景技术的介绍分成两块：

（1）先对现有技术做出详细的介绍，例如主要的结构和原理，或者所采用的技术手段和方法步骤。

（2）再针对现有技术和本发明创造，客观地评价并指出现有技术存在的问题和缺点，或进一步分析出现这些问题和缺点的原因（为本发明做"铺垫"）。

需要强调的是，发明人指出的现有技术存在的技术问题，应当是本发明的技术方案能够解决的技术问题。然而，有人写背景技术"没有扣题"，尽管指出了现有技术中存在的许多问题，却把本发明的技术方案能够解决的那些问题"遗漏"了。有的人对现有技术的缺点没有客观看待，没有任何分析推理的过程，就断言其有缺点或者刻意夸大其缺点，这些都是不对的。

简单而言，写背景技术就是要准确描述相关的现有技术及其存在的缺点。对于专利代理人来说，将有助于理解技术方案，把握本申请的发明点和确定保护范围。

（四）发明内容

发明内容包括发明目的、技术方案及有益效果等。我们要从现有技术中发现技术问题，然后用技术方案去解决问题，从而获得有益效果。

1. 发明的目的——解决存在的技术问题

首先我们要针对背景技术所提到的现有技术的不足，提出发明目的，例如"本发明的目的，是要提供一种（具有某种功能）能解决某种技术问题的××××"。

发明目的一般只要简单列举即可，也可以尽可能多地列出，以供专利代理人参考。发明目的要针对解决现有技术中存在的问题，也就是要结合本发明或实用新型取得的效果提出所要解决的问题。

所要解决的技术问题应当按照如下要求撰写：

（1）要针对现有技术中存在的缺陷或不足。

（2）用正面的、简洁的语言客观地描述本发明要解决的技术问题。

对所要解决的技术问题的描述不得采用广告式宣传用语。

2. 发明的核心——完整可行的技术方案

根据《专利法》和《专利法实施细则》的规定，专利申请的核心是要在说明书中公开的技术方案。实现发明目的必须有具体的技术方案和手段，要求清楚、完整、准确地加以描述以使本领域的普通技术人员能够实施为准。

在发明内容中要给出其区别于现有技术的技术特征，并描述其在本发明创造中所起的作用。对于产品发明来说，应该交代包括哪些部件、各部件之间的位置关系、连接关系、作用原理，以及各部分都起什么作用。对于工艺方法发明来说，应该叙述包括哪些步骤、每个步骤的操作工序如何、各步骤的作用是什么等。

在描述技术方案时，可以结合一个或多个具体实现过程进行描述，并说明该技术方案中哪些结构或步骤是必不可少的，哪些结构或步骤是可选的。也就是说，在给出最优选的实现方式的同时，还可以给出非优选的多种可能的实现方案。发明人应该尽可能将所想到的各种实现情况都写上，从而便于专利代理人理解技术实质，便于对技术特征进行上位概括。

撰写技术方案常见的问题是：缺乏具体的技术手段，纯功能性描述，方案不完整而无法实施等。

3. 发明的成效——具有可见的有益效果

有益效果是与现有技术做出比较的结果,也就是能解决技术问题而带来的效果。技术效果的描述不能凭空臆断出来,要结合技术内容中给出的具体方案,详细分析技术方案是如何解决技术问题而达到实际效果的。

通常,有益效果可以是产率、质量、精度、效率等的提高,能耗、原材料、工序的节省,加工、操作、控制、使用的简便,环境污染的防治或根除等,从多方面反映出来。

描述有益效果最好能量化——用数据说话,也可以对发明或实用新型的结构特点或作用关系进行分析或者用理论说明,不得断言其有益效果。引用实验数据说明有益效果时,应给出必要的实验条件和方法、实验仪器。另外,其有益效果是与现有技术进行比较而得出的,因此,现有技术已经实现的效果就不必赘述了。

撰写有益效果常见的问题是:只给出断言,不做具体分析;缺乏实验数据,或者没有给出实验手段和条件;结论不能从技术方案中合理导出。

(五)附图及附图说明

1. 附图

技术交底书附图的作用相当重要,常常需要用图示的形式来弥补技术交底书文字描述的不足,使他人(专利代理人、专利审查员等)更加直观地、形象化地理解发明或者实用新型的每个技术特征和整体技术方案。特别是机械和电学技术领域中的专利申请,技术交底书附图的作用尤其明显。与专利申请的说明书有所不同的是,为帮助专利代理人更直观地理解本发明,技术交底书中提供的附图可以是照片。

对发明专利申请,用文字足以清楚、完整地描述其技术方案的,可以没有附图。但是,实用新型专利申请的技术交底书必须有附图。

根据发明创造的具体内容,附图可以采用简图、形状示意图、局部图、立体图等各种形式。给出的零件图、装配图、结构图、流程图、电路图、线路图等,都要简单明了,并反映出发明创造点。

有时描述背景技术时也需要用到附图,这样可以更清楚直观地进行对比。

技术交底书文字部分中未提及的附图标记,不得在附图中出现;反之,附图中未出现的附图标记,也不得在技术交底书文字部分中提及。

在附图中除了必需的词语外,不应当含有其他的注释。但对流程图、框图一类的附图,应当在其框内给出必要的文字或符号。在附图中必须体现出本发明的发明点所涉及的各部件的组成及连接关系。附图总数在两幅以上的,要使用阿拉伯数字顺序编号,例如图1、图2。该编号标注在相应附图的正下方。

2. 附图说明

技术交底书有附图的,应当写明各幅附图的图名,并且对图示的内容做简要说明。在零部件较多的情况下,允许用列表的方式对附图中具体零部件的名称加以说明。

附图说明要注意的问题:

(1)要指出提供了哪几幅图,并且注意说明每幅图表示的主要内容,特别是结构上的剖面图,要指出是什么部件放在什么位置、对着什么方向的剖视图。

(2)附图说明要与文字对应,避免图是图,文字是文字,甚至图与文字互相矛盾。要求各附图的标号要统一。

(3) 在流程图或电路图、程序方框图中不使用必要的文字说明,而用附图标记代替。

例如,某项发明名称为"一种家用空气净化设备",其技术交底书包括两幅附图。这些附图说明如下:

图1是家用空气净化设备的主视图;

图2是家用空气净化设备的正面剖视图。

(六)具体实施方式

实现发明或者实用新型的具体实施方式是技术交底书的重要组成部分,它对充分公开、理解和实现发明或者实用新型都是极为重要的。因此,技术交底书应当详细描述优选的具体实施方式。

实施例应当具体地描述本发明所需的一切必要条件,如参数、材料、设备、工具等,以及必要的规格、型号。如果其中使用新物质或者自己制备的材料,还应当说明其制造方法。在描述时,应该与附图对应一致。

实施例的描述应当详细,至少要达到使本领域普通技术人员按照所描述的内容能够实施或再现其发明或实用新型的程度。如果有多种实施方式可以实现发明的目的,就应该描述多种实施例。

对于具体实施例的描述应当避免使用功能性描述,即只描述有什么功能而不对实现功能的方式方法进行描述。

如技术方案比较简单,具体实施方案可以与发明内容结合在一起写。

通常情况下,代理机构都会给发明人提供一个技术交底书的模板,要求发明人按照模板的要求进行填写。

第三节　专利申请流程

专利申请流程包括递交申请、受理、缴费、初步审查、实质审查、办理登记手续等。

一、递交申请

办理专利提交手续的人可以是申请人、代表人、专利代理机构。

申请人有2人以上且未委托专利代理机构的,除请求书中另有声明的外,以第一署名申请人为代表人。

除直接涉及共有权利的手续外,代表人可以代表全体申请人签字或者盖章办理在专利局的其他手续。

中国内地的单位或者个人,可以委托专利代理机构。

在中国内地没有经常居所或营业所的外国人或我国港、澳、台地区的申请人,作为第一署名申请人的,应当委托专利代理机构。

专利申请的递交有三种方式:当面注册、邮寄注册和网上注册。

当面注册和邮寄注册的,可通过国家知识产权局下载相应的发明专利请求书的表格,填写并且勾选相应内容(注意:部分内容由国家知识产权局填写),主要内容有发明名称、发明人信息、申请人信息、联系人信息、优先权声明、申请文件清单等。

网上注册的,可通过中国专利电子申请网完成申请,需要下载相应的客户端并且将需要的证明等文件通过扫描的方式录入电脑并上传数据,并且后续的回执等都将采用回执的形式完成,申请人应该时刻关注该客户端,并且准备好回复或者后续手续的办理。

专利申请人需按照要求填写专利请求书各项内容。同时,专利申请人还应该提交办理申请的证明文件或附件文件。如果由代理机构代理,需要提交加盖有申请人公章和专利代理机构公章的专利代理委托书,其中公章名称应与请求书中的名称一致;如果在提前公开的前提下想在公开之后进入实质审查程序,还需要提交实质审查请求书;如果涉及核苷酸序列的,还应该提交与申请文件中的序列表一致的计算机可读形式的副本;如果涉及微生物菌种保藏,还应该提交由国家知识产权局认可的菌种保藏单位出具的菌种保藏证明和存活证明。

二、受理

专利申请人按照《专利法》《专利法实施细则》和《专利审查指南》的要求提交专利申请文件、附加文件和证明文件,并且不存在以下不予受理的情况,专利申请将进入受理程序:

(1) 发明专利申请缺少请求书、说明书或者权利要求书的;实用新型专利申请缺少请求书、说明书、说明书附图或者权利要求书的;外观设计专利申请缺少请求书、图片或照片或者简要说明的。

(2) 未使用中文的。

(3) 符合不予受理条件的。

(4) 请求书中缺少申请人姓名或者名称,或者缺少地址的。

(5) 外国申请人因国籍或者居所原因,明显不具有提出专利申请的资格的。

(6) 在中国内地没有经常居所或者营业所的外国人、外国企业或者外国其他组织作为第一署名申请人,没有委托专利代理机构的。

(7) 在中国内地没有经常居所或者营业所的中国香港、澳门或者台湾地区的个人、企业或者其他组织作为第一署名申请人,没有委托专利代理机构的。

(8) 直接从外国向专利局邮寄的。

(9) 直接从香港、澳门或者台湾地区向专利局邮寄的。

(10) 专利申请类别(发明、实用新型或者外观设计)不明确或者难以确定的。

(11) 分案申请改变申请类别的。

专利申请进入受理程序后,国家知识产权局审查员根据要求将会进行以下工作:

(1) 确定收到日:根据文件收到日期,在文件上注明受理部门收到日,以记载受理部门收到该申请文件的日期。

(2) 核实文件数量:清点全部文件数量,核对请求书上注明的申请文件和其他文件名称与数量,并记录核实情况。对涉及核苷酸或者氨基酸序列的发明专利申请,还应当核实是否提交了包含相应序列表的计算机可读形式的副本,例如光盘或者软盘等。

(3) 确定申请日:向专利局受理处或者代办处窗口直接递交的专利申请,以收到日为申请日;通过邮局邮寄递交到专利局受理处或者代办处的专利申请,以信封上的寄出邮戳日为申请日;寄出的邮戳日不清晰无法辨认的,以专利局受理处或者代办处收到日为申请日,并将信封存档。通过速递公司递交到专利局受理处或者代办处的专利申请,以收到日为申请日。通过专利电子申请系统提交的专利申请,以系统提交日为申请日。

(4) 给出申请号:按照专利申请的类别和专利申请的先后顺序给出相应的专利申请号,

号条贴在请求书和案卷夹上。

(5) 记录邮件挂号号码：通过邮局挂号邮寄递交的专利申请，在请求书上记录邮寄该文件的挂号号码。

(6) 审查费用减缓备案：申请人在请求书上勾选"请求费减且已完成费减备案资格"；审查员核查其是否完成备案。

(7) 采集与核实数据：依据请求书中的内容，采集并核实数据，打印出数据校对单，对错录数据进行更正。

(8) 发出通知书：将专利申请受理通知书、缴纳申请费通知书或者费用减缓审批通知书送交申请人。专利申请受理通知书至少应当写明申请号、申请日、申请人姓名或者名称和文件核实情况，加盖专利局受理处或者代办处印章，并有审查员的署名和发文日期。

缴纳申请费通知书注明了申请人应当缴纳的申请费、申请附加费和在申请时应当缴纳的其他费用，以及缴费期限；同时写明缴纳费用须知。费用减缓审批通知书注明了包括费用减缓比例、应缴纳的金额和缴费的期限以及相关的缴费须知。

(9) 扫描文件：对符合受理条件的专利申请文件应当进行扫描，并存入数据库。电子扫描的内容包括申请时提交的申请文件和其他文件。此外，专利局发出的各种通知书（如专利申请受理通知书、缴纳申请费通知书或者费用减缓审批通知书）的电子数据，也会保存在数据库中。

专利局受理处及代办处收到专利申请后，应当检查和核对全部文件，做出受理或者不受理决定——发出受理通知书（确定专利申请日、申请号并通知申请人缴纳申请费）或不予受理通知书。

申请日期的确定：
(1) 专利局收到专利申请文件之日为申请日。
(2) 申请文件是邮寄的（含 EMS），以寄出的邮戳日为申请日。
(3) 寄出的邮戳日不清晰：除当事人能够提出证明外，以专利局收到日为申请日。
(4) 通过快递公司递交：以专利局收到申请文件之日为申请日。
(5) 分案申请：以原申请的申请日为申请日。
(6) 电子形式提交——以专利局相关系统的收到日为申请日。

三、缴费

申请费的缴纳是有期限的，要按规定缴纳。与申请费同时缴纳的费用还包括发明专利申请公布印刷费、申请附加费；要求优先权的，应同时缴纳优先权要求费。未在规定的期限内缴纳或缴足的，专利申请将视为撤回。

(一) 缴费项目和期限

申请人应该在专利申请日起 2 个月内，或者自收到受理通知书之日起 15 日内缴纳专利申请费，申请提前公布的也应同时提交公布印刷费。

申请人申请优先权的，应该缴纳优先权要求费，该项费用的数额以作为优先权基础的在先申请的项数计算。

当申请文件的说明书（包括附图、序列表）页数超过 30 页或者权利要求超过 10 项时需要缴纳的费用，申请人还应该缴纳申请附加费，该项费用的数额以说明书页数或者权利要求项数计算。

未在规定的期限内缴纳或者缴足申请费(含公布印刷费、申请附加费)的,该申请被视为撤回。未在规定的期限内缴纳或者缴足优先权要求费的,视为未要求优先权。

实质审查费的缴纳期限是自申请日(有优先权要求的,自最早的优先权日)起3年内。该项费用仅适用于发明专利申请。

国家知识产权局公示了不同项目的缴费数据,表6-1是其中部分内容。

表6-1 国家知识产权局公示的专利费用清单(部分)

国家知识产权局收费公示

第一部分 国家知识产权局行政事业性收费标准

一、专利收费 (金额单位:人民币元)

专利收费-国内部分	
(一)申请费	
1. 发明专利	900
2. 实用新型专利	500
3. 外观设计专利	500
(二)申请附加费	
1. 权利要求附加费从第11项起每项加收	150
2. 说明书附加费从第31页起每页加收	50
从第301页起每页加收	100
(三)公告、公布印刷费	50
(四)优先权要求费(每项)	80
(五)发明专利申请实质审查费	2500
(六)复审费	
1. 发明专利	1000
2. 实用新型专利	300
3. 外观设计专利	300
(七)专利登记费	
1. 发明专利	200
2. 实用新型专利	150
3. 外观设计专利	150
(八)年费	
1. 发明专利	
1—3年(每年)	900
4—6年(每年)	1200
7—9年(每年)	2000
10—12年(每年)	4000
13—15年(每年)	6000

续表

专利收费-国内部分	
16—20 年(每年)	8000
2. 实用新型专利、外观设计专利	
1—3 年(每年)	600
4—5 年(每年)	900
6—8 年(每年)	1200
9—10 年(每年)	2000
(九)年费滞纳金	
每超过规定的缴费时间 1 个月,加收当年全额年费的 5%	
(十)恢复权利请求费	1000
(十一)延长期限请求费	
1. 第一次延长期限请求费(每月)	300
2. 再次延长期限请求费(每月)	2000
(十二)著录事项变更费	
1. 发明人、申请人、专利权人的变更	200
2. 专利代理机构、代理人委托关系的变更	50

(二)缴费方式

申请人可以通过面交、邮局汇付或者电子转账的形式缴纳相关费用。

申请人通过面交的可以向国家知识产权局收费处或专利局代办处缴纳相关费用。

申请人将费用通过银行汇付,应该提供银行的汇款单复印件、汇款日期、所缴费用的申请号(或专利号)以及各项费用名称和分项金额、汇款人姓名(名称)、缴费人的详细地址及邮编等信息,以银行实际汇出日为缴费日。汇款银行是中华人民共和国国家知识产权局开户单位或者各地代办处开户银行。

申请人通过邮局汇付的,且在汇单上写明申请号(或专利号)以及费用名称的,以邮局取款通知单上的汇出日为缴费日。通过邮局汇款的,一个申请号(或专利号)应为一笔汇款。邮局取款通知单上的汇出日与中国邮政普通汇款收据上收汇邮戳日表明的日期不一致的,以当事人提交的中国邮政普通汇款收据原件或者经公证的收据复印件上表明的收汇邮戳日为缴费日。

费用通过邮局或者银行汇付,未写明申请号(或专利号)的或者提供的信息不能判定该笔费用的用途时,费用将被退回或者暂存。费用退回或者暂存的,视为未办理缴费手续。

(三)费用减缓备案

《专利法实施细则》第一百条规定:"申请人或者专利权人缴纳本细则规定的各种费用有困难的,可以按照规定向国务院专利行政部门提出减缴或者缓缴的请求。减缴或者缓缴的办法由国务院财政部门会同国务院价格管理部门、国务院专利行政部门规定。"

费用减缓备案要在网上进行,请登录国家知识产权局专利事务服务系统(http://www.cnipa.gov.cn)进行费减备案。

四、初步审查

申请人按照规定缴纳相关费用后,专利申请便进入初步审查阶段。一般来说,初步审查分为形式审查和明显实质性缺陷审查两个方面。初步审查主要工作有以下几点:

(1) 审查专利申请文件是否符合专利法及其实施细则的规定,是否符合公布的条件。

(2) 审查与专利申请有关的法律手续是否符合规定(委托代理、要求优先权等)。

(3) 审查申请人缴纳的有关费用是否符合规定。

初步审查将会出现以下三种情况:

(1) 初步审查合格,审查员将向申请人发出"初步审查合格通知书",发明专利申请进入公开和等待实质审查阶段;实用新型专利申请将进入授权程序。

(2) 初步审查存在缺陷,但是经过补正后可以克服,审查员将会向申请人发出"补正通知书"。申请人应该在收到通知书之日起在规定的期限内针对通知书指出的缺陷进行修改。如果经过修改后缺陷克服了,发明专利申请进入公开和等待实质审查阶段;实用新型专利申请将进入授权程序;如果经过修改后缺陷仍然存在或者产生新的缺陷,审查员将会再次下发"补正通知书",一般情况下,这一过程将持续至缺陷克服。但是,如果申请人在规定的期限内未提交或者没有正当理由不答复的,该申请将被视为撤回,审查员将会下发"视为撤回通知书"。

(3) 专利申请存在驳回的理由,审查员下发"补正通知书"后,申请人经过陈述意见或修改仍然未消除存在的驳回理由,审查员将发出"驳回通知书"。

五、实质审查

发明专利申请经过初步审查合格、公开程序和实质审查请求后,便进入实质审查阶段。第一次审查意见通知书应对专利申请进行全面审查,审查申请是否符合实质方面和形式方面的所有规定。

无论发明专利申请是否具有授权前景,一般情况下,审查员均会在全面审查的基础上下发"第一次审查意见通知书",指出发明专利申请的授权前景、存在的缺陷,审查员在检索的基础上对发明专利申请的权利要求书和说明书提出审查意见。申请人应该在收到审查意见通知书之日起,在规定的日期内对审查意见提出的问题进行陈述,在必要时对原申请文件进行修改。一般情况下,"第一次审查意见通知书"的答复期限为 4 个月,"第 N 次审查意见通知书"的答复期限为 2 个月,从收到审查意见通知书的第 2 日起算。

实质审查会产生以下结果:

(1) 发明专利申请具有可被授权的前景,申请人根据审查意见通知书中提出的审查意见进行答复和修改,发明专利申请被授权。

(2) 发明专利申请存在新颖性和/或创造性的问题,但是申请人通过修改和/或陈述意见克服了上述问题或者使审查员改变了之前的审查意见,发明专利申请获得授权。

(3) 发明专利申请存在新颖性和/或创造性的问题,或者存在其他缺陷,经过申请人修改和/或陈述意见后仍然不能克服以上缺陷,审查员发出"驳回通知书",专利申请程序终止。

六、办理登记手续

发明专利申请经实质审查、实用新型专利申请经初步审查,没有发现驳回理由的,专利局应当做出授予专利权的决定,颁发专利证书,并同时在专利登记簿和专利公报上予以登记和公告。

在授予专利权之前,专利局应当发出授予专利权的通知书。专利局发出授予专利权通知书的同时,应当发出办理登记手续通知书,申请人应当在收到该通知之日起两个月内办理登记手续。

申请人在办理登记手续时,应当按照办理登记手续通知书中写明的费用金额缴纳专利登记费、授权当年(办理登记手续通知书中指明的年度)的年费、公告印刷费,同时还应当缴纳专利证书印花税。

申请人在规定期限之内办理登记手续的,专利局应当颁发专利证书,并同时予以登记和公告,专利权自公告之日起生效。

第四节　专利申请文件的撰写

申请发明专利的,专利申请文件包括:发明专利请求书、摘要、摘要附图(适用时)、说明书、权利要求书、说明书附图(适用时),各一式两份。

申请实用新型专利的,专利申请文件包括:实用新型专利请求书、摘要、摘要附图(适用时)、说明书、权利要求书、说明书附图,各一式两份。

申请外观设计专利的,专利申请文件包括:外观设计专利请求书、图片或者照片(要求保护色彩的,应当提交彩色图片或者照片)以及对该外观设计的简要说明,各一式两份。提交图片的,两份均应为图片,提交照片的,两份均应为照片,不得将图片或照片混用。

一、专利请求书

专利请求书是申请人为了获得发明创造的专利权,在申请专利时所必须提交的技术文书。

专利请求书下载方法:进入专利局网站(www.cnipa.gov.cn),搜索"专利请求书",即可获得各类专利请求书下载链接(见图6-8)。

专利请求书的填写有特定的要求,申请人可以自行填写,也可以委托专利代理机构代为办理。以发明专利请求书为例,该请求书共6页,前4页为需要填写的表格,后2页是对表中项目的填写说明。发明专利请求书表格前2页内容如图6-9所示。

请求书中写明该项发明名称、申请人姓名、申请人类型、申请人身份证号或者组织机构代码、申请人所在国籍或者注册国家、申请人地址、申请人邮政编码、发明人姓名、第一发明人身份证号。如若未委托专利代理机构的应该填写联系人、联系人地址、联系人邮政编码、联系人电话;如若委托代理机构,应该填写代理机构名称、代理机构代码、代理人姓名、代理人执业证号、代理人联系方式。填写申请文件清单和附加文件清单,并注明权利要求项数。如果申请针对同一项发明创造既申请了发明专利也申请了实用新型专利,应该分别在发明专利请求书和实用新型请求书中勾选同日申请选项;发明专利请求书中还涉及其他内容,如涉及分案申请、生物材料保藏、遗传资源来源披露、优先权声明等,应在选项中填写或者勾选相应内容;如果涉及序列表的,除了勾选相应选项还应该提交核苷酸或氨基酸序列表;如果专利申请人想在发明专利申请后即进入公开准备阶段而不是等到15个月后,应该勾选提前公布选项。

图 6-8 专利请求书搜索结果

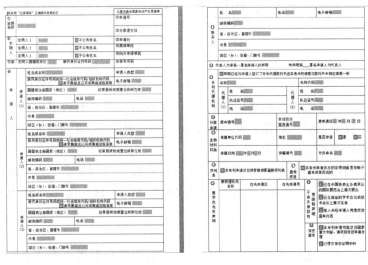

图 6-9 发明专利请求书表格前 2 页内容

二、权利要求书的撰写

权利要求书是说明要求专利保护范围的专利申请文件。专利的保护范围，以被批准的权利要求为内容。判定他人是否侵权，也以权利要求的内容为依据。因此，权利要求书是专利申请文件的核心。

许多发明专利的权利要求书由没有撰写经验的发明人撰写，所请求的保护范围非常具体而狭窄,几乎是对发明物完全一致的描述,而没有概括提炼发明的核心,导致即使专利申请得到授权,别人通过阅读和学习他的专利申请文件中所公开的内容,通过仅仅做一些微小的改动就可以成功地绕开专利所能给予的保护范围。因此,发明人必须重视权利要求书的撰写策略,避免自己的专利申请免费为竞争对手做出贡献。

(一)权利要求的类型

1. 产品权利要求

产品权利要求包括人类通过技术生产的物,属于物的权利要求有物品、物质、材料、工具、装置、设备等。当产品权利要求中的一个或多个技术特征无法用结构特征,并且也不能用参数特征予以清楚地表述时,允许借助于方法特征表述。但是,采用方法特征表述的产品权利要求的保护主题仍然是产品。

2. 方法权利要求

方法权利要求包括有时间过程要素的活动,属于活动的权利要求有制造方法、使用方法、通信方法、处理方法以及将产品用于特定用途的方法等权利要求。

3. 独立权利要求

独立权利要求应当从整体上反映发明或者实用新型的技术方案,记载解决技术问题的必要技术特征。

必要技术特征是指发明或者实用新型为解决其技术问题所不可缺少的技术特征,其总和足以构成发明或者实用新型的技术方案,使之区别于背景技术中所述的其他技术方案。

判断某一技术特征是否为必要技术特征,应当从所要解决的技术问题出发并考虑说明书描述的整体内容,不应简单地将实施例中的技术特征直接认定为必要技术特征。

在一件专利申请的权利要求书中,独立权利要求所限定的一项发明或者实用新型的保护范围最宽。

如果一项权利要求包含了另一项同类型权利要求中的所有技术特征,且对该另一项权利要求的技术方案做了进一步的限定,则该权利要求为从属权利要求。由于从属权利要求用附加的技术特征对所引用的权利要求做了进一步的限定,所以其保护范围落在其所引用的权利要求的保护范围之内。

一件专利申请的权利要求书中,应当至少有一项独立权利要求。当有两项或者两项以上独立权利要求时,写在最前面的独立权利要求被称为第一独立权利要求,其他独立权利要求称为并列独立权利要求。

4. 从属权利要求

从属权利要求中的附加技术特征,可以是对所引用的权利要求的技术特征做进一步限定的技术特征,也可以是增加的技术特征。

(二)权利要求书撰写的实质要求

《专利法》第二十六条第四款规定:"权利要求书应当以说明书为依据,清楚、简要地限定要求专利保护的范围。"《专利法实施细则》第十九条第一款规定:"权利要求书应当记载发明或者实用新型的技术特征。"第二十条第二款规定:"独立权利要求应当从整体上反映发明或者实用新型的技术方案,记载解决技术问题的必要技术特征。"这些都是对权利要求的实质性要求,概括为以下三个方面。

1. 以说明书为依据

权利要求书应当以说明书为依据,是指权利要求应当得到说明书的支持。权利要求书中的每一项权利要求所要求保护的技术方案应当是所属技术领域的技术人员能够从说明书充分公开的内容中得到或概括得出的技术方案,并且不得超出说明书公开的范围。

权利要求通常由说明书记载的一个或者多个实施方式或实施例概括而成。权利要求的概括应当不超出说明书公开的范围。如果所属技术领域的技术人员可以合理预测说明书给出的实施方式的所有等同替代方式或明显变形方式都具备相同的性能或用途,则应当允许申请人将权利要求的保护范围概括至覆盖其所有的等同替代或明显变形的方式。

通常,概括的方式有以下两种:

(1) 用上位概念概括。例如,用"气体激光器"概括氦氖激光器、氩离子激光器、一氧化碳激光器、二氧化碳激光器等。又如用"C1~C4烷基"概括甲基、乙基、丙基和丁基。再如,用"皮带传动"概括平皮带、三角皮带和齿形皮带传动等。

(2) 用并列选择法概括,即用"或者"或者"和"并列几个必择其一的具体特征。例如,"特征A、B、C或者D"。又如,"由A、B、C和D组成的物质组中选择的一种物质"等。采用并列选择法概括时,被并列选择概括的具体内容应当是等效的,不得将上位概念概括的内容与其下位概念并列。另外,被并列选择概括的概念,含义应当清楚。

无论是上位概念概括还是并列选择方式概括的权利要求,都必须得到说明书的支持。假如权利要求的概括包含申请人推测的内容,而其效果又难以确定和评价,应当认为这种概括超出了说明书公开的范围。如果权利要求的概括使所属技术领域的技术人员有理由怀疑该上位概括或并列概括不能解决发明或者实用新型所要解决的技术问题,并达到相同的技术效果,则应当认为该权利要求没有得到说明书的支持。

此外,如果说明书中仅以含糊的方式描述了其他替代方式也可能适用,但对所属技术领域的技术人员来说,并不清楚这些替代方式是什么或者怎样应用这些替代方式,则权利要求中的功能性限定也是不允许的。另外,纯功能性的权利要求得不到说明书的支持,因而也是不允许的。

在判断权利要求是否得到说明书的支持时,应当考虑说明书的全部内容,而不是仅限于具体实施方式部分的内容。如果说明书的其他部分也记载了有关具体实施方式或实施例的内容,从说明书的全部内容来看,能说明权利要求的概括是适当的,则应当认为权利要求得到了说明书的支持。

对包括独立权利要求和从属权利要求或者不同类型权利要求的权利要求书,需要逐一判断各项权利要求是否都得到了说明书的支持。独立权利要求得到说明书的支持并不意味着从属权利要求也必然得到说明书的支持;方法权利要求得到说明书支持也并不意味着产品权利要求必然得到支持。

当要求保护的技术方案的部分或全部内容在原始申请的权利要求书中已经记载而在说明书中没有记载时,允许申请人将其补入说明书。但是权利要求的技术方案在说明书中存在一致性的表述,并不意味着权利要求必然得到说明书的支持。只有当所属技术领域的技术人员能够从说明书充分公开的内容中得到或概括得出该项权利要求所要求保护的技术方案时,记载该技术方案的权利要求才被认为得到了说明书的支持。

2. 清楚、简要

1）清楚

权利要求书要求的"清楚",不仅指每一项权利要求应当清楚,而且指构成权利要求书的所有权利要求作为一个整体也应当清楚。

第一,每项权利要求的类型应当清楚。权利要求的主题名称应当能够清楚地表明该权利要求的类型是产品权利要求还是方法权利要求。不允许采用模糊不清的主题名称,例如,"一种……技术",或者在一项权利要求的主题名称中既包含产品又包含方法,例如,"一种……产品及其制造方法"。

权利要求的主题名称还应当与权利要求的技术内容相适应。产品权利要求适用于产品发明或者实用新型,通常应当用产品的结构特征来描述;方法权利要求适用于方法发明,通常应当用工艺过程、操作条件、步骤或者流程等技术特征来描述。

第二,每项权利要求所确定的保护范围应当清楚。权利要求的保护范围应当根据其所用词语的含义来理解。一般情况下,权利要求中的用词应当理解为相关技术领域通常具有的含义。在特定情况下,如果说明书中指明了某词具有特定的含义,并且使用了该词的权利要求的保护范围由于说明书中对该词的说明而被限定得足够清楚,这种情况也是允许的。但此时也应要求申请人尽可能修改权利要求,使得根据权利要求的表述即可明确其含义。

第三,权利要求中词语应当清楚,不得使用含义不确定的用语,如"厚""薄""强""弱""高温""高压""很宽范围"等,除非这种用语在特定技术领域中具有公认的确切含义,例如放大器中的"高频"。对没有公认含义的用语,也应选择说明书中记载的更为精确的词语替换上述不确定的用语。

权利要求中也不得出现"例如""最好是""尤其是""必要时"以及"约""接近""等""或类似物"等类似用语。因为这类用语会在一项权利要求中限定出不同的保护范围,导致保护范围不清楚。

除附图标记或者化学式及数学式中使用的括号之外,权利要求中应尽量避免使用括号,以免造成权利要求不清楚,例如"(混凝土)模制砖"。但具有通常可接受含义的括号是允许的,例如"(甲基)丙烯酸酯","含有10%～60%(重量)的A"。

第四,构成权利要求书的所有权利要求作为一个整体也应当清楚,这是指权利要求之间的引用关系应当清楚。

2）简要

权利要求书要求的"简要",一是指每一项权利要求应当简要,二是指构成权利要求书的所有权利要求作为一个整体也应当简要。例如,一件专利申请中不得出现两项或两项以上保护范围实质上相同的同类权利要求。

权利要求的数目应当合理。在权利要求书中,允许有合理数量的限定发明或者实用新型优选技术方案的从属权利要求。权利要求的表述应当简要,除记载技术特征外,不得对原因或者理由做不必要的描述,也不得使用商业性宣传用语。

为避免权利要求之间相同内容的不必要重复,在可能的情况下,权利要求应尽量采取引用在前权利要求的方式撰写。

3. 记载技术特征和记载必要技术特征

《专利法实施细则》第十九条第一款规定:"权利要求书应当记载发明或者实用新型的技术特征。"所谓技术特征就是解决发明创造技术问题的技术方案。可以理解为,权利要求书中应当写出解决发明创造技术问题的技术方案。

《专利法实施细则》第二十条第二款规定:"独立权利要求应当从整体上反映发明或者实用新型的技术方案,记载解决技术问题的必要技术特征。"这一条规定仅是针对独立权利要求而言的,即独立权利要求中不能缺少解决其技术问题所必不可少的技术特征,而那些可有可无或能使技术效果更佳的技术特征可以不写。

必要技术特征是指发明或实用新型为解决其技术问题所不可缺少的技术特征,其总和足以构成发明或者实用新型的技术方案,使之区别于背景技术中所述的其他技术方案。缺乏任一必要技术特征,技术问题不能解决。

非必要技术特征是指解决发明创造技术问题的技术方案中可有可无的特征。缺乏任一非必要技术特征,技术问题仍旧可以解决。

判断某一技术特征是否为必要技术特征,应当从所要解决的技术问题出发并考虑说明书描述的整体内容,具体分析说明书具体实施方式中的技术特征与所要解决的技术问题之间的关系,而不能简单地将具体实施方式中的所有特征均认定为必要技术特征。

(三)权利要求书撰写

权利要求书撰写的基本步骤如下:

(1)理解发明,并列出所有技术特征。
(2)确定最接近的现有技术。(前两条顺序可以颠倒)
(3)发明所解决的技术问题(对应的必要技术特征)。
(4)撰写独立权利要求。
(5)撰写从属权利要求。

下面通过两个案例,详细分析专利权利要求书的撰写方法。

案例 6-1

一种晾衣架挂钩改进方法

(1)现有晾衣架挂钩的问题(现有技术):易摇晃脱落(见图 6-10)。

(2)本发明的技术特征,重点归纳区别于现有技术的技术特征:突起物加宽;挂钩自由端设置迂回部(见图 6-11)。

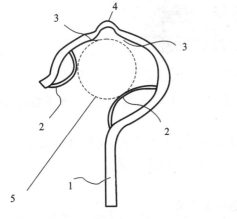

图 6-10 现有技术图

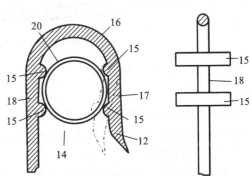

图 6-11 本发明申请方案图

本发明解决的技术问题:衣架挂钩易从横杆上脱落。在两个方面进行了改进:

第一方面的改进是:突起物沿横杆轴向加宽(权利要求1)。

第二方面的改进是:在挂钩的自由端设有迂回部(权利要求2)。

根据第一方面撰写独立权利要求:

一种用于挂在横杆上的衣架挂钩,该衣架挂钩具有两个夹持部(17、18),以及连接所述两个夹持部上部的弯曲部(16),其中一个夹持部(17)具有自由端,另一个夹持部(18)具有与衣架本体相连接的连接端。所述两个夹持部(17、18)的相向内侧上均设置有突起物(15),当挂钩挂在横杆(20)上时,所述突起物(15)与横杆(20)的外圆周表面线接触,其特征在于所述突起物(15)沿横杆(20)轴向的宽度大于两个夹持部(17、18)沿横杆(20)轴向的宽度。

根据第二方面撰写从属权利要求:

根据权利要求1中的用于挂在横杆上的衣架挂钩,其特征在于:所述弯曲部(16)上靠近所述具有自由端的夹持部(17)的部位设有迂回部(12),所述迂回部(12)的曲率半径小于弯曲部(16)其他部位的曲率半径。

根据第二方面撰写独立权利要求:

一种用于挂在横杆上的衣架挂钩,该衣架挂钩具有两个夹持部(17、18),以及连接所述两个夹持部上部的弯曲部(16),其中一个夹持部(17)具有自由端,另一个夹持部(18)具有与衣架本体相连接的连接端。所述两个夹持部(17、18)的相向内侧上均设置有突起物(15),其特征在于:所述弯曲部(16)上靠近所述具有自由端的夹持部(17)的部位设有迂回部(12),所述迂回部(12)的曲率半径小于弯曲部(16)其他部位的曲率半径。

根据第一方面撰写从属权利要求:

根据权利要求1中的用于挂在横杆上的衣架挂钩,其特征在于:当挂钩挂在横杆(20)上时,所述突起物(15)与横杆(20)的外圆周表面线接触,所述突起物(15)沿横杆(20)轴向的宽度大于两个夹持部(17、18)沿横杆(20)轴向的宽度。

案例 6-2

一种试电笔

试电笔案例的现有技术见图 6-12。

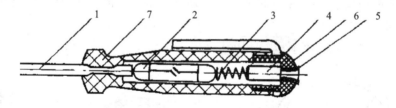

图 6-12 试电笔纵向剖视图

现有的试电笔,是由测试触头(1)、氖管(2)、金属弹簧(3)、限流电阻(4)和手触电极(5)串联组成。

上述的试电笔的手触电极(5)是直接铆接在后盖(6)中心孔内,使测试触头(1)、外壳(7)、后盖(6)和手触电极(5)连接成一个刚体,还可以充当螺丝刀使用。

现有技术的缺陷:

不能区分有危险的触电电压和没有危险的感应电动势。

(许多电器设备的金属外壳并不带有对人有危险的触电电压,仅由分布电容和/或正常的漏电电阻感应而产生电动势,也会使氖管启辉。)

本试电笔技术方案内部电路图见图 6-13。

试电笔金属测试触头(1)与限流电阻(5)、氖管(8)和手触电极(11)相串联,金属测试触头(1)还与一个分流电阻(6)相连,分流电阻(6)另一端与人体可接触的识别电极(7)相连。

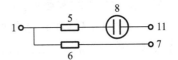

图 6-13　本试电笔技术方案内部电路图

在普通试电笔的基础上增加一条在测试时可与由测试触头、氖管、限流电阻和手触电极构成的限流电阻测试支路处于并联或断开两种状态的分流电阻支路。

(1) 当分流电阻支路与限流电阻支路断开时指示被测金属体是否带电。

(2) 而与限流电阻测试电路处于并联时指示被测金属体所带电动势是否对人体有危险。

当区分被测对象是否带有危险电压时,人体同时接触手触电极(11)和识别电极(7),分流电阻(6)被接入测试电路。若被测金属体带有无危险的高电动势,由于电动势源内阻很大,从而大大降低了测试金属体的带电电位,则氖管(8)熄灭。若被测金属体带有危险的触电电压,因其内阻小,分流电阻支路的接入几乎不降低被测金属体的带电电位,则氖管(8)保持启辉,从而区分安危电压。

本技术方案中分流电阻的安装问题,见图 6-14。

在图 6-15 的具体结构中,限流电阻(5)和分流电阻(6)制成具有 E 形纵截面的同心电阻(4),其中间圆柱体部分相当于限流电阻(5),外面的圆环柱体部分相当于分流电阻(6),内外柱体之间的环形凹槽内可填充有绝缘树脂,以保证可靠的绝缘和提高机械强度。中间的圆柱体部分略高于外面的圆环柱体部分,使氖管(8)的一端仅与限流电阻(5)接触,而不会触及分流电阻(6)。采用这种同心电阻(4)使整个结构紧凑,装配方便。

侧面可以伸出识别电极,见图 6-15。

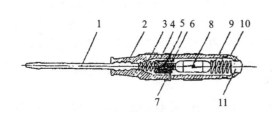

图 6-14　分流电阻的安装图示

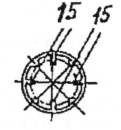

图 6-15　分流电阻安装侧视图

氖管(8)的另一端与一圆柱弹簧(9)相连,手触电极(11)被塑注在后盖(10)中,当将后盖(10)旋在外壳(2)上,手触电极(11)的一端与圆柱弹簧(9)接触,而且两个弹簧的弹性压力使得从测试触头(1)、限流电阻(5)、氖管(8)到手触电极(11)之间形成可靠的电连接。

分流电阻(6)的另一端与一个识别电极(7)相连,识别电极(7)最好由圆环形弹性铜片冲压而成,圆环的内边缘向中间伸出多片接触爪(15),同心电阻(4)圆环柱体部分端部的外表面被这些接触爪弹性地卡住,形成识别电极(7)与分流电阻(6)之间的良好电接触。

这种形状的识别电极(7)可以很容易地与试电笔外壳(2)塑注成一体,弹性铜片外边缘伸出绝缘外壳(2)中部,弯过来贴在外壳(2)的外表面,成为识别电极(7)供人手接触的接触点,其位置应使得用手握住试电笔时很容易用一个手指去触摸它。

根据上文给出权利要求：

(1) 一种试电笔,在其绝缘外壳中测试触头(1)、限流电阻(4)、氖管(8)和手触电极(11)顺序串接。其特征在于:还有一个与测试触头(1)电连接的分流电阻(6),该分流电阻(6)的另一端与一个部分伸出所述绝缘外壳(2)的识别电极(7)电连接。

(2) 如权利要求(1)所述的试电笔,其特征在于:所述分流电阻(6)与限流电阻(5)是一个具有E形纵截面的同心电阻(4),该同心电阻(4)的中间圆柱体为限流电阻(5),其外部圆环柱体部分为分流电阻(6),中间圆柱体在一端略高于四周的圆环柱体。

(3) 如权利要求(2)所述的试电笔,其特征在于:所述识别电极(7)是一个圆环状的弹性铜片,从圆环内边缘向中心伸出多个接触爪,卡住所述同心电阻(4)外部圆环柱体的外表面,该弹性铜片外边缘伸出绝缘外壳(2)的中部,弯过来贴在绝缘外壳(2)的外表面。

上述权利要求(1)是独立权利要求,权利要求(2)、(3)是基于权利要求(1)的从属权利要求。

进一步补充、完善的实施例：

微动开关电路图见图6-16。

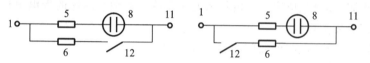

图 6-16　微动开关电路图

微动开关(12)代替识别电极,所述分流电阻(6)支路由一个分流电阻(6)和一个微动开关(12)串联而成,所述分流电阻(6)的一端与测试触头(1)电连接,另一端与所述手触电极(11)电连接。

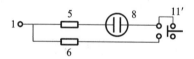

图 6-17　双位双接点开关电路图

双位双接点开关关电路图见图6-17。

图6-17所示的双位双接点手触电极(11′)代替手触电极与识别电极。限流电阻(5)和氖管(8)支路与双位双接点手触电极(11′)两个位置的接点均相连接,而分流电阻(6)支路的一端与测试触头(1)电连接,另一端仅与双位双接点手触电极(11′)两个位置中一个位置的接点电连接。

进一步撰写出的权利要求：

(1) 一种试电笔,在其绝缘外壳中测试触头、限流电阻、氖管和手触电极顺序串接,其特征在于:它还有一个与测试触头(1)电连接的分流电阻(6)支路,该分流电阻(6)支路两端的连接使其在测试时可与由限流电阻(5)和氖管(8)构成的支路处于并联、断开两种工作状态。

(2) 如权利要求(1)所述的试电笔,其特征在于:所述分流电阻(6)支路由一个分流电阻(6)和一个识别电极(7)组成,所述分流电阻(6)的一端与测试触头(1)电连接,另一端与所述识别电极(7)电连接,所述识别电极(7)的一部分伸出绝缘外壳(2)。

(3) 如权利要求(2)所述的试电笔,其特征在于:所述分流电阻(6)与限流电阻(5)是一个具有E形纵截面的同心电阻(4),该同心电阻(4)的中间圆柱体为限流电阻(5),其外部圆环柱体部分为分流电阻(6),中间圆柱体略高于四周的圆环柱体。

(4) 如权利要求(3)所述的试电笔,其特征在于:所述识别电极(7)是一个圆环状的弹性铜片,从圆环内边缘向中心伸出多个接触爪,卡住所述同心电阻(4)外部圆环柱体的外表面,该弹性铜片外边缘伸出绝缘外壳(2)的中部,弯过来贴在绝缘外壳(2)的外表面。

(5) 如权利要求(3)或(4)所述的试电笔,其特征在于:所述同心电阻(4)的中间圆柱体与外部圆环柱体之间形成的环形槽内填充有绝缘树脂。

(6) 如权利要求(1)所述的试电笔,其特征在于:所述分流电阻(6)支路由一个分流电阻(6)和一个微动开关(12)串联而成,所述分流电阻(6)的一端与测试触头(1)电连接,另一端与所述手触电极(11)电连接。

(7) 如权利要求(1)所述的试电笔,其特征在于:所述手触电极是双位双接点按键式电极(11′),限流电阻(5)和氖管(8)支路与双位双接点按键式电极(11′)两个位置的接点均相连接,而分流电阻(6)支路的一端与测试触头(1)电连接,另一端仅与双位双接点按键式电极(11′)两个位置中一个位置的接点电连接。

三、专利说明书的撰写

专利说明书是发明或实用新型专利的申请文件之一,是申请人向专利局提交的公开其发明创造技术内容的法律文件。说明书用来详细说明发明或实用新型的详细内容,使公众知道该发明或实用新型所要解决的技术问题、采用的技术方案和达到的技术效果。说明书主要起着向社会公众公开发明或实用新型技术内容的作用,并对该发明或实用新型所要保护的范围予以界定并做出必要的解释。

说明书的主要内容(《专利法实施细则》第十七条规定)包括发明名称、技术领域、背景技术、发明内容、附图说明、具体实施方式。一般应当按照该方式和顺序撰写,并在每一部分前面写明标题,除非其发明或者实用新型的性质用其他方式或者顺序撰写能够节约说明书的篇幅,并使他人能够准确理解其发明或者实用新型内容。

（一）发明名称

(1) 发明名称应能清楚、简要、全面地反映要求保护的主题和类型,以利于专利申请的分类和检索。

例 1 一件申请要求保护拉链产品和该拉链制造方法两项发明,发明名称为拉链及其制造方法。

(2) 不得使用人名、地名、商标、型号、商品名称、商业性宣传用语。

例 2 人名——周林频谱治疗仪 ×
频谱匹配治疗装置 √
商品名称——小儿速效感冒灵的制作方法 ×

(3) 采用通用的技术术语。

例 3 捏压灵×——一种按摩耳穴的橡胶指套,在指套的表面有若干个小突起。

(4) 与请求书中的名称一致,不得超过 25 个字,最多 40 个字(如化学领域)。

(5) 清楚、简要,写在说明书首页正文上方居中位置。

（二）发明的技术领域

应写明要求保护的技术方案所属或直接应用的具体技术领域,往往与发明在国际专利分类表中可能分入的最低位置有关。

例如,一项关于挖掘机悬臂的发明,其改进之处是将背景技术中的长方形悬臂截面改为椭圆形截面。

本发明涉及一种挖掘机,特别涉及一种挖掘机悬臂(具体的技术领域)　√
本发明涉及一种建筑机械(上位的技术领域)　×
本发明涉及一种截面为椭圆形的挖掘机悬臂(发明本身)　×

(三)发明的背景技术

(1)写明对发明或实用新型方案的理解、检索、审查有用的背景技术,并且尽可能引证反映背景技术的文件。

(2)尤其要引证和专利申请最接近的现有技术文件。

(3)客观地指出背景技术中存在的问题和缺点,仅限于涉及由发明或者实用新型的技术方案所解决的问题和缺点。

(4)切忌采用诽谤性语言。

如"该文件的技术方案不合理,体现出发明人的无知",这是不允许的。

引证文件应当满足如下要求:

(1)公开出版物(纸件、电子出版物等形式),专利文件或非专利文件均可。

(2)引证的非专利文件和外国专利文件的公开日期应当在本申请的申请日之前,引证的中国专利文件的公开日不晚于本申请的公开日。

(3)引证外国专利或非专利文件的,应当用原文写明文件的出处及相关信息,必要时给出中文译文,并将译文放置在括号内。

(四)发明内容(解决的技术问题、所用技术方案、有益效果)

1. 要解决的技术问题

发明内容部分需要写明本申请要解决的现有技术存在的技术问题,并且本申请记载的技术方案能够解决这些问题。

撰写要求:

(1)针对现有技术中存在的缺陷或不足。

(2)用正面的、尽可能简洁的语言客观而有根据地反映发明或者实用新型要解决的技术问题,并应与技术方案所获得的效果一致或相应。

不得采用广告式宣传用语。

2. 技术方案

说明书中至少要写一种包含有全部必要技术特征的独立权利要求的技术方案,且一般先写这种技术方案,还可以写支持从属权利要求的包含其他附加技术特征的进一步改进的技术方案,技术方案内容应当与权利要求所限定的相应技术方案的表述相一致。如果一件申请中有几项发明或者几项实用新型,应当说明每项发明或者实用新型的技术方案。

3. 有益效果

有益效果是判断说明书是否充分公开的一个重要方面,因为"本领域技术人员能够实现发明"的一个要求是要达到发明预期的效果,也是确定发明是否具有"显著的进步"的重要依据。如果在说明书中没有记载技术方案的有益效果,可能会给申请后续的专利审批、专利保护带来不利影响。

有益效果应当是由技术方案直接带来的,或者由所述的技术特征必然产生的技术效果。说明书应当清楚、客观地写明发明或者实用新型与现有技术相比所具有的有益效果。

有益效果可以由生产率、质量、精度和效率的提高,能耗、原材料、工序的节省,加工、操作、控制、使用的简便,环境污染的治理或者根治,以及有用性能的出现等方面反映出来。

有益效果要通过结构特点的分析或者与理论证明相结合,也可以通过列出实验数据的方式予以说明,不得只断言该发明或实用新型具有有益的效果。需要强调的是,无论用哪种方式来说明有益效果,都要与现有技术进行比较,指出与现有技术的区别。

在描述有益效果方面,建议在撰写具体实施方式部分时,每引出一个技术手段,都可以相应对其作用与达到的有益效果进行说明,这样的撰写方式对今后答复审查意见尤其是对答复涉及创造性的审查意见有一定的帮助。

(五)附图说明

专利说明书附图可以更直观地、形象化地描述发明方案,使得发明的每个技术特征和整体技术方案更易于理解。对机械和电学技术领域中的专利申请,说明书附图的作用尤其明显。实用新型专利申请的说明书必须有附图,自我国建立专利制度以来一直有这样的要求。

说明书有附图的,需要集中对所有附图进行说明。需写明各幅附图的图名,对图示的内容做简要说明。附图不止一幅的,应当对所有附图做出图面说明,使所有附图说明一目了然,便于本领域技术人员阅读、查找附图。同时在申请被受理时或授权时,便于核对文件。

说明书附图有以下要求:

(1) 有几幅附图时,按照图1、图2的顺序排列。

(2) 同一实施方式的各幅图中,同一组成部分的附图标记应当一致,说明书中与附图中使用的相同的附图标记应当表示同一组成部分;说明书中未提及的附图标记不得在附图中出现,附图中未出现的附图标记也不得在说明书文字部分中提及。

(3) 附图中除了必需的词语外,不应当含有其他注释;但对流程图、框图一类的附图,应当在其框内给出必要的文字或符号(工程设计图是不允许的)。

(4) 附图集中放在说明书文字部分之后,这样便于阅读查找。与一般科技文献(如非专利期刊文献)不同,专利说明书的附图要集中放在文字后面,以便于查找。

案例6-3

一件发明名称为"燃煤锅炉节能装置"的专利申请,其说明书包括四幅附图,这些附图的图面说明如下:

图1是燃煤锅炉节能装置的主视图;

图2是图1所示节能装置的侧视图;

图3是图2中的A向视图;

图4是沿图1中B-B线的剖视图。

(六)具体实施方式

具体实施方式是说明书的重要组成部分,它对充分公开、理解和实现发明或实用新型,支持和解释权利要求都是极为重要的。对具体实施方式的描述应当遵循以下原则。

1. 充分公开

应将技术方案充分公开,达到能够实施和再现的程度(以换取专利法的保护)。在适当的情况下,应当举例说明,有附图的,应当对照附图进行说明。

2. 清楚、完整

清楚,即具体实施方式的主题明确,实施过程表述准确。完整,即应包含全部技术内容(以便实施、再现)。

需要注意处理充分公开与保留技术秘密的问题,解决技术问题的必要技术特征必须充分公开。

3. 支持权利要求

权利要求中的技术特征应在具体实施方式中给予详细的说明。当一个实施例足以支持权利要求所概括的技术方案时,说明书中可以只给出一个实施例。当权利要求(尤其是独立权利要求)覆盖的保护范围较宽,其概括不能从一个实施例中找到依据时,至少应当给出两个。

当权利要求相对于背景技术的改进涉及数值范围时,通常应当给出两端值附近(最好是两端值)的实施例;当数值范围较宽时,还应当给出至少一个中间值的实施例。

对方法发明,具体实施方式或实施例应当写明其步骤,包括可以用不同的参数或者参数范围表示的工艺条件。

案例 6-4

权利要求:一种废渣处理方法……其中 A 步骤的处理温度是 300~400 ℃。

说明书:所记载的两个实施例中 A 步骤的处理温度分别是 350 ℃和 400 ℃,技术方案部分所记载的 A 步骤的处理温度是 350~400 ℃。

案例解析:

权利要求中所限定的温度范围与说明书记载的范围不一致,因此该权利要求得不到说明书的支持,不符合专利法第二十六条第四款的规定。

案例 6-5

权利要求 1:一种纳米钴粉的制备方法,步骤如下:

(1) 将草酸钴晶体溶于氨水中,得澄清的钴氨络合物溶液。

(2) 使用通用氮气喷枪,将上述澄清溶液分散在液氮中预冻。

(3) 将上述液氮中预冻后的冻结物置于冻干机中进行真空干燥得到前驱体。

(4) 对上述干燥后的前驱体实行氢气还原,氢气流量为 0.1~0.3 立方米/小时,200~400 ℃还原,保温 2~8 小时得到纳米钴粉。

案例解析:

根据该申请说明书中所述,冷冻干燥技术制备纳米钴粉的研究,至今国内外还没有相关报道。冷冻干燥技术是该申请的发明点。该申请说明书记载的技术方案以及所有实施例均具体限定了冷冻干燥的步骤和条件,即在不同的低温和真空度下分多个阶段逐步干燥上述预冻后的冻结物。

由于纳米粒子非常不稳定,不可能通过一般的冷冻干燥(权利要求 1 的步骤 3)获得并维持这类产物,即本领域技术人员不能从说明书所充分公开的内容得出或概括得出权利要求 1 所述采用一般冷冻干燥处理工艺制备纳米钴粉的方法。因此,该权利要求得不到说明书的支持,不符合专利法第二十六条第四款的规定。

专利说明书其他撰写要求:

(1) 不得使用"如权利要求……所述的……"一类引用语,也不得使用商业性宣传用语。(因为权项的内容可能变动)

(2) 应当使用所属技术领域的技术术语。

例 1 捏压灵(按摩指套)。

(3) 统一的术语。

例2 镭射(激光)。没有规定的,可以使用所属领域约定俗成的术语或者最新出现的科技术语,或者直接使用外来语,但是其含义应当是清楚的,不会造成理解错误;必要时可以采用自定义词且应当对其进行定义或者给出明确的说明。

(4) 不应当使用在所属技术领域中具有基本含义的词汇来表示其本意之外的其他含义。

例3 月球车——按摩仪器。

(5) 技术术语和符号应前后一致。

例4 接收器、接收仪。

(6) 应使用中文,在不产生歧义的前提下个别词语可使用外文。

例5 EPROM、CPU。在说明书中第一次使用非中文技术名词时,应当使用中文译文加以注释或者使用中文给予说明。

计量单位、数学符号、数学公式、各种编程语言、计算机程序、特定意义的表示符号(例如中国国家标准缩写 GB)等可以使用非中文形式。

所引用的外国专利文献、专利申请、非专利文献的出处和名称应当使用原文,必要时给出中文译文,并将译文放置在括号内。

(7) 涉及计量单位,应采用国家法定计量单位;必要时可以在括号内同时标注本领域公知的其他计量单位。

(8) 不可避免使用商品名称时,其后应注明其型号、规格、性能及制造单位,这在发明名称中是不能出现的,但有时在说明书中是无法避免的。

尽量避免使用注册商标来确定物质或者产品,例如:可口可乐。

(9) 注意合案与分案。

一般情况下应将不同的技术主题分开来撰写并申请。但有些情况下,出于策略上的考虑,也可以先将包含多个发明主题的申请写在一件专利申请中,等收到专利局发出的分案通知后再进行分案。(并不会节约费用,反而加长了审查周期)

合案撰写要注意安排不同主题的几组权利要求的顺序。专利局审查员对不具备单一性的多组权利要求,可能在第一次审查意见通知书中指出单一性问题并且仅审查第一组权利要求。

优先权:由于专利申请文件的修改不能超出原始提交申请文件中记载的范围,故对要求优先权的专利申请的撰写要格外注意尽可能详细地披露发明技术方案与各种不同的具体实施例,以避免在后续申请中要求优先权时出现问题。

对有些不能被授权的主题,例如以存储的内容为特征的存储介质、纯粹商业方法、疾病诊断或治疗的方法以及动植物品种,如果申请人有向国外申请专利的计划,则需要在首次提交国内申请时包含这些内容,否则可能会造成优先权的损失。

(10) 注意抵触申请。

所谓抵触申请,是指在申请日以前,任何单位或个人就同样的技术已向专利行政部门提出过申请,并且记载在申请日以后公布的专利申请文件中,那么这一申请就被称之为专利申请的抵触申请。

当进行国内普通申请时,如果相同或基本相同的主题的技术方案也申请了 PCT(专利合作协定)时,二者没有要求相同的优先权或彼此不存在优先权的请求的,同样需要注意抵触申请冲突的问题。

案例 6-6

一种完成某功能的设备,包括新开发的油缸和液压控制油路,其中,油缸和液压控制油路均有独立的用途。申请人将该设备、油缸和液压控制油路分别申请专利。

案例解析:

这三件申请的技术关联性比较强,在任一件专利申请的撰写中,可能涉及另一件专利申请的技术内容,此三件专利申请不同时提交时有造成抵触申请的隐患(建议同日提交)。

四、说明书摘要、摘要附图的撰写

说明书摘要、摘要附图应按照以下要求来撰写。

(1) 内容的概要,所属技术领域,要解决的技术问题、技术方案的要点及主要用途,不得使用商业性宣传用语,全文(包括标点符号)不超过 300 字。

(2) 有附图的,指定并提供其中一幅为摘要附图(摘要附图应当是说明书的附图之一)。

(3) 摘要的附图标记应加括号。

(4) 摘要是一种技术信息,不具有法律效力,不能作为修改的依据,也不能用来解释专利权的保护范围。

下面的案例是一个试电笔发明专利说明书的摘要。

案例 6-7

本发明公开了一种能够识别安危电压的试电笔。在其绝缘外壳中,测试触头、限流电阻、氖管和手触电极顺序串接,该试电笔还有一个与测试触头(1)电连接的分流电阻(6)支路,该分流电阻(6)支路两端的连接使其在测试时可与由限流电阻(5)和氖管(8)构成的支路处于并联、断开两种工作状态。当分流电阻支路断开时,氖管指示测试对象是否带电;并联时,指示所带电势是否有危险。采用这种结构的试电笔,不仅能够区分安危电压,而且结构简单。

五、定稿

1. 申请信息的核实

审核专利申请信息包括申请人名称、地址,发明人姓名、发明专利是否要求提前公开、是否同时提交新型申请、是否同时提交实质审查请求等。

2. 申请文本的再次审核

申请文本的再次审核信息包括再次审核摘要、摘要附图、权利要求书、说明书、说明书附图。

参 考 文 献

[1] 张志胜.创新思维的培养与实践[M].南京:东南大学出版社,2012.
[2] 唐殿强.新编创新能力教程[M].北京:中国人口出版社,2006.
[3] 尹新天.中国专利法详解[M].北京:知识产权出版社,2012.
[4] 中华人民共和国国家知识产权局.审查操作规程.实质审查分册[M].北京:知识产权出版社,2011.
[5] 中华人民共和国国家知识产权局.专利审查指南[M].北京:知识产权出版社,2010.
[6] 陈淮民,张和平.大学生创新发明与专利申请教程[M].合肥:合肥工业大学出版社,2017.
[7] 德勤全球《2018科技、传媒和电信行业预测》.
[8] 普华永道会计师事务所《2017年全球金融科技调查中国概要》.